PROFILS ÉTRANGERS

VICTOR CHERBULIEZ

de l'Académie française.

PROFILS ÉTRANGERS

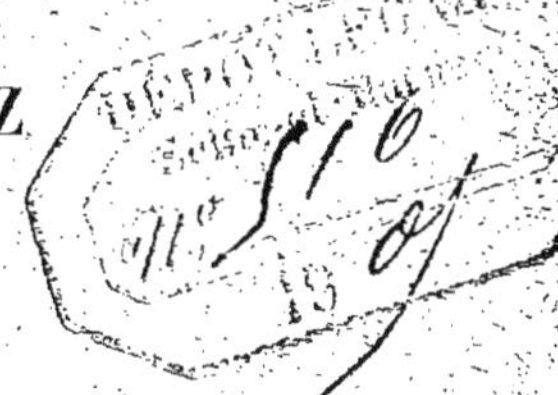

HEGEL ET SA CORRESPONDANCE
LE PRINCE DE BISMARCK ET M. MORITZ BUSCH
LORD BEACONSFIELD
GUILLAUME DE HUMBOLDT ET CHARLOTTE DIEDE
UN BOURGMESTRE DE STRALSUND AU XVIe SIÈCLE
M. DE BEUST ET SES MÉMOIRES
LE ROI LOUIS II DE BAVIÈRE — CHARLES GORDON
LÉOPOLD RANKE
M. GEFFCKEN ET LE JOURNAL DE L'EMPEREUR FRÉDÉRIC
M. FRANCESCO CRISPI ET SA POLITIQUE
UN MISSIONNAIRE ÉCOSSAIS
LE POÈTE DON SÉRAFIN ESTEBANEZ
L'ESPRIT CHINOIS — LA FAMILLE BUCHHOLZ

TROISIÈME ÉDITION

PARIS

LIBRAIRIE HACHETTE ET Cie

79, BOULEVARD SAINT-GERMAIN, 79

1905

PROFILS ÉTRANGERS

HEGEL

ET

SA CORRESPONDANCE

On ne connaissait qu'une partie de la correspondance de Hegel; plusieurs de ses lettres avaient paru
dans un volume de ses *Mélanges*, M. Rosenkranz en
avait cité d'autres en écrivant la biographie de son
maître, d'autres encore se trouvaient éparses dans les
œuvres posthumes de Knebel et ailleurs. Le recueil
publié par M. Karl Hegel, fils aîné du grand penseur,
en renferme beaucoup d'inédites et de fort intéressantes. On ne peut assez louer le soin qu'il a mis à
les annoter, à fournir au lecteur tous les éclaircissements nécessaires. Il est impossible d'être à la
fois plus sobre et plus complet, et la conscience avec
laquelle il s'est acquitté de son pieux devoir mérite
d'être donnée en exemple à plus d'un éditeur [1].

---

1. *Briefe von und an Hegel*, herausgegeben von Karl Hegel, in
zwei Theilen, 2 vol. in-8. Leipzig, 1887; Duncker et Humblot.

Hegel ne figurera jamais parmi les grands épisto-
laires. Pour bien écrire les lettres, la première condition est d'y trouver son plaisir, et il ne prenait la
plume que malgré lui; ses correspondants soupi-
raient longtemps après ses réponses. Il attendait,
pour payer sa dette, d'avoir l'esprit libre, et il enviait
le bonheur des gens d'affaires, qui, après en avoir
expédié une, n'y pensent plus et passent à une autre.
Il avait, lui, sa grande affaire, qui l'occupait sans
cesse, et il se souciait peu d'en parler. — « Voici
enfin, mon cher ami, écrivait-il à Cousin le 1er juillet
1827, la lettre que je vous écris depuis si longtemps.
Je suis enfoncé dans une banqueroute générale, tout
autant pour mes devoirs littéraires que pour ma
correspondance; je ne sais pas trop encore comment
m'en tirer. Je regarde votre créance comme privilé-
giée, et je commence par elle, pour m'en acquitter
avant toutes les autres. »

Ce Souabe de génie et de caractère concentré et
circonspect n'aimait pas à se raconter. A un fonds
d'heureuse bonhomie, au parfait naturel, il joignait
la prudence du serpent, et il savait que les paroles
ont des ailes et s'envolent, mais que les écritures
restent. Il était né à Stuttgart, le 27 août 1770, et il
avait commencé à philosopher dans un temps où la
police était très défiante et les consistoires très ombrageux, dans un temps où, comme il le disait lui-
même, on ne tolérait la philosophie qu'à la condition qu'elle fût tout à fait inoffensive, et où les places
de professeurs de métaphysique étaient réservées
de préférence aux précepteurs des ministres d'État,
quand ils étaient hors de service et qu'ils avaient

perdu leurs dernières illusions avec leurs derniers cheveux. Il avait résolu de bonne heure de n'être ni dupe ni martyr dans le grand jeu de la vie; aussi avait-il pris l'habitude d'envelopper ses pensées, et quelquefois il les enveloppait si bien qu'on ne les reconnaissait plus. Il écrivait un jour à son ami Niethammer que le Nurembergeois a beaucoup de peine à se décider, que, quand on lui a représenté éloquemment toutes les raisons qu'il peut avoir d'acheter un cheval, il se résout en rechignant à acheter une queue de cheval; mais le cheval étant inséparable de sa queue, il se voit forcé de l'acheter aussi et même de bâtir une écurie pour le loger. Hegel a passé sa vie à vendre des queues de cheval; si vous preniez le cheval par-dessus le marché, il n'en était pas responsable : « Je vous donne des principes, disait-il; si les conséquences vous scandalisent, ne me les imputez pas, c'est vous qui les avez tirées. »

Il ne se détendait, il ne sortait de sa froide réserve que lorsqu'il avait affaire à un correspondant qui lui inspirait une entière confiance, et on distinguera parmi ses lettres les récits pleins d'abandon qu'il adressait à sa femme dans ses voyages. Il s'était marié tard, et peu s'en était fallu qu'il ne se mariât jamais. Comme l'a remarqué M. Rosenkranz, on était encore dans l'ancien préjugé qu'à l'exemple de Descartes, de Spinoza, de Malebranche, de Leibniz, de Wolf, de Locke, de Hume, de Condillac, de Kant, tout vrai philosophe devait mourir vieux garçon. A la vérité, Fichte et Schelling s'étaient mariés; mais Hegel avait ses idées particulières sur le mariage,

qu'il considérait comme un engagement trop grave
pour que la passion y eût aucune part.

Bien qu'il ne fût pas d'une nature très inflam-
mable, il avait eu ses faiblesses, il s'était laissé
prendre. On racontait que, dans sa jeunesse, à Tu-
bingue, où il achevait ses études, il avait éprouvé
un sentiment très vif pour la fille d'un professeur de
théologie, Mlle Augustine Hegelmeier. Elle habitait
avec sa mère dans la maison d'un boulanger, qui
tenait un débit de vin. Elle était belle, elle était
coquette, les étudiants lui donnaient des bals, et le
7 septembre 1791, un des camarades de Hegel lui
écrivait en français : « Mon cher ami, voici quelques
jours que nous avons fait beaucoup de sottises en
amour. J'espère que tu te souviendras toujours avec
plaisir des soirées que nous avons passées ensemble
chez le boulanger, en buvant du vin de 4 batz et en
mangeant des *Butter-Brezel*. » Il avait bientôt oublié la belle Augustine, mais il eut toujours beaucoup
de goût pour les jolis visages, et on plaisantait, à
Bamberg, sur la cour assidue qu'il faisait à Mme de
Jolli, femme d'un capitaine, laquelle figura un soir
dans un bal masqué en costume de déesse de Chypre.
Hegel avait revêtu pour la circonstance la livrée
d'un valet de chambre et sa perruque poudrée, et
il employa tout le temps du souper, qui dura trois
heures, à converser agréablement avec sa déesse.
Mais il avait pour principe que, s'il est permis de se
plaire dans la société des jolies femmes, il est indigne d'un sage de les épouser parce qu'elles lui
plaisent; il tenait le mariage pour un sacrement
civil, qui n'a rien à démêler avec la gourmandise

des yeux, et il pensait qu'un philosophe ne doit renoncer au célibat que pour donner à sa vie plus de dignité, et, s'il se peut, plus de douceur et de repos.

« J'aurai bientôt quarante ans, et je suis Souabe; je me demande si je dois me hâter de franchir le pas parce qu'avant peu il sera trop tard, ou si c'est l'effet de mes quarante années souabes qui se font déjà sentir en moi. » Il attendit deux ans encore, et enfin il se décida. Ce quadragénaire fut charmé d'attacher à sa boutonnière une fleur de premier printemps : dans l'automne de 1811, il épousait la fille d'un baron, Mlle Marie de Tucher, appartenant à l'une des plus vieilles familles patriciennes de Nuremberg, mais sans fortune, et qui ne lui apportait que son trousseau et 100 florins de rente. Elle était jolie et parée de toute la grâce de ses vingt ans; à la fois tendre et passionnée, rêveuse et gaie, elle avait l'imagination mobile et, selon les cas, le goût des émotions ou des voyages dans le bleu. Il lui reprochait de prendre les choses trop vivement, de mettre quelquefois du sentiment où il n'en fallait pas mettre; mais il ajoutait que ses défauts lui allaient si bien qu'il serait désolé qu'elle les perdît. Dans le temps de leurs fiançailles, il s'était avisé de lui dire qu'il ne fallait pas chercher le bonheur dans le mariage, qu'il fallait « se contenter du contentement ». Elle ressentit profondément cette injure, peu s'en fallut qu'elle ne retirât sa parole. Il regagna son cœur en lui écrivant bien vite une lettre aussi belle que touchante, que nous connaissions déjà. Ils s'épousèrent et s'en trouvèrent bien, puisque, malgré la différence des âges et des caractères, ils ont passé ensemble vingt années dans un contentement qui ressemblait beaucoup au bonheur.

Mme Marie Hegel, que Cousin appelait toujours cette bonne madame Hegel, fut toute sa vie une bonne chrétienne très orthodoxe, et son mari la respectait trop pour l'inquiéter dans ses croyances. De son côté, elle aimait trop la gloire de son philosophe pour admettre qu'il y eût rien de suspect dans ses doctrines, qu'elle ne se piquait point de comprendre. Elle était fermement convaincue qu'il exprimait en d'autres mots et dans une langue particulière ses propres pensées : « Il sait, disait-elle, et je crois ». Et il est certain qu'à une certaine hauteur tous les grands cœurs se rencontrent.

Quand il lui arrivait de voyager, Hegel écrivait à sa femme de longues lettres, qu'il ne prenait pas la peine de relire. Il lui racontait la cathédrale de Cologne, qui lui a inspiré une page admirable, les merveilles de l'Opéra italien de Vienne, Rubini et Lablache, dont il comparait la voix « à un vin d'or et de feu », les deux jours qu'il passa à Weimar auprès de Goethe, ses courses en compagnie de Cousin à travers ce grand Paris qui fatiguait ses jambes, et les inquiétudes que lui causait son spirituel cicerone qui, à tout ce qu'il lui proposait, répondait : « C'est convenu », — et changeait d'idée l'instant d'après. Mais il racontait aussi ses repas, ses couchées, ses bonnes et ses mauvaises rencontres, l'heur et le malheur de ses étapes : « A Herzberg, je me suis laissé imposer par un pasteur de village la société d'une de ses nièces, que je dois conduire à Dresde.

Elle n'est pas laide, mais elle monte en graine, et elle est si insignifiante et si pétrie de politesse saxonne que je n'ai guère plus d'envie ni d'occasions de causer que si j'étais seul ; ne pense donc pas à mal au sujet de cette compagnie. Si j'étais un Anglais, j'aurais refusé tout net le paquet ; mais comme on est toujours Allemand par un bout ou par l'autre, on achète chat en poche, comme disent nos Souabes, et il se trouve que j'ai fait une acquisition qui n'est pas précisément mauvaise, mais qui est fort médiocre. »

Ce qu'il y a de plus intéressant dans la correspondance intime d'un philosophe, c'est qu'il s'y montre dans son déshabillé et nous fournit l'occasion de comparer l'homme au penseur. Le premier devoir des philosophes est d'être conséquents ; mais ils ne le sont pas tous. Schopenhauer, qui méprisait la vie et prêchait le *nirvâna*, tenait beaucoup à sa chère et méprisable personne, et il aurait fui jusqu'au bout du monde pour échapper au choléra. Un philosophe qui, comme Hegel, fait profession de croire que « tout ce qui est rationnel est réel et que tout ce qui est réel est rationnel », est tenu de ne pas trop s'affecter des déconvenues, des contrariétés, des injustices qu'il essuie et de ne pas dire d'injures à la vie. Il s'en faisait une loi ; quand il était en délicatesse avec la destinée, il se consolait par l'ironie et, conformément à sa grande maxime, il s'accommodait des choses telles qu'elles sont, en leur demeurant supérieur.

On n'est pas parfait. Il était quelquefois bourru, et, quand il se fâchait, ses yeux gris lançaient des flammes ; mais il ne se fâchait pas longtemps. Il a

dit lui-même que le seul moyen d'échapper à l'hypo-
condrie est d'aimer autre chose que soi. La fatuité a
ses délices, mais des délices trompeuses, mêlées de
cruels dégoûts ; pour que le fat fût parfaitement heureux, il faudrait que l'univers s'occupât de lui autant
qu'il s'en occupe lui-même, et l'univers a tant d'autres
choses à faire ! Hegel pensait que le secret du bonheur
est de sortir de soi-même, et ce genre d'exercice
lui était plus facile qu'au commun des martyrs. Outre
sa métaphysique, il cultivait avec une égale ardeur
la littérature grecque et le calcul infinitésimal, les
sciences naturelles et l'histoire; il aimait la peinture,
la poésie et la musique; il s'intéressait passionnément à la politique courante. « Ne sois pas un bon-
net de nuit, a-t-il écrit quelque part, mais sois toujours éveillé. Les bonnets de nuit sont muets et
aveugles. Quand tu as les yeux ouverts, tu vois tout
et tu dis à chaque chose ce qu'elle est. C'est la fonction propre de la raison, et c'est par là qu'elle possède le monde. » Au surplus, il avait tous les goûts
qui aident à passer le temps : il aimait le théâtre,
le whist, l'entretien des jolies femmes, et, ce qui est
admirable, il savait tirer parti des ennuyeux; on
s'étonnait quelquefois du plaisir qu'il semblait trouver dans la société d'hommes fort médiocres. Jamais
philosophe ne fut plus universel et ne sut mieux se
prêter au monde, sans se donner à lui.

C'est surtout dans les lettres qu'il écrivit à son
ami Niethammer, de 1808 à 1816, que se révèlent les
côtés fiers et mâles de son caractère. Niethammer,
qu'il avait raison d'appeler le roi des amis, et dont
il sollicita plus d'une fois l'assistance dans ses em-

barras et ses détresses, était un Wurtembergeois qui, après avoir été professeur à Iéna, puis à Wurzbourg, était entré dans l'administration bavaroise, à titre de conseiller à la section des études. Les commencements de Hegel n'avaient été ni faciles ni doux. Dès l'âge de vingt-trois ans, il avait dû gagner sa vie, et il fut pendant sept années précepteur à Berne d'abord, puis à Francfort. « Pour les gens qui ont de l'argent en poche, disait-il, le monde va toujours bien. » Mais sa poche était souvent vide. Son père, petit bourgeois et petit fonctionnaire, mourut en 1799; il n'hérita de lui qu'un peu plus de 3 000 florins. Il les employa à s'établir à Iéna, où il fut *Privatdocent*, puis professeur extraordinaire avec un traitement dérisoire de moins de 400 francs.

Quand l'invasion française rendit Iéna inhabitable, il se résigna, pour ne pas mourir de faim, à prendre la direction du journal politique de Bamberg, qui était un simple bulletin de nouvelles. En 1808, l'obligeant Niethammer lui fit offrir, faute de mieux, la place de recteur ou de proviseur du chétif gymnase de Nuremberg. De telles fonctions, aussi assujettissantes que modestes, n'avaient rien d'attrayant pour un homme de génie dont le premier livre avait fait beaucoup de bruit, et en qui de bons juges saluaient déjà le premier penseur de son temps. Il les accepta avec empressement; il ne méprisait rien, il s'intéressait à tout ce qu'il faisait. Précepteur, journaliste ou proviseur de gymnase, il remplit toujours avec une étonnante probité de conscience les plus humbles devoirs de sa charge, et ce cheval de race, attelé à un tombereau, ne rua jamais entre ses brancards.

Avec le temps, il devint roi et pontife à Berlin, et
Cousin lui écrivait en 1825 : « Votre âme est en paix,
Hegel; la mienne est souffrante.... Mais je n'oublie
pas que je ne suis pas avec vous, seul, la nuit, sur
votre canapé, et ce n'est pas à trois cents lieues de
distance que nous pouvons causer intimement. Le
chagrin s'acharne sur moi; il n'aura pas affaire à
un lâche. » Hegel avait le droit de lui répondre, le
5 avril 1826 : « J'ai cru remarquer du sombre dans
une de vos lettres, et je ne m'en suis pas étonné. Si
vous opposez à votre tristesse la paix de mon âme,
j'avoue que j'en possède peut-être plus que vous;
mais n'oubliez pas que vous êtes plus jeune et, par
conséquent, pas encore aussi endurci dans l'habitude des renoncements. »

Il eût mieux passé son temps à Nuremberg, si on
l'avait mis à la tête d'un établissement prospère et
florissant; mais on l'avait chargé de transformer en
lycée moderne un vieux collège gothique, et, sans
lui accorder les ressources nécessaires, on s'en remettait à lui du soin de monter la machine et de la
faire aller. La Bavière venait d'entrer dans la confédération du Rhin, et il y avait à Paris un terrible
homme, qui exigeait que partout on se renouvelât,
on se rajeunît, on se réveillât : comme une bise de
mars, il soufflait sur des eaux croupissantes, qui ne
demandaient qu'à dormir. Pour complaire à ce maître
impérieux, occupé d'organiser le monde à sa façon,
on essayait d'organiser beaucoup de choses; c'était
le mot à la mode, et il y avait à Nuremberg un cha-
pelier qui avait inventé un nouveau genre de coif-
fure, qu'il appelait les chapeaux à l'organisation,

sur quoi Hegel remarquait qu'il aurait bien dû se charger aussi d'organiser les têtes.

La réforme de l'instruction publique, qu'on venait de décréter à Munich pour avoir l'air de faire quelque chose, avait le caractère d'une improvisation hâtive, et le lycée de Nuremberg avait poussé en une nuit comme un champignon. On avait des professeurs et même des élèves; mais on n'avait pas de locaux convenables et les fonds manquaient. Point de rideaux ni de volets dans les salles de classe, où le soleil aveuglait tour à tour le berger et ses moutons; ce qui était plus grave, point de cabinets d'aisance : « Pour l'amour de Dieu, écrivait le nouveau recteur à Niethammer, donnez-nous deux cabinets; mais ne les décrétez pas, faites-les. Jusque-là, j'en suis réduit à demander aux parents qui m'amènent leurs enfants s'ils leur ont appris à se passer de ce genre d'institution. C'est une branche de l'enseignement public dont je commence à sentir toute l'importance.... Si l'on s'obstine à ne rien faire et à ne pourvoir à rien, nous aurons l'air d'une chouette posée sur son rameau, qui effarouche le monde par son sinistre aspect et qui s'envolera au premier jour. » Il suppliait aussi qu'on lui procurât un appariteur capable de le décharger d'une partie de ses insipides écritures où il usait ses yeux. Il n'était que médiocrement satisfait des maîtres, précipitamment recrutés, dont il avait à répondre. Il avait vu la vieille Bavière à l'université d'Altorf, où il venait de passer quelques heures et qui fût bientôt supprimée. Il y avait trouvé des professeurs coiffés d'une perruque à ailes de pigeon et à cadenette, et un jardin des plantes qui n'était qu'un potager. Mais la jeune Bavière, représentée par le gymnase de Nuremberg, ne faisait pas une figure plus brillante : « On nous annonce la visite du prince royal. Les femmes se commandent des robes de cour; nous autres, nous n'avons pas encore d'uniforme. Une partie de mon corps enseignant a l'air passablement goutteux, comme il convient à des maîtres d'école, et les habits noirs avec des gants blancs sont le costume qui nous sied le mieux, quoique en défilant nous risquions fort de ressembler beaucoup à une procession de croque-morts. »

Le pis est qu'on avait grand'peine à entrer en possession de son traitement; pour obtenir un acompte il fallait se remuer, négocier, parlementer, batailler. Les réclamants étaient renvoyés de Pilate à Caïphe, c'est-à-dire d'une caisse à l'autre, et toutes les caisses étaient vides : « Le mot de l'Écriture s'est accompli, les abîmes appellent les abîmes. » Il plaisantait, mais il enrageait. Ses misérables appointements montaient à 1 000 florins; il était d'autant plus dur de ne pouvoir les toucher que le jour fixé pour son mariage approchait. « Dans deux semaines la famille de ma future arrivera à Nuremberg; tout est frotté, écuré, et le dindon des noces est à l'engrais; mais point d'argent, point de mariage, et le dindon étouffera dans sa graisse. »

Il passa quatre ans dans ce purgatoire, sans que sa santé ni sa belle humeur s'en ressentissent. Il savait pourtant ce qu'il valait. Plusieurs années auparavant, Niethammer avait pensé lui proposer une bonne affaire en l'engageant à écrire une logique élémentaire et un catéchisme raisonné pour les écoles. Il avait décliné cette tâche, se déclarant incapable d'écrire un catéchisme et surtout un catéchisme raisonnable. « Éloignez de moi ce calice, s'écriait-il ; souvenez-vous que j'ai passé des années sur le rocher où nichent les aigles et que je suis accoutumé à respirer l'air des montagnes. » En lisant ses lettres à Niethammer, on croit voir en effet un aigle en cage ; il ne peut étendre ses ailes, mais il ne se bat pas avec ses barreaux. Il est vrai que les aigles captifs ont des consolations que ne connaissent pas les moineaux et les linottes.

La politique tient quelque place dans la correspondance de Hegel, et cette politique sera peu goûtée par certains docteurs allemands, qui enseignent que la Révolution française fut une affaire manquée, que Napoléon Ier n'était qu'un tyran brutal, et qu'à sa chute, l'Allemagne tout entière poussa un cri de soulagement et de délivrance. Il y avait au commencement de ce siècle, sur les bords du Rhin, de l'Ilm et de la Saale, des gens d'esprit, et dans le nombre quelques hommes de génie qui jugeaient tout autrement la pièce et les acteurs. Hegel avait été, dans sa jeunesse, un chaud partisan de la Révolution française ; il l'avait suivie avec un intérêt passionné dans toutes ses phases. Sa *Phénoménologie* contient un admirable chapitre sur la métaphysique de la Terreur, et il goûtait peu les terroristes ; mais il pensait qu'il ne faut jamais juger d'un visage sur sa caricature, si ressemblante qu'elle soit, et il ne confondait point 1793 avec 1789, qu'il a toujours regardé comme une date mémorable et décisive dans l'histoire de l'humanité.

Quelques jours après la bataille d'Iéna, il écrivait à Zellmann, fils d'un paysan saxon et l'un de ses premiers disciples : « La philosophie a l'humeur solitaire, elle n'aime pas à courir les rues et les carrefours ; mais elle n'a garde de se tenir à l'écart des actions humaines, et vous avez raison d'être attentif à l'histoire du jour. Rien n'est plus propre à nous convaincre que la civilisation est destinée à prévaloir sur la barbarie et que l'esprit qui pense aura toujours raison de la présomption qui ne pense pas.... Elle nous apprend aussi à ne pas rester bouche bée devant les événements, à ne pas les attribuer au hasard des incidents ou au talent d'un homme, à ne point faire dépendre les destinées humaines d'une colline qu'on oublia d'occuper.... La nation française a été délivrée par le bain de sa révolution d'institutions surannées qui convenaient aussi peu à l'âge mûr de l'humanité que des souliers d'enfant aux pieds d'un adulte. Ajoutez que, comme la nation, les individus ont appris à dépouiller la vie d'habitude et à s'apprivoiser avec la mort ; c'est le secret des victoires qui nous étonnent. » Il engageait les Allemands à étudier à l'école de leurs vainqueurs, pour se mettre en état de les surpasser un jour.

L'entrée des Français à Iéna lui avait causé bien des désagréments. Ils avaient quelque peu pillé, et on avait pu craindre que, de proche en proche, un incendie commencé ne se communiquât à toute la ville. Après s'être vivement disputé avec les soldats qui violaient son domicile, Hegel avait dû vider les lieux et s'en aller chercher quelque part un asile, emportant avec lui ce qu'il avait de plus précieux,

es dernières feuilles du manuscrit de sa *Phénomé-
iologie*, à laquelle il venait de mettre la dernière
main. Il n'avait pas un sou en poche; Goethe, devi-
nant sa détresse, chargea un ami commun de lui
faire tenir en son nom dix écus. Il ne laissait pas
d'écrire à Niethammer : « J'ai vu l'empereur, cette
âme du monde; il a traversé la ville pour aller faire
une reconnaissance. C'est une prodigieuse sensation
que de contempler, assis sur un cheval et n'occupant qu'un point dans l'espace, l'homme qui tient le
monde dans sa main. »

Il avait reconnu l'ouvrier du destin dans ce conquérant qui mettait les rois en fuite et qui disait
comme le Seigneur des armées : « Que ce qui doit
être retranché soit retranché! Que ce qui doit mourir
aille à la mort! » Il savait que ce missionnaire d'une
foi nouvelle ferait sortir quelque chose des vieilles
poussières que remuait le sabot de son cheval, et il
attendait le rajeunissement de l'Allemagne de celui
qu'il appelait aussi « notre grand professeur de
droit public ». Il n'était pas seul à raisonner ainsi.
Le 7 octobre 1808, Knebel lui écrivait qu'à Weimar,
Napoléon avait charmé, séduit tout le monde; que
et homme aux longues pensées et aux actions ra-
pides avait conquis tous les cœurs : « Son visage,
où est empreinte cette vague mélancolie, qui, selon
Aristote, est la marque de tous les grands carac-
ères, révèle non seulement la puissance de son
esprit, mais une vraie bonté de cœur, que les événements et les durs labeurs de sa vie n'ont pu détruire.
Bref, on est enthousiaste du grand homme. Il s'est
entretenu deux fois assez longuement avec Goethe,

et peut-être a-t-il voulu donner un bon exemple aux souverains allemands et leur apprendre à honorer les grands talents. »

L'Allemagne était à cette époque aussi mal gouvernée que mal administrée. Le pouvoir était mystérieux, insolent et tracassier, et les classes privilégiées étaient disposées à lui tout permettre pourvu qu'il ne supprimât aucun abus. « Il n'y a nulle part, disait Hegel, ni justice, ni garanties d'aucune sorte, ni esprit public ; je ne vois partout que le régime du bon plaisir et des décisions arbitraires. » C'était l'injustice et c'était la confusion ; on avait la centralisation comme en France, mais on y ajoutait le désordre. « Il n'y a chez nous, disait-il encore, aucune autorité qui ait une sphère délimitée d'action. Les fonctionnaires haut placés se croient tenus de faire eux-mêmes ce qu'ils devraient laisser faire à leurs subalternes. Du haut en bas de l'échelle, nous n'avons ni cet esprit de sacrifice, qui accorde quelque chose aux inférieurs, ni cet esprit de confiance, qui associe tout le monde à l'œuvre commune et sans lequel il n'y a pas de liberté possible. La France nous a donné déjà bien des leçons ; nous sommes lents, mais nous finirons par nous former. » Il n'était pas exigeant ; un peu d'air, un peu de lumière, un peu de publicité, c'était tout ce qu'il demandait. Il souhaitait que, comme le gouvernement français, les princes allemands eussent quelquefois des entretiens avec leur peuple sur leurs intérêts communs, qu'ils prissent la peine de lui expliquer de temps à autre l'état de leurs affaires et de leurs finances, leurs revenus et leurs dettes, l'organisation des pouvoirs, qu'on eût un journal officiel, un Moniteur.

Il souhaitait aussi que les rois et les grands-ducs englobés dans la confédération du Rhin empruntassent au royaume de Westphalie et sa constitution, et les principes du code civil : « Il y a quelques mois, je m'amusais à taquiner M. de Welden, qui en sa qualité de propriétaire de biens nobles, tremble de voir introduire le code Napoléon. Je lui représentais que les princes allemands ne peuvent se dispenser d'adopter pour leur usage particulier le petit livre auquel l'empereur a travaillé lui-même et qu'il regarde comme son œuvre la plus personnelle, que c'est une politesse qu'ils lui doivent, d'autant qu'il leur a fait déjà quelques insinuations à ce sujet. Mais les Allemands sont encore aussi aveugles qu'il y a vingt ans, et, quoi qu'ils fassent, la grâce manquera toujours à leurs actions. »

Henri Heine disait que les libéraux allemands, trop généreux pour courtiser Napoléon et pour s'allier avec la domination étrangère, étaient demeurés longtemps dans un profond silence; que, lorsqu'il tomba, on les vit sourire, mais de mélancolie : « Ils ne prirent aucune part à l'enthousiasme patriotique qui, avec la permission des autorités supérieures, fit alors explosion en Allemagne; ils savaient ce qu'ils savaient, et ils se turent encore. » Hegel aimait son pays, mais lui aussi savait ce qu'il savait, et il laissa à ceux qui ne savaient rien « le soin de fêter les libérateurs, ces centaines de milliers de Cosaques, de Bachkirs, de patriotes prussiens », dont on annonçait l'arrivée. Il leur eut pourtant de grandes obligations ; on n'attendit pas qu'ils fussent arrivés pour lui payer tout l'arriéré de son traitement. On voulait faire le vide dans les caisses pour qu'ils n'y trouvassent rien à prendre ; autant valait faire le bonheur d'un professeur allemand que la joie d'un Bachkir. « J'ai vu de nombreux visages de libérateurs, disait-il, je serai tout à fait heureux quand j'aurai vu le visage d'un Allemand vraiment délivré. » Il considérait pourtant qu'à l'avenir le café serait moins cher et meilleur, qu'on y mettrait moins de chicorée, que les pâtés de Nuremberg ne tarderaient pas à recouvrer leur antique splendeur, que les organisateurs n'organiseraient plus rien, que les Nurembergeois seraient délivrés « de toutes leurs tribulations d'écoles ». — « La canaille se flatte de voir revenir le bon vieux temps. Désormais, disait l'un, on pourra, comme sous le gouvernement précédent, donner un soufflet à quelqu'un en payant 12 batz, — et gagner 12 batz en le recevant, disait l'autre. »

Il était plus sérieux quand il écrivait à Niethammer, le 29 avril 1814 : « De grandes choses se sont accomplies autour de nous ; c'est un étrange spectacle que de voir un énorme génie travailler à se perdre ; c'est la tragédie par excellence, τὸ τραγικώτατον. L'imbécile et massive médiocrité pèse de son poids de plomb, sans relâche et sans merci, jusqu'à ce qu'elle voie à ses pieds le colosse qui l'offusquait. Le secret de sa victoire, c'est qu'un jour le grand homme qu'elle hait donne prise sur lui et se détruit lui-même. » Il demeura toute sa vie dans ces sentiments. En 1822, comme il visitait avec son ami van

Ghert le champ de bataille de Waterloo, il fut pris d'une soudaine émotion : « Quelle chute ! s'écria-t-il, et quel homme ! Ce que j'ai toujours le plus admiré en lui, c'est la force invincible avec laquelle il maintenait l'autorité des lois, qu'il avait su rendre respectables. » Cet aigle avait toujours eu de la tendresse pour ce lion. Il aimait à voir flotter sa crinière, à entendre son rugissement, et il lui pardonnait beaucoup de choses.

Il était dans la nature de Hegel de se réconcilier bien vite avec les événements, d'en découvrir le bon côté. Il ne croyait pas au retour du bon vieux temps et, dès la première heure, il crut à l'impuissance de la réaction. On n'accorda pas aux peuples les libertés et les chartes qu'on leur avait promises pour les soulever contre le dictateur de l'Europe, et avant que l'Allemagne vît disparaître les derniers restes du régime féodal et ses dernières servitudes, avant qu'elle conquît l'égalité civile, il fallut que la France fît encore deux révolutions. Mais tout en conservant les vieux moyens de gouvernement, on sentit qu'il fallait concéder quelque chose aux temps nouveaux, à l'esprit de progrès, et on mit de la coquetterie à favoriser l'enseignement supérieur. On surveillait les universités, mais on offrait des chaires aux hommes éminents. Dès 1816, Hegel était appelé à l'université de Heidelberg, où on lui assurait un traitement de 1 300 florins, accompagnés d'un certain nombre de boisseaux de blé et d'épeautre. En 1818, il arrivait à Berlin, et ses jours de gloire allaient commencer. Grâce au puissant appui d'un ministre de l'instruction publique très éclairé, le baron d'Altenstein, il put tenir en échec la malveillance et les soupçons, et il lui fut permis de publier en 1820, sans être inquiété, sa *Philosophie du droit*, livre magistral, plein de vues profondes, dont quelques-unes, malgré toutes ses précautions, pouvaient sembler alors insolentes ou dangereuses.

Cependant, si forte que fût sa situation, il éprouvait le besoin de se surveiller beaucoup, et, d'année en année, il devenait plus prudent. Quand ses disciples, en 1826, célébrèrent sa fête avec un éclat inusité, il en fut touché, mais il mandait à sa femme qu'il aviserait à ce qu'on n'en fît pas trop, qu'il savait combien l'excès des manifestations indispose le public et les gens en place. La prudence est une belle qualité, mais il n'y a que les imprudents pour écrire des lettres piquantes, et, depuis qu'il avait des cheveux gris, Hegel redoublait de circonspection dans sa correspondance. De tous les coins de l'Allemagne et de tous les pays étrangers, les gens qui avaient des doutes à résoudre s'adressaient à lui comme au nouvel oracle de Delphes et lui demandaient comme Pilate au Christ : « Qu'est-ce que la vérité? » Il leur répondait à peu près : « Je l'ai dit en style sibyllin dans mes livres, qui ont paru chez Cotta ou ailleurs. Si vous avez quelque intelligence, servez-vous-en. »

Cousin, tout le premier, cherchait en vain à le faire parler : « Hegel, dites-moi la vérité; puis j'en passerai à mon pays ce qu'il en pourra comprendre. Cela posé, parlez, parlez, mon ami; mes oreilles et mon âme vous sont ouvertes. Si vous n'avez pas le temps de m'écrire, dictez à vos secrétaires, d'Hen-

ning, Hotho, Michelet, Gans, Forster, quelques
pages allemandes en caractères latins, ou comme
l'empereur Napoléon, faites rédiger votre pensée et
corrigez-en la rédaction, que vous m'enverrez. » Il
lui écrivait aussi, le 7 avril 1828 : « J'ai besoin,
même pour ici, d'un peu de succès en Allemagne.
Voyez donc, Hegel, s'il serait impossible que Pro-
clus, Platon, Descartes ou *les Fragments* obtinssent
dans votre journal les honneurs d'un petit article.
De vous, seigneur, ce serait trop ; mais faites écrire
quelques pages là-dessus à M. Gans ou à l'excellent
Hotho. » Hegel n'écrivit pas le petit article, et il ne
dicta rien à l'excellent Hotho. Il répondait pourtant ;
mais il n'avait garde d'expliquer à Cousin en langue
vulgaire ses pensées de derrière la tête ni d'agiter
avec lui aucun problème d'ontologie. Il se contentait
de lui apprendre que le cours d'Auguste-Guillaume
Schlegel sur les beaux-arts avait eu peu de succès
parmi les dames, ou que leur amie commune, la
célèbre cantatrice Mme Milder, se portait bien : « Sa
belle voix, qui, il y a une année, semblait un peu
souffrir, a repris tout à fait sa force et son brillant... .
Elle me charge de vous dire que, dans le mois d'août,
vous la trouverez à Wiesbaden et au mois de septembre à Ems ; elle persiste à être votre bonne
amie. » S'il revenait au monde, il lirait avec un plaisir extrême le petit livre que M. Jules Simon a
consacré à la mémoire de son maître [1], vrai chef-
d'œuvre de respect irrévérencieux, de malice sans

---

1. *Les Grands Écrivains français : Victor Cousin*, par M. Jules
Simon. Paris, 1887 ; librairie Hachette.

noirceur et de grâce féline. Il dirait : « Voilà bien mon homme, et j'avais raison de me défier un peu de lui, tout en le goûtant beaucoup ».

Il devenait d'année en année et plus réservé et plus autoritaire. Il se flattait d'avoir donné une constitution définitive à la philosophie allemande ; il n'entendait pas qu'on la retouchât. Il avait cependant enseigné dans ses livres que la contradiction est le secret de la vie, le moteur caché, le ressort mystérieux qui fait aller l'univers, que les contraires engendrent fatalement les contraires, que partant rien ne demeure, que tout est dans un flux continuel, que Dieu lui-même est l'éternel devenir, et il avait raconté l'évolution de l'idée dans la nature, les laborieuses et inévitables métamorphoses de la conscience humaine à travers les siècles. Mais en vieillissant, il inclinait à penser que la destinée avait dit son dernier mot ; que, comme lui, le genre humain avait atteint sa dernière étape ; qu'il ne restait plus qu'à s'installer dans le meilleur des mondes possibles et à s'y trouver bien. Lui qui avait demandé autrefois aux gouvernements de donner beaucoup de garanties à leurs sujets et beaucoup de publicité à leurs actes, il commençait à croire que le silence est d'or et que les amateurs de réformes sont des esprits mal faits, des brouillons. « Hegel, a dit Heine, est le plus grand philosophe que l'Allemagne ait enfanté depuis Leibniz. Il se fit couronner à Berlin, et malheureusement il se fit oindre aussi quelque peu. » Il était arrivé, il était content de l'univers et il voulait que tout le monde le fût. Ce puissant assembleur de nuages, ce Jupiter olympien avait déposé sa foudre et décrété le beau fixe. Quand il entendit au loin les premiers grondements de la révolution de juillet, il s'écria en colère : « Qui donc se permet de tonner là bas? » Les plus grands esprits ont leurs bornes, il avait trouvé les siennes, et lorsqu'il mourut du choléra, le 14 novembre 1831, il avait achevé sa tâche et épuisé son génie.

Après lui avoir dressé des autels, l'Allemagne le méconnaît. Les orthodoxes ont décidé depuis long-temps qu'il avait le pied fourchu, les libéraux ré-prouvent son quiétisme politique, les chauvins censurent son impartialité universelle et sereine, les empiriques lui en veulent d'avoir donné au monde un système de plus, les positivistes lui reprochent d'avoir dit trop souvent : « Cela est parce que cela doit être ». Mais tel de ses détracteurs pratique clandestinement la méthode qu'il inventa, et ceux qui affectent de le mépriser dissimulent avec soin les emprunts qu'ils lui font. Son œuvre n'était pas de celles qui s'écroulent tout entières. On admirera toujours dans ce Souabe transplanté à Berlin un esprit d'une rare puissance, d'une prodigieuse éten-due et, sans doute, le plus grand semeur d'idées que ce siècle ait connu.

LE

PRINCE DE BISMARCK

ET

M. MORITZ BUSCH

———

Tel homme de génie affecte un fastueux dédain
pour toute l'espèce humaine et ne laisse pas de tenir
beaucoup à sa réputation, à l'idée que peut se faire
de son caractère et de ses talents le vil troupeau
qu'il méprise. Le grand politique qui est aujourd'hui
l'arbitre suprême des destinées de l'Europe est un
exemple frappant de cette contradiction. Il regarde
l'humanité comme un faucon regarde une fourmilière,
mais ce faucon est très soucieux de ce que peuvent
penser de lui les fourmis. Nous ne connaissons aucun homme d'État qui ait provoqué de son vivant
tant de publications destinées à nous expliquer ses
intentions, ses desseins, ses méthodes, ses procédés.

A côté de celles qui s'adressent aux lecteurs sérieux, M. de Bismarck en autorise d'autres, d'un
style plus familier, à l'usage des simples, du vulgaire,
de la foule, et longtemps il a fait de M. Moritz Busch
son vulgarisateur d'office. M. Busch est un maître en

biographie anecdotique, il avait toutes les qualités requises pour cette sorte d'ouvrages. Il professe pour son héros une dévotion qui touche à la bigoterie. Le grand chancelier, auprès duquel il avait ses entrées, est pour lui un être infaillible et impeccable, un dieu dont il adore les mystères et qu'il ne se permet pas de discuter. Dans notre siècle, qu'on accuse de manquer de respect, un tel exemple d'humilité portée jusqu'à l'immolation, jusqu'à l'anéantissement de soi-même, a quelque chose de rare et de touchant. M. Busch dirait volontiers à M. de Bismarck ce que disait à Faust l'honnête Wagner :

> Marcher près de vous me suffit,
> C'est tout honneur et tout profit.

Aussi est-il infiniment sensible à la moindre marque d'attention qu'il obtient de son patron. Pendant l'automne de 1877, comme il était en séjour à Varzin, on partit un après-midi pour aller pêcher. Il était assis sur le siège de la voiture, et il y avait quelque désordre dans sa toilette ; l'attache de son paletot dépassait son collet. M. de Bismarck, à qui il tournait le dos, dit au conseiller intime Tidemann : « Rentrez-lui donc son attache ; nous pourrions être tentés de nous en servir pour le pendre, et il n'a pas mérité un traitement si rigoureux ».

Les historiens anecdotiers et un peu commères ne dédaignent aucun détail. Ils n'ignorent pas que, dans l'histoire d'un grand homme, ce sont les petites choses qui intéressent le plus les petites gens, que la foule des lecteurs aime à savoir ce qu'il mange et ce qu'il boit, s'il fait lui-même sa barbe, à quelle

heure il se couche, s'il dort sur le côté gauche ou
sur le côté droit, combien il a d'armoires dans son
cabinet de travail, comment il s'y prend pour empêcher sa cheminée de fumer, s'il préfère aux œufs
sur le plat les œufs à la coque.

Paul-Louis Courier nous raconte dans le *Pamphlet
des pamphlets* qu'il déjeunait un jour chez son camarade Duroc, logé depuis peu au rez-de-chaussée
d'une vieille maison fort laide, entre cour et jardin.
Ils étaient plusieurs à table, joyeux, bavards, en
devoir de bien faire, quand tout à coup se présente
sans être annoncé le camarade Bonaparte, nouveau
propriétaire de la vieille maison, dont il habitait le
premier étage. Il venait en voisin, et cette bonhomie
étonna tous les convives. Ils se lèvent, ils s'empres-
sent ; le héros les fait rasseoir : « Il n'était pas de
ces camarades à qui l'on peut dire : « Mets-toi là et
« mange avec nous ». Cela eût été bon avant l'acquisition de la vieille maison. Debout à nous regarder,
ne sachant trop que dire, il allait et venait. « Ce
« sont des artichauts dont vous déjeunez là? — Oui,
« général. — Vous, Rapp, vous les mangez à l'huile?
« — Oui, général. — Et vous, Savary, à la sauce? Moi,
« je les mange au sel. — Ah! général, répond celui qui
« s'appelait alors Savary, vous êtes un grand homme,
« vous êtes inimitable. » Nous ignorons si M. de Bismarck mange les artichauts au sel ou à l'huile ; mais
nous savons par M. Busch qu'avant que le docteur
Schweninger l'eût mis au régime, il était un gros
mangeur ; que les gens qui pensent beaucoup ont
besoin de beaucoup de nourriture. Nous savons aussi
que, quoiqu'il eût du goût pour la bonne chère, il

s'accommodait des mets les plus simples, que malgré sa préférence pour le cognac il ne faisait point fi de l'eau-de-vie de grain et qu'il en conserve soigneusement dans les caves de son château de Schönhausen quelques barriques, qu'il laisse vieillir pour l'usage de ses arrière-neveux. En cela comme en toute autre chose, M. Busch le trouve inimitable.

Nous ne méprisons pas les anecdotes. Il en est d'intéressantes, qui en disent très long sur les hommes et les choses. M. de Bismarck a raconté à son biographe que lorsqu'il fut envoyé à Francfort pour y représenter la Prusse, il n'y avait dans les séances de la commission militaire que le plénipotentiaire de l'Autriche qui, en vertu de son droit présidentiel, se permit de fumer. Un jour, M. de Bismarck eut l'audace de lui demander du feu, ce qui causa à tout le monde une indicible surprise mêlée de déplaisir. C'était un événement, presque une révolution, et les représentants des moyens comme des petits États s'empressèrent d'en référer à leurs gouvernements, de leur soumettre le cas. Les petites cours réfléchirent longuement sur cette affaire, qui leur parut si grave qu'elles ne savaient quel parti prendre, et, durant la moitié d'une année, il n'y eut que les deux grandes puissances qui fumèrent, après quoi le plénipotentiaire bavarois crut devoir sauvegarder la dignité de son pays en fumant aussi. Le Saxon mourait d'envie d'en faire autant, mais il n'avait pas encore obtenu l'autorisation de son ministre. Toutefois, dans la séance suivante, le Hanovrien, qui était au mieux avec l'Autriche, s'étant résolu à franchir le pas, il le franchit aussi et fuma.

A quelque temps de là, le Wurtembergeois sentit qu'il y allait de l'honneur du pays souabe et, quoiqu'il n'aimât pas à fumer, on le vit tirer de son étui un cigare long, mince, clair, couleur paille de seigle, qu'il alluma d'un air bourru, comme un homme qui fait à sa patrie le plus douloureux des sacrifices. De ce jour, il n'y eut que Hesse-Darmstadt qui ne fumât pas. Cette anecdote est très instructive, elle nous apprend à peu près ce qu'était l'ancienne Confédération germanique; c'est tout un chapitre d'histoire.

Non moins instructive est une autre anecdote que rapporte M. Busch sans oser prendre sur lui d'en garantir la parfaite authenticité. Dans le temps de son orageuse et remuante jeunesse, M. de Bismarck, accompagné d'un ami, alla un jour chasser la bécasse. On devait traverser un marécage recouvert d'un perfide gazon. L'ami était gros, un peu lourd; il enfonça, demeura embourbé jusqu'aux aisselles et bientôt jusqu'aux oreilles. Après avoir fait de vains efforts pour se dégager, il appela à son secours le futur chancelier de l'empire germanique, qui lui répondit tranquillement : « Mon cher ami, tu ne sortiras jamais de ce trou, je ne vois aucun moyen de t'en tirer. Mais je veux t'épargner une mort lente, honteuse et dégradante en t'envoyant dans la tête une volée de plomb qui te procurera une fin plus convenable, plus digne de toi. Ne bouge pas, ce sera l'affaire d'une seconde. » Parlant ainsi, il relevait lentement le canon de son fusil et couchait en joue l'infortuné qui, saisi d'une folle terreur, fit un effort surhumain et réussit à regagner la rive. A peine y fut-il en sûreté qu'il accabla d'injures son aimable compagnon. Celui-ci riposta sans s'émouvoir : « Tu vois si j'avais raison ; il faut que chacun s'aide lui-même. » A ces mots, lui tournant le dos, il s'en alla chercher ses bécasses. Voilà un trait qui peint un homme et qui doit donner à réfléchir aux alliés de M. de Bismarck, à tous ceux qui veulent chasser avec lui. Si jamais ils se trouvaient embourbés jusqu'aux aisselles, il croirait s'acquitter de tout ce qu'il leur doit en leur proposant de leur casser la tête et de leur procurer ainsi une fin convenable.

M. Busch est à la fois très bavard et très discret. Il n'a garde de nous initier à toutes les pensées secrètes de son maître. Il entr'ouvre quelquefois la porte qui conduit dans les coulisses de la politique et il la referme bien vite. M. Busch est un homme qui ne dit que ce qu'on lui permet de dire. Il y a çà et là, dans le livre qu'il a publié sous le titre de *Notre Chancelier* [1], quelques relations qui ont fait scandale et n'ont pas été agréables à tout le monde ; mais on peut être certain que, dans ces rares occasions, il a été indiscret par ordre supérieur.

C'est par ordre supérieur que M. Busch s'est permis de prétendre qu'en 1880 les Russes avaient tenté de se ménager des intelligences à Paris par l'entremise du général Obrutschef. « Les Français, lui dit à ce sujet M. de Bismarck, n'ont pas voulu les écouter ; ils nous ont informés eux-mêmes de ces tentatives, comme une femme vertueuse dénonce à son mari les propositions inconvenantes qu'elle a reçues. »

---

1. *Unser Reichskanzler, Studien zu einem Charakterbilde*, von Moritz Busch. Leipzig, 1884.

Les insinuations de M. Busch sont destinées à dé-
courager les galants qui seraient disposés à nouer
quelque intrigue avec nous. Dans une charmante
comédie qui a été jouée plus de cent fois, on voit un
amant très épris se présenter à un rendez-vous qu'il
a obtenu à grand'peine. Quel n'est pas son déplaisir
de trouver la femme qu'il aime en train de se réconcilier avec son mari ! Il s'écrie piteusement : « Vous
auriez dû m'avertir que je vous trouverais en famille ».
M. de Bismarck a été bien aise de faire savoir à tout
l'univers qu'il n'y avait rien à faire avec la France,
qu'on la trouverait toujours en famille. Il se défie
pourtant beaucoup de la fidélité de sa femme, puisqu'il la tient sous les verrous et les grilles de cette
sombre prison qu'on appelle la triple alliance. Tant
de précautions nous ont dégoûtés de notre vertu.

M. Busch ne se pique pas toujours de conséquence,
ses récits contredisent quelquefois ses doctrines. En
général, il cherche à persuader à ses lecteurs que
M. de Bismarck a toujours été pacifique, qu'il n'use
de violence qu'à l'égard des entêtés qui refusent
d'entendre raison, que toutes les fois que le renard
a étranglé la poule, c'était dans un cas de légitime
défense. Il affirme que, jusqu'en 1870, le ministre
prussien s'est constamment appliqué à conserver de
bons rapports avec le gouvernement français, qu'il
ne désespérait pas d'établir une entente durable
entre les deux nations, que c'est l'empereur Napoléon III qui a lassé sa patience et lui a mis l'épée à
la main. Ce n'est pas l'opinion d'un ingénieux écrivain italien, M. Gaetano Negri, qui n'a pas eu de
peine à démontrer que dès 1867 la principale occu-

pation de M. de Bismarck avait été d'irriter, d'exaspérer le gouvernement français jusqu'à ce que la guerre fût inévitable [1].

Personne n'ignore qu'au moment de la crise suprême, on crut encore à un arrangement, que l'étincelle qui mit le feu aux poudres fut le télégramme d'Ems annonçant à toute l'Europe une insulte faite par le roi de Prusse à l'ambassadeur de France. Cette insulte était purement imaginaire. Le roi Guillaume avait approuvé sans réserve la renonciation du prince Léopold au trône d'Espagne, tout en refusant par dignité de prendre aucun engagement pour l'avenir. Jusqu'au bout il avait été courtois pour notre ambassadeur, et quand il partit pour Coblentz, M. Benedetti le revit à la gare, où il l'accueillit avec sa bienveillance accoutumée. « Qui avait rédigé le télégramme ? demande M. Negri. On ne peut plus douter que la main qui mouvait en secret les fils de cette tragi-comédie n'ait voulu, par un scandale européen, rendre impossible la réconciliation des deux gouvernements. Le but fut pleinement atteint. En France, les ministres, la chambre, la population, tout le monde sentit l'affront et perdit la tête. »

On savait depuis longtemps que M. de Bismarck, revenu subitement de Varzin à Berlin, avait vu de mauvais œil la tournure pacifique que prenaient les choses, qu'il avait chargé le comte Eulenburg de se rendre à Ems pour représenter au roi le fâcheux effet de ses concessions. Nous savons par M. Busch dans quelles circonstances il rédigea de sa main le

---

1. *Bismarck, saggio storico,* di Gaetano Negri. Milan, 1884.

fameux et funeste télégramme : « Il reçut du conseiller intime Abeken, qui se trouvait à Ems avec le roi, un rapport sur ce qui s'était passé, avec l'autorisation royale d'en publier le contenu. Il donna lecture de ce rapport aux comtes de Moltke et de Roon, qui dînaient chez lui, et les deux généraux sentirent aussitôt que la situation se dessinait dans le sens de la paix. Le chancelier répondit que cela dépendrait du ton et du style de la publication à laquelle on l'autorisait. En présence de ses hôtes, il fit un extrait du rapport télégraphique en y pratiquant des suppressions, mais sans rien ajouter. » Cet extrait, qui fut aussitôt expédié à toutes les légations prussiennes et communiqué à la presse, portait en substance que le roi s'était refusé à recevoir l'ambassadeur de France et lui avait fait signifier par l'adjudant de service qu'il n'avait plus rien à lui dire. C'est ainsi que, par d'habiles suppressions, on dispose des événements; le sort de deux empires peut dépendre d'une rature faite avec art. Ici encore, M. Busch a été indiscret à bon escient. Dans l'intérêt de sa popularité, M. de Bismarck ne craint pas de faire savoir que cette guerre si glorieuse pour les armes allemandes a été son œuvre personnelle, que la courtoisie de son roi a failli la faire avorter, que c'est lui qui a paré le coup.

M. Busch déclare modestement dans sa préface qu'il n'est pas de force à faire le portrait du grand homme qu'il a l'honneur de servir, qu'il laisse ce soin aux historiens futurs, qu'il a rassemblé dans son livre des croquis, dont ils pourront s'inspirer pour leurs tableaux à l'huile. Assurément ses croquis leur rendront service, mais il a quelquefois d'étranges idées. Comment lui est-il venu à l'esprit d'instituer un parallèle en forme entre Gœthe et M. de Bismarck, de trouver que l'auteur de *Faust* et de *la Métamorphose des plantes* ressemblait beaucoup à l'auteur de la bataille de Sadowa? Cette ressemblance m'échappe. Il me paraît que si Gœthe revenait au monde, les âpretés du chancelier de l'empire allemand étonneraient son génie harmonieux, d'une divine souplesse, qu'il admirerait ce prince des violents comme le naturaliste admire un de ces beaux monstres qui lui font découvrir dans la nature des lois et des forces inconnues. M. Busch a mieux rencontré quand il nous dit que M. de Bismarck joint à l'énergie incomparable de la volonté la plus vive intelligence politique, une sûreté de jugement qui ne se laisse jamais influencer par des dogmes ou des préjugés de parti : « Une tête froide, nous dit-il, et un cœur chaud, l'imagination la plus fertile et la plus fougueuse audace, Ulysse et Achille en une seule personne : voilà le secret de ses prodigieux succès ». M. Negri le définit de son côté un homme qui unit au culte de la force une exquise finesse, un Ostrogoth très civilisé, en quoi il diffère d'Ulysse et d'Achille, qui n'étaient pas des Ostrogoths.

Quant à nous, ce que nous admirons le plus en lui, c'est la part considérable qu'a le pur instinct dans ses talents et dans ses règles de conduite, la simplicité des moyens qu'il emploie, le merveilleux bon sens avec lequel, s'affranchissant de toute vaine superstition, il a considéré la politique comme l'application la plus relevée de l'art de trafiquer et de conclure de bons marchés. Le fond de ce grand homme d'État est un hobereau de la Marche de Brandebourg, doué au suprême degré de l'esprit des affaires. Nous croyons à sa passion pour les bruyères et pour les bois. Il a pu dire un jour, avec une parfaite sincérité : « Je ne suis jamais mieux que dans mes bottes graissées, bien loin de la civilisation. Les lieux qui me plaisent sont ceux où l'on n'entend que le coup de bec du pivert sur un tronc d'arbre. » Mais nous croyons aussi les témoins qui nous assurent qu'il est très habile à cultiver ses champs, à exploiter ses sapinières, qu'il est à la fois un excellent économe, un bon forestier, un bon industriel; que ses brasseries, ses distilleries, ses scieries à vapeur prospèrent à souhait et que son papier de bois, quand il en fera, lui rapportera de gros bénéfices. Ce que nous croyons surtout, c'est qu'il ne s'est jamais mieux peint que lorsqu'il a dit de lui-même « qu'il agit toujours par des raisons qui ne « se trouvent pas près d'une table couverte d'un « tapis vert, mais dans les libres espaces d'une verte « campagne ».

On peut se représenter que les occasions eussent manqué à son génie. Il l'aurait employé à gérer son bien, à arrondir son domaine, à gouverner sa maison et ses paysans, à mettre dedans les plus subtils maquignons, à faire avec ses voisins des marchés avantageux. Donnant à sa sagesse un faux air de folie, il eût fait tinter à leurs oreilles les grelots de sa marotte; il les eût étonnés par ses hâbleries, amusés par ses fanfaronnades, alléchés par ses promesses; tour à tour, il les eût abusés agréablement et désabusés brutalement. Connaisseur incomparable des hommes, il se serait servi pour son profit particulier de ce talent de tentateur qu'il possède comme personne. Il ne se fût pas ennuyé; la chasse, l'équitation, la pêche, eussent occupé ses loisirs; il y aurait joint le plaisir de mystifier quelquefois ses amis comme ses ennemis, genre de passe-temps très goûté d'un vrai Prussien, et ses ennemis comme ses amis auraient dit de lui ce que les habitués de la cave d'Auerbach disaient de Méphistophélès : « Cet homme sait de bons tours; c'est quelque jongleur de campagne ». Les occasions sont venues. Au lieu d'administrer ses terres, il a eu désormais un État à gouverner, une Allemagne à fonder, des empires à créer ou à démolir, et l'Europe est devenue son jardin.

Mais les procédés dont a usé le politique sont ceux que le propriétaire eût pratiqués. Il est certain, quand on regarde au fond des choses, que l'art d'arrondir son domaine ou de se défaire à un bon prix d'un cheval fourbu est celui dont on a besoin pour agrandir un royaume et pour tromper des souverains qu'on se propose de dépouiller. Les grandes et les petites transactions ne diffèrent que par leur importance, la méthode pour les faire réussir est la même, les rubriques les plus simples sont souvent les plus efficaces, les ruses de paysan sont les meilleures. C'est précisément par la simplicité de ses moyens que M. de Bismarck a gagné tant de parties risquées. Les naïfs ne reconnaissaient pas Méphistophélès dans le jongleur de campagne; les uns s'amusaient de lui, les autres haussaient les épaules; ses compatriotes eux-mêmes ont mis bien du temps à le prendre au sérieux. On le traitait de *burschikoser Junker*, de *hohler Renommist*, de hobereau tapageur, de fier-à-bras, de marchand d'orviétan. Il était déjà ministre, et tel écrivain de talent et d'esprit le regardait encore comme « un gentilhomme campagnard dont les connaissances politiques ne s'élevaient pas au-dessus de ce qui est le bien commun de tous les hommes cultivés ». Il laissait dire, il avait une foi profonde dans l'insondable bêtise humaine, et tout le monde s'est pris à ses pièges, les plus habiles ont succombé à ses séductions, les plus forts se sont laissé mystifier par lui. L'énergie qu'il eût consacrée à forcer un cerf, il l'a dépensée à forcer des empereurs, et l'adresse qui lui eût servi à pêcher des brochets, il l'a employée à pêcher des provinces, des duchés, des villes libres, des royaumes.

D'un gentilhomme campagnard de la Marche qui a l'esprit des affaires, il ne faut pas attendre qu'il mette jamais du sentiment dans la politique, qu'il mêle des émotions, des attendrissements à ses calculs, qu'il use de la victoire en grand seigneur, en bon prince, qu'il ait des égards pour ses victimes. Les paysans ne s'attendrissent jamais, et il est permis de croire qu'un hobereau prussien est le moins sentimental des hommes, le plus disposé à considérer la générosité chevaleresque comme une faiblesse indigne d'un baron qui se respecte.

Le prince de Bismarck disait un jour à M. Busch : « Dans la petite chambre du tisserand de Donchery, où je demeurai près d'une heure assis en face de l'empereur Napoléon, j'éprouvai le même sentiment que quand j'étais au bal dans ma jeunesse et que

j'avais engagé pour le cotillon une jeune fille à laquelle je ne savais que dire et que personne ne venait
prendre pour faire un tour de valse avec elle ». Il
disait à propos de cette même entrevue, et ce n'est
pas M. Busch qui nous l'a redit : « Figurez-vous qu'il
croyait à notre générosité ! » Il disait aussi en racontant son premier entretien avec Jules Favre : « Quand
je lui parlai de la cession de Metz et de Strasbourg,
il fit une grimace comme si j'avais plaisanté. J'aurais
pu lui répondre par une petite histoire qui s'était
passée à Berlin, il y a bien des années, chez le grand
marchand de fourrures. Je voulais avoir une pelisse
neuve, et le prix qu'il m'en demandait était trop fort
pour moi. Je lui dis : « Vous plaisantez, cher mon-
« sieur. — Non, répliqua-t-il ; en affaires, je ne plai-
« sante jamais. » Ce qu'il est aujourd'hui, il l'a toujours été. Peu de temps après la révolution de mars
1848, un député démocrate avec qui il était en bons
termes s'avisa de lui dire : « Monsieur le baron, vous
êtes de tous les hommes de votre parti celui qui nous
témoigne le plus de politesse. Nous voulons vous
proposer un accord. Si nous devenons les maîtres,
nous vous ménagerons, et dans le cas contraire, vous
nous rendrez la pareille. » A quoi il répondit : « Si
votre parti triomphe, mon petit d'Ester, ce ne sera
plus pour moi la peine de vivre ; si nous devenons
les plus forts, nous vous pendrons, mais nous serons
polis jusqu'au dernier échelon de la potence ».

Si la générosité ne peut être la vertu d'un politique
qui est avant tout un grand homme d'affaires, il en
a d'autres et de fort utiles. Le véritable homme d'affaires est supérieur aux petites vanités, qui souvent

coûtent beaucoup et ne rapportent jamais rien. Il
met son faste à n'en point avoir; il laisse aux autres
l'étalage et la parade, et se réserve le solide. Il sait
l'importance des petits détails, il ne les néglige jamais; ses comptes sont rigoureusement exacts, il
n'admet pas qu'on lui fasse tort d'un centime. Ses
projets, ses combinaisons l'occupent, le possèdent
tout entier; les dissipations du monde, les questions
domestiques, les joies ou les soucis de famille, rien
ne le distrait de ses pensées, qui sont sa vraie famille.
Il donne peu de temps aux plaisirs de l'esprit; s'il
lit quelquefois Shakspeare, c'est que Shakspeare est
de tous les poëtes celui qui a vu le plus clair dans les
dessous des choses humaines. Il n'y a pour l'homme
d'affaires ni amis ni ennemis; il avait fait hier un
marché, il est prêt à le rompre s'il s'en présente un
meilleur, et les visages qui lui déplaisent lui deviennent agréables lorsqu'ils peuvent lui servir à quoi
que ce soit. Si vive, si impétueuse que soit son humeur, il sait la maîtriser dès qu'il y va de ses intérêts, à qui il sacrifie tout, même ses emportements,
et ce violent étonnera l'univers par la longueur de
ses patiences. Après le succès, il ne se laisse pas
griser par la victoire, il se défie de ses prospérités,
il compte avec la fortune et avec ses chances, il
n'épuise pas son bonheur, il renonce aux entreprises
quand elles ont un air d'aventures.

Cependant l'homme d'affaires qui gouverne un État
a souvent un défaut ou une infirmité d'esprit qui lui
joue de mauvais tours. Il est trop sujet à ne prendre
au sérieux que les faits et les chiffres, à mépriser ce
qui ne se laisse ni peser ni compter; il ne croit pas

aux forces morales, à ces fluides impondérables qui n'exercent aucune action sur la balance la plus sensible, et qui influent si profondément sur nos destinées. M. de Bismarck a toujours pensé que César avait un droit d'obéissance sur les idées et les esprits, qu'il ne tenait qu'à lui de violenter les opinions, et, chaque année, il se retrouve aux prises avec son parlement. Il s'est imaginé aussi que la force et la ruse finissent par avoir raison des consciences, et le parti du centre catholique a résisté victorieusement à ses assauts. Qu'on soit catholique ou libre penseur, ce spectacle est réjouissant. Il est bon que la force ait ses défaites, que la ruse n'ait pas toujours le dernier mot dans le gouvernement des sociétés.

M. de Bismarck est, parmi les hommes d'État, l'homme d'affaires le plus accompli qui se soit jamais vu, et il est aussi le plus personnel de tous les grands politiques. Si rempli qu'il fût de son moi, Napoléon Ier représentait les idées moyennes de son temps et les a répandues sur l'Europe. Il semblait que la Corse eût envoyé cet étranger à la France pour que, libre d'engagements envers les partis, il eût l'impartialité nécessaire à l'arbitre chargé d'accommoder leurs différends, de concilier les principes de gouvernement et de conservation avec les idées nouvelles. Ce grand conquérant a été le podestat de la Révolution. M. de Bismarck, en toute chose, ne s'inspira que de ses idées particulières, et par la puissance de sa volonté il les a imposées à sa nation.

Quand il a déclaré la guerre à l'Autriche, il avait contre lui l'opinion, la presse, les chambres, la cour et les scrupules de son souverain. Jamais personne n'assuma plus gaiement de plus redoutables responsabilités. Si la fortune avait trahi ses espérances, le Titan serait demeuré enseveli sous sa montagne. Sans doute il y avait beaucoup d'Allemands aussi désireux que lui de démolir la vieille Confédération germanique et de la remplacer par autre chose. Mais la monarchie césarienne et militaire qu'il a fondée ressemble bien peu à l'Allemagne constitutionnelle et libérale qu'ils lui demandaient. Il leur a bâti une maison de fer dont l'architecture leur paraît un peu triste, la distribution peu confortable, et dont le mobilier, moitié gothique, moitié empire, ne répond pas à leurs besoins. Leurs chaises sont dures, peu commodes; ils s'y trouvent mal assis.

Ne comptant qu'avec lui-même et ne suivant que son idée, le chancelier a toujours de la peine à s'entendre avec son parlement et il n'a jamais eu de majorité fixe pour appuyer ses projets de lois. Il est obligé de la composer selon les circonstances, en la cherchant tour à tour à droite ou à gauche; c'est un travail de marqueterie ou de maître mosaïste. Il négocie sans cesse avec tous les partis; sa maxime est : Donnant donnant : *Do ut des*; sa pratique était de donner peu pour recevoir beaucoup. Il aurait voulu former un parti de bismarckiens sans phrase et que toute l'Allemagne en fût; c'était beaucoup demander à un peuple aussi réfléchi et aussi raisonneur que l'Allemand. Aussi se plaignait-il un jour qu'il n'y avait qu'un groupe politique qui fût à lui et que ce groupe se composait de deux hommes, lui et son roi. Encore eut-il plus d'une fois le chagrin de constater que son roi n'était pas toujours de son avis : « Vous vous trompez bien si vous croyez qu'il m'est facile de lui faire entendre raison, disait-il à un diplomate. Les écorchures de ma main vous prouvent le contraire. L'autre jour, dans mon dépit de ne pouvoir le persuader, j'ai serré si fort un bouton de porte que le cristal s'est brisé dans mes doigts ».

Les hommes trop personnels dans leurs idées comme dans leurs règles de conduite sont condamnés à la solitude, et quelque savoureuses que soient les joies de l'orgueil et de l'omnipotence, l'homme n'est pas né pour vivre seul. Le solitaire de Varzin s'est plaint dans ses heures de mélancolie « que sa carrière politique lui avait procuré peu de satisfaction, que personne ne l'aime et qu'il n'a fait le bonheur de personne, pas même le sien ». Sa consolation est de se considérer comme l'instrument, comme l'ouvrier des destinées, chargé d'une mission spéciale dont il ne doit compte qu'aux puissances célestes, comme un vase d'élection où Dieu lui-même a versé ses pensées et ses colères : « Si je cessais d'être chrétien, disait-il à Ferrières, en 1870, je ne servirais pas mon roi une heure de plus. Si je n'obéissais pas au maître du ciel, je n'aurais cure des autres. Que me rapporteraient toutes les peines et les ennuis que j'endure si je n'avais le sentiment d'accomplir un devoir? Je suis royaliste parce que je crois à une vie après la mort, car, de mon naturel, je suis républicain. Que m'importent les décorations et les titres? C'est dans ma foi que j'ai puisé la force de lutter dix ans durant contre toutes les absurdités dont on me régale. Otez-moi mes croyances et vous m'ôterez ma patrie. Enlevez-moi mes convictions et vous aurez perdu votre chancelier. Retirez-moi de ma société avec Dieu et demain je bouclerai mes malles pour m'en aller cultiver mon avoine à Varzin. » Lorsqu'on n'est d'accord avec personne, on aime à croire qu'on a les secrets de Dieu et qu'on accomplit ses ordres.

Sans doute, le Dieu de M. de Bismarck lui ressemble ; il a comme lui des yeux qui jettent la foudre et des sourcils buissonnants ; comme lui, il est impatient de toute contradiction, obligé de se tenir à quatre pour ne pas étrangler ses Richter et ses Windthorst, tous ceux qui doutent de son omniscience. Ce n'est plus le Dieu de Spinoza, auquel M. de Bismarck a cru quelque temps. C'est une divinité peu débonnaire ; c'est Odin, le distributeur de royaumes, accompagné de ses deux corbeaux, qui lui révèlent le passé et l'avenir ; c'est Thor à la barbe farouche, traîné par ses boucs et brandissant sa formidable massue. Quand M. de Bismarck ne dit pas : « Mon empereur et moi », il dit : « Dieu et Bismarck ». Dieu est un complice plus maniable qu'un empereur ; quelque proposition qu'on lui fasse, il se tait, et qui ne dit mot consent.

Mais la plus grande cause de chagrin et de souci pour les hommes d'État qui remontent le courant des opinions et bataillent contre leur siècle, c'est l'inquiétude qu'ils ressentent pour la durée de leur œuvre. M. de Bismarck ne peut se dissimuler qu'il a besoin de toute son autorité, de son prodigieux prestige pour empêcher l'Allemagne de s'abandonner à ses inclinations naturelles, pour la retenir sur la pente où elle glisse, et il se dit souvent : « Après moi, ce sera le gâchis ». Un autre que lui se serait appliqué

à ménager les transitions, à préparer l'avènement
d'un régime plus libéral, mais il n'entendait ni se
soumettre ni se démettre. Pour conserver son œuvre
intacte, il lui faudrait un successeur fait à son image
et doué de son génie. Comme l'a remarqué très sen-
sément. M Busch, ce serait un miracle, et il est difficile de croire aux miracles. Le chancelier n'a pas
fait école ; la seule qualité qu'il demande à ceux qui
le servent est l'obéissance qui ne raisonne pas, et,
pour employer son expression, « une discipline de
sous-officiers ». — « Les diplomates allemands, a dit
M. Busch, sont, du premier au dernier, à cent piques
au-dessous de leur chef ; les libéraux, qui se flattent
de recueillir son héritage, sont encore moins capables et n'ont aucune pratique des affaires. Nous serons condamnés ainsi, ajoutait-il, à passer par de
cruelles épreuves, et la machine se détraquera. »

LORD BEACONSFIELD

La vie de lord Beaconsfield, ou de Benjamin Disraeli, est l'exemple frappant d'une bataille gagnée sur l'opinion publique d'un grand pays par un homme qui, très contesté à ses débuts, conquiert de haute lutte l'estime qu'on lui refusait, triomphe de toutes les résistances et, par son adresse, son industrie, aidée d'une indomptable volonté, finit par s'imposer à la fortune. Personne n'eut plus d'ennemis que lui, personne ne fut en butte à plus d'attaques et de diffamations. Comme le remarque un de ses biographes, on l'a traité tour à tour « d'aventurier, de renégat, de girouette, de fourbe, de finassier et de hâbleur, de romancier saugrenu ou insipide, d'idéologue prétentieux, de charlatan, de magicien israélite, de saltimbanque ». Ses adversaires le vilipendaient, ses amis regimbaient contre l'autorité qu'il osait prendre sur eux. Il avait juré de gagner sa bataille, il l'a gagnée.

Après avoir été le *leader* du parti tory dans la Chambre des communes, on l'a vu chancelier de l'Échiquier, puis premier ministre. Quand il revint du congrès de Berlin en 1878, un peuple tout entier se pressait sur son passage; il rentra dans Londres en triomphateur, au bruit des acclamations publiques, et des milliers de bouches le saluèrent duc de Chypre. Trois ans plus tard, il n'était plus; mais sa popularité s'est encore accrue après sa mort, et, dans les circonstances critiques, on semble chercher des yeux ce grand absent; on se persuade que, si cet homme plein d'expédients et de conseils était là, tout irait mieux, que le prétendu saltimbanque était un grand politique, un de ces pilotes expérimentés et sagaces, à qui les vents obéissent.

M. Ralph Disraeli a été bien inspiré en publiant une partie de la correspondance intime de son illustre frère, c'est-à-dire quelques extraits des lettres que l'auteur de *Vivian Grey* adressait à sa sœur, qui possédait toute sa confiance, et à laquelle il écrivait un jour : « Mes lettres sont plus courtes que celles de Napoléon, mais je vous aime plus qu'il n'aimait Joséphine [1] ». L'éditeur ne pouvait douter que sa publication ne fût goûtée. Je lui reproche seulement d'avoir été trop réservé, trop discret, trop avare de son bien. Il a émondé, élagué, supprimé mainte épigramme, il n'a voulu chagriner personne. Les deux volumes qu'il a donnés semblent un peu maigres; le lecteur reste sur son appétit. Toutefois, si maigres que soient ces lettres écourtées ou tronquées, elles contiennent plus d'un détail curieux sur

<hr>

1. *Lord Beaconsfield's Home Letters*, written in 1830-1831. — *Lord Beaconsfield's Correspondence with his sister*, 1832-1852. London, 1886; John Murray.

les commencements de lord Beaconsfield et elles
aident à mieux connaître cet ambitieux de grande
race et de haut vol, en qui ses ennemis ne voulaient
voir que le plus effronté des intrigants.

Il y a bien des méthodes pour arriver ; le point est
de réussir. Celle qu'avait adoptée à ses débuts Benjamin Disraeli est fort chanceuse ; mais il ne craignait pas les hasards. Il avait résolu de faire, coûte
que coûte, beaucoup de bruit autour de son nom.
Des allures étranges, des bizarreries de conduite et
de costume, un roman plein d'allusions et dont on
reconnaissait les personnages, un peu de scandale,
un peu d'esclandre, un grand talent mis au service
d'une audacieuse fatuité, tous les moyens lui parurent bons pour s'imposer à l'attention d'une société
morgueuse qui lui reprochait ses origines et doutait
qu'un prophète pût sortir de Nazareth de Galilée. On
parla de lui, c'était son plus cher désir ; on com-
menta ses livres et ses actions. En jouant du coude,
il s'était ouvert le chemin, il avait pris rang parmi
les bêtes curieuses dont on s'occupe. Cet animal rare
était doué d'un prodigieux esprit, et, après s'être
étonné, on admira. Les portes les plus rebelles
s'ouvrirent l'une après l'autre ; il fut accueilli, fêté,
caressé. En peu de mois il était devenu, selon
l'expression du temps, un vrai lion, une fine fleur de
dandysme.

Ceux qui l'ont vu dans sa première jeunesse ont
gardé un ineffaçable souvenir de son habit de velours doublé de satin blanc, de ses manchettes de
soie noire, dont les franges pendaient, de sa canne
d'ivoire incrustée d'or, de sa voix efféminée et

zézayante, de son teint blême, de ses abondants cheveux de jais, dont les boucles retombaient en masse épaisse sur sa joue gauche. Ses yeux, « sombres comme l'Érèbe », exprimaient tour à tour la gaieté sarcastique d'un diable ou l'inquiète vigilance d'un homme qui guette les occasions, épie les secrets de son prochain. Selon les conjonctures, il observait un discret et patient silence, et tout à coup il éclatait, ses lèvres frémissantes rendaient des oracles ou décochaient des épigrammes. Les hommes confessaient de mauvaise grâce que ce dandy parlait une langue précise, élégante et fine, et qu'il avait le génie de la discussion; mais ils le tenaient en médiocre estime, se moquaient de ses afféteries. Les femmes, au contraire, étaient pleines d'indulgence pour ses grandes et ses petites vanités, qui ne leur déplaisaient point, et les plus clairvoyantes annonçaient qu'un jour Benjamin Disraeli serait quelqu'un, qu'il ferait figure dans le monde. Un matin, il disparut. Il était parti pour l'Espagne, il était parti pour l'Orient. A son retour, les empressements redoublèrent. Dès lors, il pouvait renoncer sans péril à quelques-unes des excentricités qui l'avaient fait remarquer; il n'en conserva tout juste que ce qu'il fallait. Il était fermement convaincu que les sages doivent compter avec la badauderie humaine, qu'un peu de charlatanisme ne nuit pas, qu'on peut s'en servir pour fonder sa fortune politique comme pour propager une religion nouvelle : « Joseph Smith, père des Mormons, a-t-il dit, aura toujours plus de disciples que le très raisonnable Bentham ».

Il avait vaincu les défiances et les dédains, forcé

l'entrée des plus grandes maisons. Les attentions flatteuses qu'on lui témoignait le faisaient tressaillir d'aise, son amour-propre s'en délectait. Il écrivait à sa sœur dans le mois de juin 1833 : « Ma table est littéralement couverte de cartes d'invitation, et quelques-unes me viennent de gens que je ne connais pas. » Il lui écrivait encore, un an plus tard : « J'étais lundi chez la duchesse de Saint-Albans; mais je n'y suis pas arrivé assez tôt pour mon amusement ; j'ai perdu la danse mauresque. Mardi, j'étais chez lady Essex et à l'Opéra ; ce soir, je vais chez la duchesse d'Hamilton. J'ai eu cette année de grands succès dans le monde. Je suis aussi populaire parmi les dandies que j'étais haï des gens du commun. Je fais facilement mon chemin dans la plus haute société; on n'y trouve ni envie ni malice, mais le goût d'admirer et d'être amusé. » Il ne s'est jamais blasé sur ce genre de plaisirs; il n'était point philosophe, il est mort sans être revenu de rien, sans s'être dégrisé d'aucune illusion; il n'a jamais dit : « O vanité! ô néant! » Toute sa vie, il a pensé qu'une grande dame était faite d'une autre pâte qu'une bourgeoise et que c'est un spectacle incomparable que celui d'une partie de croquet jouée par des duchesses armées de maillets d'ivoire. Toute sa vie, il a jugé qu'après la joie d'être né baron de Thunder-ten-tronck, le second degré de bonheur était d'être reçu dans son château et d'avoir part aux confidences de Mlle Cunégonde.

Le monde a sa poésie, et lord Beaconsfield était poète à sa façon; ses yeux « noirs comme l'Érèbe » avaient un goût particulier pour tout ce qui brille.

Les grâces, les élégances qu'il était admis à contempler de près charmaient son imagination, l'échauffaient d'une douce ivresse. Les descriptions de fêtes abondent dans ses lettres : « Nous nous embarquâmes à cinq heures, le ciel était favorable; nous chantâmes le long du chemin; nous avons erré dans de beaux jardins dignes de Paul Véronèse, remplis non seulement de fleurs, mais de fontaines et de perruches. Le dîner était de première qualité et bien supérieur à ces froids et misérables pique-niques, où tout le monde apporte la même chose.... J'allai à Rosebank pour assister à un petit bal donné par les Londonderry. La maison n'est qu'un beau cottage; mais une grande serre de plus de soixante pieds de long, large et haute en proportion et ornée de festons de fleurs, formait une charmante salle de bal. Les clartés de la lune, les jardins illuminés, les terrasses, la rivière, la musique, la décoration rustique de la salle, la brillante compagnie qui s'y pressait à grand bruit, tout faisait penser à l'une de ces fêtes que George Sand décrit dans ses romans. »

Mais, si poëte qu'il fût, il n'oubliait jamais le solide, et il préférait la richesse à l'élégance. Quand il dînait pour la première fois dans une maison, il promenait autour de lui des yeux de commissaire-priseur, et il avait bientôt fait de calculer à quoi pouvait monter la fortune de l'amphitryon et quel degré de respect lui était dû. Il avait autant de plaisir à contempler une belle vaisselle plate, une magnifique pièce d'argenterie bien massive qu'une jolie femme enveloppée d'un nuage de tulle et de dentelles. Rousseau prétendait que les liards sont

plus amis de la joie que les louis d'or; lord Beaconsfield, qui goûtait peu Rousseau, méprisait profondément les liards et il avait beaucoup d'estime pour
les louis, quand ils font tas. La campagne lui plaisait
dans un grand parc d'aspect très seigneurial; il
demandait aux paysages d'avoir un air ducal et
princier, de ressembler au moins à un décor d'opéra,
et s'il traitait l'amour de passion divine, il pensait
que, si divine qu'elle puisse être, elle fait dans ce
monde une piètre figure lorsqu'elle n'a ni fonds ni
rentes. — « A propos, écrivait-il à sa sœur le
22 mai 1833, voudriez-vous avoir pour belle-sœur
lady Z..., femme très intelligente, qui a 25.000 livres
et des goûts casaniers? Tous ceux de mes amis qui
ont épousé par inclination de belles femmes les battent ou en sont séparés. Je peux commettre plus
d'une extravagance dans ma vie, mais je ne ferai
jamais celle de me marier par amour; ce genre de
mariage est un gage assuré d'infélicité. » Comme lui,
les héros de ses romans se sentent nés pour la vie
grasse; comme lui, ils jugent que l'argent est l'outil
universel et la première des puissances sociales;
ambitieux ou philanthropes, ils aspirent à faire
grand, ils rêvent des trésors et des sceptres. Les
ennemis de lord Beaconsfield lui ont reproché plus
d'une fois son imagination romanesque; mais il y a
romans et romans, et il avait fait son choix : il
appartenait à l'école du romantisme milliardaire.

Il se connaissait bien lui-même, et il nous a livré
son secret dans une page d'un de ses derniers
livres. Quiconque a lu *Lothair* se rappelle M. Phœ-
bus, ce parfait maître de maison, qui s'entendait si

bien à donner des banquets en plein air : « Un Wat-
teau ou un Lancret aurait seul pu rendre ces grou-
pes charmants, ces couleurs savamment assorties,
ainsi que la grâce des visages, quelques-uns jolis,
d'autres un peu précieux ; les dames assises sur des
chaises d'osier peintes et dorées, les hommes éten-
dus sur le gazon ou servant ces princesses avec un
galant empressement ; les petites tables ornées de
cent façons différentes ; les potages offerts dans de
délicates petites coupes de Sèvres, les vins dans des
verres de Venise, les gibiers du Nord, les friandises
italiennes, les bouquets magnifiques, tout cela digne
d'une musique douce et invisible qui sortait d'un
pavillon, interrompue parfois par le cri de quelque
ara mécontent de n'être pas remarqué au milieu de
tout ce monde et de toute cette gaieté splendide. —
« C'est un enchantement, c'est du roman tout pur »,
murmura à l'oreille d'Euphrosyne un des convives qui
se piquait d'aimer et de protéger les arts. — « Oui,
« du roman tout pur, mais avec une bonne dose de
« réalisme », répondit-elle en lui servant une énorme
truffe qu'elle venait d'extraire de la serviette. « Vous
« savez qu'il faut la manger avec du beurre. »

Lord Beaconsfield a toujours mêlé à ses imaginations romanesques une bonne dose de réalisme, et
toutes les fois qu'enveloppé des fumées de son chi-
bouque de Perse ou de Syrie, il exposait les espérances un peu nuageuses de la jeune Angleterre, le
programme d'une royauté mystico-chrétienne, incar-
nant en elle les souffrances et les désirs des classes
ouvrières ou causant politique avec les anges, on
voyait tout à coup sortir de sa serviette la fameuse

truffe noire qu'il faut manger avec du beurre, et
durant toute sa vie il l'a mangée comme il faut la
manger. Nous n'avons pas de raisons de croire que
M. Gladstone méprise la truffe, que Brillat-Savarin
proclamait le diamant de la cuisine; mais l'art
d'allier un peu de mysticisme aux intérêts et aux
plaisirs de la terre, lord Beaconsfield l'a seul connu
et enseigné.

Un tel homme devait chercher dans la vie autre
chose que de stériles satisfactions d'amour-propre;
il avait de plus hautes visées et il eut beaucoup de
peine à les faire accepter. Le monde aime qu'on
l'amuse; mais il se persuade difficilement qu'un
amuseur ait l'étoffe d'un homme d'État et qu'il faille
confier à un excentrique le soin de gouverner un
royaume ou de régler les finances d'un grand pays.
Le monde avait décidé depuis longtemps que Benjamin Disraeli était un romancier de grand talent
et un homme d'infiniment d'esprit; mais il se refusait à prendre ses ambitions au sérieux, il ne croyait
pas à son bon sens, il le jugeait incapable d'acquérir
la science des affaires et de conduire une voiture
sans la verser.

Benjamin Disraeli était de la race des intrépides,
et il savait se retourner; quelque échec qu'il essuyât,
rien n'ébranlait son imperturbable confiance en lui-
même et dans sa destinée. Ses premières campagnes
électorales, où il déploya, comme il le disait, « une
véritable furie d'enthousiasme », furent malheureuses. Elles lui servirent à se perfectionner dans l'art
de la parole et prouvèrent qu'il était aussi propre à
haranguer les foules qu'à aiguiser une épigramme

ou à conter une histoire à des duchesses. Enfin, la fortune lui tint compte de son obstination : en 1837, les électeurs de Maidstone l'envoyèrent siéger à la Chambre des communes. Dès ce temps-là, l'Irlande causait de grands embarras au gouvernement anglais; elle demandait par la bouche d'O'Connell le rappel de l'Union. Disraeli avait eu maille à partir avec le grand agitateur et, comme il aimait à sonner la fanfare, il lui avait écrit dans un style de capitan matamore : « Un jour, nous nous retrouverons, vous et moi, dans les plaines de Philippes ». Il avait hâte de lui tenir parole, de faire ses premières armes contre ce redoutable adversaire et de montrer à ses électeurs de quoi était capable leur jeune représentant. A peine eut-il prononcé les premiers mots de son exorde, la brigade irlandaise s'appliqua à couvrir sa voix par des cris tumultueux, par d'insolentes clameurs. On sifflait, on grognait, on miaulait, on aboyait, on gloussait, on poussait des huées, on tambourinait avec les pieds.

Il ne put faire tête à cet infernal tapage; il dut renoncer à terminer son discours. Il se rassit en disant: « Je ne suis pas étonné de l'accueil que je trouve ici. Il y a plusieurs choses que j'ai dû recommencer plusieurs fois, j'ai toujours fini par les mener à bonne fin. Je me rassieds, le temps viendra où vous m'écouterez. » Le lendemain, tous les journaux de Londres annonçaient que le débutant avait fait un complet et misérable *fiasco*. Ses ennemis s'en réjouissaient bruyamment; ses amis lui prodiguaient leurs consolations, leurs bonnes paroles, en dissimulant de leur mieux le secret plaisir que leur pro-

curait sa mortifiante mésaventure. L'amitié a son
venin et il lui arrive souvent de faire crier nos blessures en les pansant.

Les lettres où il raconte son malheur et sa défaite
le font bien connaître : « J'ai prononcé la nuit dernière mon premier discours, *my maiden speech*, écrivait-il à sa sœur, le 8 décembre 1837; j'avais pris la
parole à la requête de mon parti et avec le plein
assentiment de sir Robert Peel. Comme je désire
vous donner une idée exacte de ce qui s'est passé,
je commence par déclarer que mon début est un
échec en ce sens que je n'ai pu réussir à me faire
entendre; mais cet échec n'est imputable à aucune
incapacité ni à aucune défaillance de ma part; mes
adversaires m'ont vaincu par la puissance de leurs
poumons. Je ne puis vous donner une idée de leur
âpreté, de leur violence, de la déloyauté de leur
conduite. Ce fut comme mon premier début à Ayles-
bury et peut-être ai-je le droit d'en tirer un bon
augure pour mes triomphes à venir. J'ai livré la
bataille jusqu'au bout avec un indomptable courage
et avec un sang-froid qui ne s'est pas un instant
démenti. »

Un maître dans l'art de la parole, qui avait entendu
ce discours malheureux, déclara aux malveillants,
aux railleurs, « que si jamais un homme avait possédé le génie de l'éloquence, c'était ce débutant dont
on se moquait, que rien ne pourrait l'empêcher de
devenir l'un des premiers orateurs de la Chambre
des communes ». — « Son seul tort, ajoutait-il, est
d'avoir débuté trop brillamment. Un début devrait
toujours être pâle et ennuyeux. La Chambre n'admet

pas qu'on ait de l'esprit sans lui en avoir demandé
l'autorisation; elle n'aime pas que de prime abord
on se donne pour ce que l'on est, elle veut avoir le
plaisir de vous découvrir et de vous inventer. » A
quelques jours de là, ce bon juge en matière d'éloquence et de rubriques parlementaires rencontra
Disraeli chez un ami commun et s'appliqua à relever
son courage, qui n'était point abattu : « Si on vous
avait écouté, qu'en serait-il advenu? Vous auriez fait
le meilleur discours que vous puissiez souhaiter de
faire. Il aurait été froidement reçu, et vous auriez
désespéré de vous-même. Vous avez montré à la
Chambre que vous possédez un bel organe, que vous
avez la parole à votre commandement, qu'à l'éloquence vous joignez le courage, le sang-froid, la
présence d'esprit. Débarrassez-vous de votre génie
pendant tout le cours de la session. Parlez souvent,
afin de prouver qu'on n'a pas réussi à vous intimider, mais parlez brièvement. Pas de mouvements
oratoires; tâchez d'être ennuyeux, argumentez, rai-
sonnez. Étonnez-les en traitant des questions d'affaires, et descendez dans le détail. Citez des chiffres,
des dates; avant peu, la Chambre, qui sait que vous
avez de l'esprit et de l'éloquence, se plaindra que
vous gardiez vos talents pour vous. Elle vous encou-
ragera à mettre toutes voiles-dehors, et vous devien-
drez un de ses favoris. » Ces conseils ne tombaient
pas dans l'oreille d'un sourd; mais Disraeli avait-il
besoin qu'on le conseillât? Jamais homme ne sut
mieux ce qu'il devait faire et comment un plaideur
doit s'y prendre pour gagner son procès et jeter de
la poudre aux yeux de ses juges.

Il y a des défaites qui promettent des victoires ; il y a des victoires sans avenir, sans lendemain, et des vainqueurs qui disparaissent dans leur triomphe, témoin la bizarre destinée de William-Gerard Hamilton, dont M. Joseph Reinach a traduit la *Logique parlementaire*. Député à vingt-six ans, il arrivait au Parlement dans les conditions les plus favorables, les plus heureuses. Ce jeune homme de riche et grande espérance avait fait à Oxford de brillantes études ; travailleur infatigable, profondément versé dans le droit comme dans la politique, aucune question ne lui était étrangère, et ce novice aurait pu donner des leçons à ses maîtres. Quelques mois après son entrée à la Chambre, il remportait le plus éclatant des succès oratoires : « Voilà le rival de Chatham ! s'écriait-on ; voici pour l'Angleterre un grand orateur de plus ! » Point du tout ; son succès l'a troublé dans l'âme ; du premier coup il s'est mis hors d'état de se surpasser lui-même ; il n'ose pas tenter une seconde fois la fortune et, pendant quarante années, il va demeurer silencieux à son banc.

On le surnommera l'Hamilton à l'unique discours, *the single speech Hamilton*. Soit orgueil ou inquiétude d'amour-propre, soit timidité ou scepticisme, il ne dira plus rien ; il se dérobe à sa gloire, il se confine dans d'obscurs emplois, et, pour se consoler de n'être qu'un fruit avorté et un orateur manqué, il écrit un livre où il démontre que l'éloquence est un art inférieur, qui consiste à embrouiller les questions par des sophismes. Il a renoncé à faire la cuisine, c'est un métier qu'il méprise, mais il tient à prouver qu'il en connaît tous les secrets, toutes les recettes, et son Manuel du parfait cuisinier politique abonde en conseils tels que ceux-ci : « Votre prétention étant bien établie dans votre propre esprit, cherchez un principe sur lequel vous puissiez l'appuyer. — Quand vous avez trouvé un fait ou un exemple particulier, transformez-le en un principe général. — Fortifiez votre esprit contre toutes les impressions que pourrait produire en vous le raisonnement de votre adversaire. — Pour attaquer ce que les autres ont dit ou pour défendre ce que vous avez dit vous-même, omettez ou ajoutez quelque chose, ou remplacez un mot par un autre, un peu plus modéré ou un peu plus énergique, selon le but que vous poursuivez. »

On trouverait difficilement dans le Manuel d'Hamilton une règle, une rubrique que lord Beaconsfield n'ait appliquée maintes fois pour se défendre contre les accusations de ses ennemis, ou pour renverser un cabinet whig. Mais il laissait aux infirmes le soin de réduire en système l'art de la prestidigitation oratoire, des ambiguïtés savantes et de la sophisterie parlementaire. Il pensait, comme La Rochefoucauld, que beaucoup de gens donnent de bons préceptes pour se consoler de n'être plus en état de donner de mauvais exemples. Pour sa part, il préférait résolument la pratique à la théorie, et il n'avait garde d'enseigner aux autres ses secrets. C'est peu de chose qu'un précepte, il faut savoir s'en servir, et, comme les bêtes, les vrais artistes se gouvernent par instinct. A son adresse naturelle, à son flair, il joignait la puissance du tempérament. Il avait le goût des hasards, l'humeur guerroyante; il était à la fois très passionné et très indifférent; il

aimait à donner des coups, il ne craignait pas d'en
recevoir. La nature l'avait abondamment pourvu de
ce que les Anglais appellent les esprits animaux ; il
n'avait pas besoin de calculer sa dépense, il était
sûr de rentrer dans ses frais, de réparer aisément ses
pertes, et il lassait ses ennemis, qui ne l'ont jamais
lassé.

Le 7 février 1833, quatre ans avant d'entrer dans
la vie publique, il avait écrit à sa sœur : « J'assistai
hier à une séance de la Chambre des communes,
l'une des plus belles que nous ayons eues depuis
bien des années. Bulwer parla ; mais il ne possède
pas les qualités physiques de l'orateur et, malgré
tous ses efforts, il ne réussira jamais. J'entendis
Macaulay, Sheil et Charles Grant. Macaulay prononça
l'un de ses meilleurs discours, il fut admirable ; mais
entre nous, je pourrais les jeter tous par terre, *I could
floor them all*. Ceci bien entre nous : la chose de ce
monde dont je suis le plus certain, c'est que je pourrais tout balayer devant moi dans cette Chambre.
Mon heure viendra. »

C'est ainsi que ce cheval de course, en regardant
courir les autres, hennissait d'impatience et grat-
tait la terre de son sabot. L'événement a justifié sa
confiance et son orgueil, qu'on traitait de ridicule
fatuité. Dès le lendemain de son *fiasco*, il annonçait
fièrement qu'il aurait bientôt sa revanche et, dix
jours après, il prenait de nouveau la parole dans
une discussion sur la propriété littéraire : « Quand
je commençai, l'assemblée donna des signes de curiosité et d'attention. Je sus résister à la tentation de
faire le grand discours que tout le monde attendait.

J'avais résolu d'être bref, net, et de ne pas sortir de
mon sujet. Ma voix était en parfait état…. Au moment
où je me rassis, des applaudissements se firent entendre de toutes parts. Talfourd, qui me répondit,
rendit justice « aux excellentes remarques de l'ho-
« norable membre pour Maidstone, qui est lui-même
« un des plus grands ornements de notre littérature
« moderne ». A ces mots, Peel applaudit bruyamment ; il m'avait soutenu de ses marques d'approba-
tion pendant que je parlais. En résumé, c'est pour
moi une glorieuse journée. Chacun me félicitait….
Tous conviennent que ma voix et mes manières ont
fait en quelques minutes la conquête de toute la
Chambre. » Deux ans plus tard, il se vantait d'être
arrivé à ses fins ; on ne lui contestait plus son succès,
on ne le classait plus parmi les fats et les outrecui-
dants : « Vous ne sauriez vous figurer quel empire
j'exerce aujourd'hui sur la Chambre et quel silence
se fait quand je me lève pour parler ». Il avait gagné
partie, revanche et le tout. Désormais le dandy, le
charlatan était pris au sérieux.

L'honneur d'être devenu en peu de temps l'un des
orateurs les plus écoutés, les plus goûtés, les plus
applaudis de la Chambre des communes ne pouvait
suffire à sa dévorante ambition. Il aspirait aux premiers rôles, il voulait être ministre, et les chefs du
parti tory lui faisaient des difficultés, ils hésitaient à
acheter ses services au prix qu'il en demandait. On
le considérait comme un brillant général de cava-
lerie, comme le premier homme du monde pour exécuter une charge à fond de train, pour engager de
vives escarmouches, pour piller les convois de l'en-

nemi et le couper de ses communications. Mais on
le croyait incapable de préparer un plan de campagne, on lui refusait le don de la stratégie et des
grandes combinaisons. Il se plaignait qu'on ne l'ap-
préciât pas à sa juste valeur, qu'on lui fît attendre
les récompenses qu'il pensait avoir méritées. Il savait
qu'en politique on ne se fait estimer et respecter qu'à
la condition d'être craint. A plusieurs reprises, il
mit à ses amis le marché à la main; il leur prouva
qu'il avait l'honneur chatouilleux et que ses rancunes étaient dangereuses : « Qu'on essaye de me
mordre, on trouvera mon talon d'acier, disait-il.....
Le seul moyen d'assurer son avenir est de prendre
de bonne heure une bonne situation dans la vie en
ne laissant rien passer; personne ne pourra se vanter
de m'avoir offensé impunément. »

Sir Robert Peel, qui admirait la verve et les talents
de ce jeune ambitieux, mais qui n'avait pour son
caractère qu'une médiocre considération, eut à se
repentir de l'avoir pris de trop haut avec lui. Dans
la fameuse séance du 15 mai 1846, où fut discuté le
bill d'importation des céréales, Benjamin Disraeli
soulagea l'amertume de son cœur en déchargeant sa
bile sur le grand homme d'État qu'il avait regardé
longtemps comme son chef et son patron. Il lui reprocha d'avoir passé sa vie à se convertir aux idées
de ses adversaires quand elles pouvaient servir à
son ambition : — « Lorsque j'examine la carrière du
ministre qui a tenu une si grande place dans l'histoire parlementaire de ce pays, je trouve que ce très
honorable gentleman a toujours trafiqué des idées
et des inventions de son prochain. Sa vie a été une

grande clause d'appropriation. Il est le pillard de l'intelligence des autres. Fouillez dans l'Index de Beatson : depuis les jours de Guillaume le Conquérant jusqu'à la fin du dernier règne, il n'y a pas un homme d'État qui ait pris d'aussi grandes libertés avec le bien d'autrui.... Vous êtes, disait-il en finissant, un de ces maquignons de la politique qui achètent leur parti dans les prix doux et qui le revendent très cher. » Sir Robert Peel ressentit vivement cette injure ; mais, toujours maître de lui, froidement impassible comme Pitt, il déclara qu'il s'expliquait sans peine la mauvaise humeur de M. Disraeli, qu'il avait perdu ses bonnes grâces en lui refusant un portefeuille : « Jadis vous m'avez prodigué votre encens ; mais croyez bien que je suis indifférent à vos insultes autant que je l'étais jadis à vos empressements et à vos flatteries ».

Les procédés auxquels recourut lord Beaconsfield pour satisfaire son ambition ne furent pas toujours absolument corrects. Il avait peu de scrupules ; sa conscience ne le gênait pas, et certains artifices, certaines jongleries ne lui répugnaient point. Mais, quand il fut arrivé, il prouva à l'Angleterre et à l'Europe qu'il était né pour les grands emplois, qu'il possédait le génie des affaires et de la politique. A la clairvoyance, à la souplesse de l'esprit il ajoutait la subtilité de la main ; il savait s'insinuer, il savait commander, et les tories, guéris de leur défiance, avaient appris à suivre aveuglément celui qui les menait à la victoire.

Plein de respect pour les traditions, il n'était point superstitieux ; il avait le sentiment des temps nou-

veaux, il recommandait ou imposait à son parti les
sacrifices nécessaires. Lamennais, dont il avait fait
la connaissance à Paris et qui l'avait séduit par le
charme de sa conversation et la simplicité de ses
manières, écrivait le 30 juin 1846 : « Voyez ce qui
se passe en Angleterre.... Cette aristocratie si habile
ne s'abrite qu'en cédant. Elle sème de ses dépouilles
le chemin où elle fuit, pour retarder le vainqueur.
La folie des hommes et des gouvernements est de
rêver l'éternité. On vous en donnera de l'éternité,
imbéciles! » Lord Beaconsfield ne rêvait pas l'éternité pour les institutions anglaises; mais il savait
concilier les résistances avec les concessions, et il
donnait un air de fierté et d'audace à une politique
d'accommodement. Lorsqu'il eut acquis, en 1876,
les honneurs de la pairie, il prit congé de ses électeurs du comté de Buckingham, en leur adressant
une lettre où il résumait en ces termes le programme qu'il avait fidèlement rempli : « Sans méconnaître la loi du progrès, je me suis toujours
efforcé de concilier les changements inévitables avec
ce respect pour la tradition, qui est le principe de
notre prospérité sociale ».

Il ajoutait : « En ce qui concerne les affaires exté-
rieures, je me suis appliqué à développer et à forti-
fier notre empire, dans la pensée que les actions
viriles, les hauts faits et les responsabilités élèvent
et ennoblissent le caractère comme la condition
d'un peuple ». Aucun des hommes d'État qu'a pro-
duits l'Angleterre n'a été plus jaloux de l'honneur,
de la gloire de son pays, ne s'est occupé avec plus de
sollicitude de lui assurer sa place dans les conseils

de l'Europe. Ce romancier, qui goûtait les plaisirs d'imagination, tâchait d'en procurer à ses compatriotes; il leur ménageait d'agréables douceurs, des fêtes d'amour-propre, et il les faisait valoir par la façon dont il les préparait. Il avait la science du décor, de la mise en scène, des coups de théâtre et de surprise. Il a terminé sa carrière en donnant Chypre à sa reine et en la proclamant impératrice des Indes; ces deux affaires furent conduites avec un art ingénieux, où l'on reconnaissait la main subtile et hardie de l'auteur de *Tancrède*.

C'est une histoire bien-connue que celle de ce jeune mirza de Candahar, qui avait eu le malheur de voir la princesse de Cachemire à la foire de Caboul et qui était disposé à négliger ses affaires domestiques, à tout abandonner pour courir après cette incomparable beauté. Il avait deux favoris, qui lui servaient tour à tour de conseillers, de ministres. L'un, nommé Topaze, sage comme un guèbre, lui représentait que c'était folie de sacrifier à une princesse les intérêts de son ménage, qu'au lieu de se lancer dans les aventures, il devait s'occuper de gouverner sa maison et de régler un gros procès qu'il avait sur les bras. L'autre, nommé Ébène, fort joli homme, très empressé, très industrieux, entrait dans tous les sentiments de son maître, flattait ses faiblesses, s'offrait à le servir dans ses amours, et rien ne lui semblait difficile; quand l'argent manquait, il s'ingéniait pour en trouver.

Dans la seconde moitié de ce siècle, le Royaume-Uni, comme le mirza Rustan, a eu son Topaze et son Ébène. Lorsque M. Gladstone, l'illustre compétiteur

et le dangereux rival de lord Beaconsfield, déclarait
à l'Angleterre qu'il n'avait point d'îles à lui offrir et
qu'elle aurait tort de vouloir agrandir encore son
immense empire, lorsqu'il l'engageait à s'occuper
de son ménage, à rétablir l'équilibre de son budget,
à restreindre ses dépenses ou à régler, toute affaire
cessante, quelque question domestique fort désagréable, très épineuse, elle lui disait : « En vérité,
Topaze, vous avez bien raison ». Mais à quelque
temps de là, elle prouvait par ses votes que si elle
faisait grand cas d'un austère et éloquent conseiller,
elle lui préférait le charmeur. Le peuple le plus
raisonnable a un faible pour ceux de ses gouvernants
à qui sa gloire est plus chère que tout. Longtemps
encore, le 19 avril de chaque année, on verra à
Londres et dans d'autres cités de la Grande-Bretagne
beaucoup de boutonnières se parer de la fleur jaune
que les dévots de Benjamin Disraeli ont consacrée à
la mémoire de celui qui fut à la fois le plus romancier, le plus imaginatif, le plus hardi dans ses discours, le plus leste en procédés et le plus positif des
hommes d'État.

GUILLAUME DE HUMBOLDT

ET

CHARLOTTE DIEDE

Il n'est personne en Allemagne qui ne connaisse un ouvrage posthume du baron Guillaume de Humboldt intitulé : *Lettres à une amie*. Publiées pour la première fois en 1847, douze ans après la mort de l'homme considérable à qui on a élevé un monument en face de l'université de Berlin, ces lettres firent sensation; on n'a cessé depuis lors de les rééditer, elles ont pris place dans toutes les bibliothèques [1]. C'est le seul livre de Guillaume de Humboldt, frère aîné d'Alexandre l'illustre naturaliste, qui ait pénétré dans le grand public. S'il n'avait pas eu une amie, quelque chose aurait manqué à sa gloire : il n'aurait pas été lu des femmes.

Tout le monde savait que Humboldt avait été un homme d'État, un diplomate, qu'il avait représenté plus d'une fois la Prusse auprès des cours étrangères, qu'il avait signé avec le prince de Hardenberg

1. *Briefe an eine Freundin*, von Wilhelm von Humboldt.

le traité de Paris et que, sans avoir jamais joué les premiers rôles, il s'était fait remarquer au congrès de Vienne par la netteté et la vigueur de son esprit, par son talent pour la discussion, par la sévérité de sa politesse, assaisonnée d'une ironie froide et tranchante. On savait aussi qu'après avoir quitté les affaires, ce diplomate avait consacré le reste de sa vie à la science; qu'incomparable philologue, ses recherches sur la langue basque, ses lettres sur le génie de la langue chinoise et son introduction à l'étude du kawi avaient renouvelé la linguistique, et que ses livres écrits dans un style abstrait, souvent compliqué, étaient des magasins d'idées où les savants de tout pays ont puisé à l'envi et puiseront longtemps encore.

En ce qui concerne sa vie privée, on n'ignorait pas que, dès sa jeunesse, il avait eu toutes les curiosités, et que les femmes n'étaient pas la partie de cet univers dont il s'était montré le moins curieux. La célèbre Rahel avait dit de lui : « J'admirerais davantage la liberté de son esprit s'il en avait moins dans ses principes ». Varnhagen l'avait défini un parfait païen dans toute la force du terme. Mais les païens sont quelquefois d'excellents maris. En 1791, Humboldt avait épousé Mlle Caroline de Dacheröden, belle et agréable personne, à laquelle il se fit un plaisir d'apprendre le grec et qui lisait avec lui Hérodote et Homère. Ils vécurent jusqu'à la fin dans la meilleure intelligence; on célébrait ce ménage comme un modèle de cordialité conjugale, d'harmonie, d'entente réciproque, à cela près que, tout en s'aimant beaucoup, il y avait beaucoup de choses qu'on ne se disait pas : « Je pourrais ressentir de grands chagrins et de grandes joies sans éprouver le besoin d'en faire part aux personnes que j'aime le plus ; c'est ainsi que j'en use avec ma femme et mes enfants. Ils ne savent pas le premier mot de beaucoup de choses qui m'occupent, et ma femme partage si bien mon sentiment à ce sujet que, si elle vient à apprendre par hasard quelque incident que je lui avais laissé ignorer, elle n'a pas l'idée de s'en étonner. La confiance est un besoin de l'amitié et de l'amour, mais les grandes âmes ont peu de goût pour les confidences. » Il ajoutait qu'il avait toujours aimé à se tenir sur la réserve, que, dans le temps où il était le plus répandu, il avait pratiqué l'art de rester solitaire en société, et que, si heureux qu'il fût avec les siens, rien ne lui manquait lorsqu'il était seul.

Quand parurent les fameuses *Lettres*, ceux qui avaient approché Humboldt et qui se flattaient de connaître le mieux son caractère, son tempérament, le tour de son esprit, furent bien étonnés d'apprendre qu'il avait eu une amie avec laquelle il était resté en correspondance pendant plus de vingt années et jusqu'à sa mort. Mais les amateurs de scandale n'eurent pas leur compte. Cette amie s'appelait Charlotte Diede, et Humboldt lui a déclaré plus d'une fois qu'il avait un goût particulier pour son nom, qu'il aimait à le prononcer et à l'écrire ; il se plaisait aussi à lui répéter qu'il ressentait pour elle le plus tendre intérêt ; mais il n'y avait là rien qui ressemblât à de l'amour. Toute cette correspondance est écrite d'un style grave, sentencieux, couleur feuille-morte, qui fait penser aux épîtres de Sénèque à Lucilius. L'amie était une personne fort mélancolique et qui avait sujet de l'être. Humboldt s'appliquait à la consoler; il lui enseignait comment il faut s'y prendre pour adoucir ses chagrins, pour porter légèrement le pesant fardeau de la vie. Les cent cinquante lettres qu'on a publiées contiennent tout un traité sur la philosophie du bonheur, et on chercherait vainement un mot qui soit de nature à compromettre la mémoire d'un philosophe. C'est intéressant, c'est instructif, c'est quelquefois édifiant; Mme de Humboldt aurait pu tout lire sans trouver de quoi se scandaliser ou se gendarmer.

Au surplus, pendant les vingt années qu'a duré cette correspondance, on ne s'est revu que deux fois, un jour à Francfort, en 1817, puis à Cassel, en 1828. Charlotte avait alors cinquante-neuf ans, Humboldt en avait soixante et un. La lettre par laquelle il annonce sa visite n'est point celle d'un amoureux; il avait le pouls bien tranquille en l'écrivant. « Je suis heureux, ma chère Charlotte, de pouvoir vous dire que nous avons modifié notre plan de voyage et que nous passerons par Cassel. Je me réjouis beaucoup de vous voir, ne fût-ce qu'une heure ou deux. Si j'arrive assez tôt, je serai chez vous le soir de ce même jour; s'il est trop tard, je vous verrai le lendemain; si je reste le jour suivant, je vous ferai deux visites » En définitive, il n'en fit qu'une : « Si vous aviez demeuré plus près, j'aurais passé encore une demi-heure auprès de vous; mais c'était impossible. Je suis charmé de vous avoir vue dans votre maison, dont je garde une impression fort agréable. »

Ce sont là des sentiments qu'on peut avouer à tout l'univers, et pourtant Humboldt se serait cru perdu si ses proches, ses amis, son secrétaire, avaient eu connaissance de sa très innocente et très philosophique intrigue. Il n'en ouvrit jamais la bouche à qui que ce fût. Pour mieux dérouter son monde, il poussa l'abus des précautions jusqu'à faire écrire une fois pour toutes l'adresse de ses lettres à Charlotte par un maître d'école des environs de Tegel. Muni de cette provision d'enveloppes, qu'il emportait dans ses voyages, il se sentait rassuré contre les indiscrétions de la poste. Il y a des gens qui ont la fureur du mystère et pour qui le bonheur suprême est d'avoir quelque chose à cacher.

Il faut tout dire. Si Humboldt ne ressentait plus pour Charlotte qu'une amitié tout à fait tranquille, elle lui avait inspiré dans sa jeunesse un sentiment beaucoup plus vif. On ne risque pas de se tromper en affirmant qu'il en avait été fort amoureux, pas bien longtemps, pendant trois jours. C'était en 1788. Comme il étudiait à Goettingue, la curiosité l'avait amené à Pyrmont, lieu d'eaux très fréquenté. Il y rencontra à table d'hôte une jeune fille d'une beauté accomplie, éblouissante, adorable. Rien n'égalait, paraît-il, la fraîcheur de son teint. Son charmant visage était encadré par d'abondants cheveux blonds; ses yeux bleus ont eu, jusque dans sa vieillesse, le don d'attirer les hommes et de les étonner. C'était la fille du pasteur de Lüdenhausen, village de la principauté de Lippe-Detmold.

Les filles de pasteurs sont beaucoup mieux traitées dans la littérature allemande que les filles de professeurs. Il ne faut pourtant pas juger de ces dernières sur le témoignage suspect de Benjamin Constant, qui, l'année même où Humboldt rencontra Charlotte, arrivait à Goettingue et écrivait à Mme de Charrière : « J'ai fait une visite au professeur Heyne et j'ai vu sa fille. Mon entrée chez celle-ci fait tableau : imaginez une chambre tapissée de rose avec des rideaux bleus, une table avec une écritoire, du papier avec une bordure de fleurs, deux plumes neuves précisément au milieu, et un crayon bien taillé entre ces deux plumes, un canapé avec une foule de petits nœuds bleu de ciel, quelques tasses de porcelaine bien blanche, à petites roses, deux ou trois petits bustes dans un coin ; j'étais impatient de savoir si la personne était ce que cet assemblage promettait. Elle m'a paru spirituelle et assez sensée. » Il ajoutait qu'il faut toujours passer quelques travers à une fille de professeur allemand : « Mépris pour l'endroit qu'elles habitent, plaintes sur le manque de société, sur les étudiants qu'il faut voir, sur la sphère étroite et monotone où elles se trouvent, prétention et teinte plus ou moins foncée de romanesquerie, voilà l'uniforme de leur esprit, et Mlle Heyne, prévenue de ma visite, avait eu soin de se mettre en uniforme. »

Les filles de professeurs sont souvent appelées à vivre dans de petites villes, où elles se trouvent mêlées à toutes les tracasseries, à tous les commérages, à toutes les médisances. Les filles de pasteurs de campagne habitent un village où personne ne leur dispute leur rang ; elles peuvent se dispenser d'avoir des prétentions. Humboldt voulait beaucoup

de bien à ces princesses rustiques, qui unissaient,
selon lui, les grâces de l'esprit à la simplicité du
cœur et des manières et qui avaient du monde sans
être des mondaines. Telle lui apparut Charlotte, et
ce fut un enchantement. Ils passèrent ensemble
trois heureux jours. On ne se quittait guère du matin
au soir, on se promenait, on causait; Pyrmont s'était
changé en un lieu d'innocentes délices. En faisant
ses adieux à cette aimable créature, l'étudiant de
Goettingue lui remit une feuille d'album où il avait
écrit ces mots : « L'amour du vrai, du bien et du
beau ennoblit et exalte le cœur, mais c'est peu de
chose si une âme sympathique n'est de moitié dans
tout ce que nous sentons. Jamais cette conviction
n'a été si forte en moi qu'à l'instant où je me sépare
de vous avec l'incertaine espérance de vous revoir. »
Il avait pourtant promis solennellement qu'avant
peu il irait frapper à la porte de la petite cure
de Lüdenhausen. Cet étudiant était un baron, il ne
tint pas parole. Qu'ils s'appelassent Guillaume ou
Alexandre, les Humboldt étaient des hommes avisés,
incapables de faire une folie, toujours maîtres de
leurs entraînements, très attentifs à écarter de leur
vie tout ce qui pouvait l'embarrasser.

Cependant, à travers toutes les vicissitudes de sa
destinée, il n'oublia jamais les cheveux blonds et les
yeux bleus qui avaient mis pendant quelques heures
sa sagesse en péril; il se souvenait de certaine
allée où un jeune baron s'était promené avec une
fille de pasteur, de certain banc où ils s'étaient assis,
et quand vingt-six ans plus tard, en plein congrès
de Vienne, il reçut une lettre par laquelle une

femme très malheureuse lui confiait ses détresses et implorait ses conseils, le chapitre de son passé qui se rappelait subitement à lui causa une assez vive émotion à ce diplomate qui se piquait de peu s'émouvoir : « Je ne sais pas, écrivait-il à Charlotte, si nous nous reverrons jamais ; mais soyez sûre qu'il est resté dans mon âme quelque chose de vous. Vous êtes pour moi comme une apparition d'un passé qui ne s'effacera jamais de ma mémoire.... Étrange relation que la nôtre ! Deux êtres qui se sont vus pendant trois jours, il y a de longues années, et qui ont peu de chances de se revoir ! La joie pure et profonde que j'éprouve en ce moment est d'une espèce si rare que j'aurais honte de ne pas vous confesser que votre image s'est toujours confondue en moi avec tous les sentiments de ma jeunesse, avec le souvenir d'un temps qui n'est plus et où l'Allemagne était plus belle qu'aujourd'hui. »

On comprend sans peine qu'il se souciât médiocrement de la revoir. Cet homme peu romanesque avait eu jadis son roman ; il craignait de le gâter. Charlotte s'en étant remise à lui du soin de décider si elle devait aller vivre à Brunswick ou à Goettingue, il lui répondit : « Quand j'étais à Brunswick, je ne vous connaissais pas ; à Goettingue, je pensais souvent à vous. Allez à Goettingue. » A la joie de se souvenir se joignit bientôt le plaisir d'avoir une conscience à gouverner. Charlotte l'avait choisi entre tous pour son confesseur, pour son directeur. Il estimait que c'est une grande bénédiction pour un homme que d'avoir sous sa garde un cœur de

femme qui s'abandonne à lui entièrement, sans
réserve, en pure foi. N'oublions pas qu'il était infiniment curieux. Dans les loisirs que lui laissait
l'étude du chinois, du kawi et de l'humanité primi-
tive, sa passion dominante, il en convenait lui-
même, était d'étudier les hommes et les femmes de
son temps, de se représenter exactement leur façon
de vivre et de penser : « Je les définis, je les classe,
je les rattache à des idées générales, j'en fais une
science particulière. » Charlotte était une personne
intéressante à définir et à classer. Il exigeait non
seulement qu'elle lui écrivît souvent, mais qu'elle
lui racontât toute son histoire dans le plus grand
détail, année par année. Il lui réservait sans doute
un alinéa dans ce traité d'anthropologie comparée
qu'il rêvait de publier un jour. C'est ainsi que de
l'émotion on passe à la curiosité; puis la correspondance devient une habitude et, à mesure que
nous vieillissons, nos habitudes nous sont plus
chères. En conseillant et consolant son amie, Humboldt faisait assurément une bonne œuvre; mais il
y trouvait son compte et son plaisir, et il est permis
de dire, sans lui faire injure, que c'était le genre de
bienfaisance qu'il préférait.

Elle garda religieusement les lettres de son
illustre ami; mais elle lui avait ordonné de détruire
les siennes. On n'a conservé d'elle que celles qu'elle
écrivit à ses sœurs et qu'une personne animée d'un
zèle pieux pour sa mémoire a pris la peine de rassembler. M. Otto Hartwig les a publiées en y joignant une intéressante et agréable notice, qui nous
apprend à peu près tout ce qu'il nous importait de

savoir [1]. Grâce à lui et à son enquête, nous connaissons désormais la fille du pasteur de Lüdenhausen, et nous pouvons, à notre tour, la définir et la classer.

Elle n'avait pas vingt ans lorsqu'elle eut une fâcheuse et bruyante aventure. Elle s'ennuyait dans son village, elle voulait en sortir à tout prix. Malgré l'opposition de sa famille, elle s'était décidée à épouser le docteur Diede, procureur auprès du tribunal suprême de Cassel. Ce docteur en droit était riche : mais il avait l'esprit grossier, l'humeur brutale, et quoique fort amoureux, il ne savait pas respecter ce qu'il aimait. Dès les premiers jours, Charlotte s'aperçut qu'elle avait pour lui plus d'éloignement que d'inclination. Son père l'avait élevée dans des principes fort sévères ; elle s'en fit d'autres qui l'étaient moins. Elle était intimement liée avec une femme assez légère qui exerçait sur elle beaucoup d'empire et qui lui prouvait par son exemple qu'il est des accommodements avec la loi du mariage.

D'ailleurs, elle vivait dans un temps où beaucoup de gens proclamaient les droits imprescriptibles de la passion, prêchaient l'affranchissement du cœur, l'amour libre, la vie géniale, qu'ils opposaient à la vie bête. Il y avait à Weimar comme à Iéna des femmes qui faisaient parler d'elles ; on les entourait d'hommages et, pour leur faire plaisir, les poètes et les philosophes enseignaient que certains devoirs sont des préjugés bourgeois. « On ne prend plus le

1. *Charlotte Diede, die Freundin von W. von Humboldt, Lebensbeschreibung und Briefe,* herausgegeben von Auguste Piderit und Otto Hartwig. Halle, 1884.

mariage au sérieux, *die Ehen gelten nicht*», disait Jean-Paul. Les choses n'allaient guère mieux à Cassel qu'à Weimar. Le landgrave Guillaume IX ne s'occupait guère de moraliser ses sujets. Il en était à sa troisième maîtresse officielle, la comtesse de Hessenstein, dont il eut jusqu'à dix-huit enfants. Charlotte Diede céda au courant, elle finit par se persuader qu'on peut se marier avec un homme qu'on n'aime pas, sans que cela tire à conséquence, qu'il y a des consolations permises.

Son mari fut imprudent. Ce brutal était fier de la beauté, de l'esprit de sa femme, de tous les empressements dont elle était l'objet. Parmi les empressés qui fréquentaient sa maison, se trouvait un officier nommé von Hanstein, capitaine au régiment des grenadiers de la garde. Il avait l'esprit fort ordinaire ; mais il était de bonne famille, taillé en hercule et de manières très engageantes. Quoique son visage fût tout couturé de petite vérole, il passait pour le plus irrésistible des séducteurs, et bientôt il se vanta d'être au mieux avec la belle Mme Diede. Le mari eut des soupçons, fit un éclat, maltraita sa femme, qui, désertant le domicile conjugal, chercha un refuge chez son amant.

Le docteur Diede demanda et obtint facilement son divorce. Charlotte ne tarda pas à regretter son coup de tête ; mais elle se flattait de sauver sa réputation en épousant son capitaine de grenadiers, qu'elle adorait. Hanstein, durant quatorze ans, l'amusa par ses promesses, la leurra de vaines espérances, s'engageant tour à tour ou se dégageant sans pudeur jusqu'au jour où il épousa une autre femme. Charlotte payait chèrement sa faute. Il lui fallait des illusions, elle crut mourir en les perdant. Elle passa le reste de sa vie dans les amertumes du regret et dans l'inquiétude du désir. Elle était triste, malade et pauvre. Elle avait le génie des placements malheureux; sa modeste fortune s'engloutit dans ce gouffre. Il lui restait des doigts de fée, dont elle se servit pour fabriquer des fleurs d'un goût exquis; ce fut son gagne-pain. Mais il fallait travailler d'arrache-pied, se coucher après minuit, se lever à la pointe du jour. Son courage résista à toutes les épreuves.

Bien que sa santé fût détruite et que sa beauté eût souffert, elle inspirait encore des passions. On ne l'approchait guère sans tomber amoureux d'elle. Les déclarations qu'on lui faisait n'étaient pour lui déplaire. Elle ne se fâchait pas; elle s'étonnait, se récriait et grondait fort doucement. Il ne tint qu'à elle de se faire épouser par un autre officier, qui avait plus de cœur que Hanstein. Mais il était soupçonneux, jaloux, et elle ne s'entendait pas à le rassurer. Quoiqu'elle crût l'aimer passionnément, tantôt elle voulait, tantôt elle ne voulait plus, et tour à tour elle s'avançait ou reculait. « Vous aimez tout le monde et vous n'aimez personne », lui disait-il avec colère, et de dépit il leva le siège. Un peu plus tard, un homme marié et fort riche, qui lui avait rendu quelques services d'argent, lui fit des propositions qu'elle repoussa avec un geste d'horreur. Elle n'était pas née pour être heureuse, étant trop coquette pour une honnête femme, trop honnête pour une coquette. Quoi qu'on soit, il faut

l'être tout à fait; c'est encore la meilleure chance
qu'on ait de réussir dans ce monde.

Elle fut longtemps coquette, elle fut toujours
romanesque. Elle ne sut jamais prendre la vie pour
ce qu'elle est ni voir les hommes tels qu'ils sont.
Elle était sincère dans son repentir autant qu'elle
avait été candide dans sa faute, et elle avait toute
sorte de vertus, de l'honneur, du désintéréssement,
du courage, toutes les fiertés d'une grande âme.
Elle dut contracter plus d'une fois des dettes; elle
s'imposait sans marchander et sans se plaindre toutes les privations pour se mettre en état de s'acquitter. A mesure qu'elle avançait en âge, elle avait plus
de délicatesse dans les sentiments; les lettres qu'a
publiées M. Hartwig en font foi, et le style en est
aussi noble qu'abondant et facile. Il ne lui manquait
qu'une chose, dont on a beaucoup de peine à se
passer, c'était le bon sens. Elle adora sottement son
capitaine de grenadiers, qui lui soutirait de l'argent
et lui reprochait d'humilier son amant en travaillant
pour vivre. Elle s'obstinait à voir en lui le plus magnanime des mortels; il lui fallut plus de dix ans
pour s'apercevoir que ce héros était un drôle qui se
moquait d'elle.

Quand elle se fut désabusée, elle chercha ailleurs
un cœur d'honnête homme à qui elle pût se prendre. On ne demandait qu'à l'aimer; c'était la confiance qui faisait défaut, et elle s'en indignait. Elle
se plaignait sans cesse que le monde fût sans pitié,
qu'il ne comprît pas que le repentir lave la faute et
que l'expérience transforme les âmes. Le monde, en
effet, a beaucoup de peine à croire au repentir et il

admet difficilement qu'il y ait dés femmes qui ne commettent qu'une faute et qui se sentent à jamais guéries du désir de recommencer. Elle avait de si beaux yeux qu'elle n'était pas embarrassée de trouver des consolateurs ; mais l'amour ne lui suffisait point, elle exigeait le respect et la foi qui ne raisonne pas. « J'ai fait de bien cruelles découvertes, écrivait-elle à sa sœur. Je verse toutes les larmes de mon corps en songeant que le monde est assez injuste pour ne pouvoir oublier un écart de jeunesse, racheté par de longues années d'une conduite irréprochable. Partout où l'on ignore mon passé, on vient au-devant de moi avec bonté et on me prodigue les marques d'estime ; puis on s'informe et on s'éloigne, après quoi on se ravise quand on me connaît mieux. Mais mon pauvre cœur souffre cruellement ; je me retire en moi-même et je me renferme dans ma triste solitude. »

Il lui semblait qu'elle était entourée d'aveugles qui refusaient de laisser opérer leur cataracte. Se pouvait-il bien qu'on passât un quart d'heure auprès d'elle sans soupçonner les trésors de tendresse qu'elle cachait au fond de son âme, sans deviner qu'il y avait en elle de quoi rendre un homme parfaitement heureux ? Respecter Charlotte Diede et s'en faire aimer, oh ! vraiment, c'était goûter sur la terre toutes les joies du ciel. Mais non, ceux qui l'aimaient le plus ne savaient pas croire, ni même douter de leurs doutes ; ils étaient inquiets, ombrageux, jaloux. D'autres lui disaient : « Vous êtes charmante et il ne tient qu'à vous de vous procurer paix et aise. Assouplissez un peu votre humeur et vos principes, tâchez de ressembler à tout le monde, acceptez les propositions qu'on vous fait, et laissez là vos grands airs; vous n'êtes pas une reine. » Alors elle se redressait, elle montrait du doigt la porte à l'insolent, et c'était un soulagement pour sa fierté outragée et frémissante. Hélas! l'insolent était parti, mais le chagrin était resté, et, de jour en jour, la vieillesse approchait à petits pas. Elle eût dit volontiers avec Sapho : « La douce pomme rougit au bout, tout au bout de la branche, où les cueilleurs de pommes l'ont oubliée.... Non, ils ne l'ont pas oubliée, ils n'ont pas su la cueillir. »

Ne pouvant se distraire de ses chagrins, elle tâchait de les étourdir. La dévotion fut son recours et son refuge. La souffrance lui exaltait l'esprit, et elle était aussi romanesque en matière de dogmes et de pratiques religieuses que dans les jugements qu'elle portait sur les hommes. Il lui semblait qu'un être très puissant et très pervers s'acharnait à la poursuivre, que le diable en personne empêchait les capitaines de grenadiers d'épouser les femmes qui les adorent, et elle suppliait les dominations et les trônes de la sauver du démon. Elle se souciait peu de la providence générale, il lui fallait une petite providence particulière, qui fît des miracles en sa faveur. Elle entendait que son Dieu fût à elle plus qu'à tout le monde, qu'il lui appartînt et lui révélât sa présence par de secrets avertissements. Elle croyait aux rêves, aux voix, aux sorts bibliques. Pour mettre son Dieu à l'épreuve, elle s'avisa de prendre un billet dans une loterie, quoique cinq séries eussent été déjà tirées. Le billet coûtait trente thalers; elle en gagna deux mille, et elle eut bientôt fait de les perdre. Le bon sens est un conseiller plus sûr que les sorts bibliques.

Il est à présumer que, lorsqu'en 1814 elle conçut tout à coup la pensée de se rappeler à la mémoire de Humboldt et de lui demander un peu d'assistance et de réconfort, elle le voyait au travers de ses souvenirs qui la trompaient et qu'elle se croyait encore à Pyrmont. Elle espérait obtenir de ce sage un peu plus qu'il ne pouvait lui donner, et sans doute elle eut de la peine à s'accommoder de l'austère morale qu'il lui prêchait. On sent percer dans les lettres de Humboldt la crainte qu'elle ne se méprît, le désir d'arrêter sur une pente dangereuse et de ramener dans le droit chemin cette imagination sujette à s'égarer. Il écrivait le 16 juillet 1825 : « Je regrette que vous vous plaigniez toujours de vos sombres mélancolies, que je ne puis approuver et que vous devez chercher à combattre, ma chère Charlotte. Je les attribue en partie à vos excès de travail, mais assurément je n'y suis pour rien. Si vous savez lire mes lettres, vous devez y voir à chaque ligne l'intérêt, l'affection que je vous porte et combien je serais charmé de vous savoir heureuse. J'ai une idée fort nette de ce que nous pouvons être l'un pour l'autre. Vous connaissez mes sentiments pour vous; si courte, si fugitive qu'ait été notre première rencontre, j'en ai gardé un cher souvenir, et j'ai saisi avec empressement l'occasion de vous témoigner ma sympathie. Notre belle et tranquille amitié, conforme à mon âge comme à mes inclinations, peut durer jusqu'à la fin de nos jours, il n'y a rien en moi ni en vous, je pense, qui s'y oppose. Si vous pouvez vous en contenter, comme j'en ai l'intime persuasion, tout ira bien. » En homme avisé, il se défiait du précipice et, des deux côtés du pont, il mettait des garde-fous.

Il n'est pas d'art plus difficile que celui de consoler les affligés. Le philosophe Citophile répondait un jour à une femme désolée, qui tâchait de l'apitoyer sur ses disgrâces, que l'histoire universelle n'est qu'un enchaînement de malheurs; que la reine Henriette avait vu mourir son royal époux sur l'échafaud; que Marie Stuart avait eu la tête coupée; que la belle Jeanne de Naples avait été prise et étranglée. — « J'en suis fâchée pour elles », répliqua la dame, et elle se replongea dans sa mélancolie. — Guillaume de Humboldt s'y prenait tout autrement pour consoler Charlotte Diede. Il n'avait garde de lui représenter que tout le monde a ses chagrins; il aimait, au contraire, à lui répéter qu'il y a des gens parfaitement heureux et que Guillaume de Humboldt en était. Il lui racontait ses prospérités; il lui décrivait son beau château de Tegel : ses antiques, ses marbres, ses statues, une tête de Méduse en porphyre dont un pape lui avait fait présent, une charmante nymphe puisant de l'eau, qui décorait l'une des niches de son salon.

Quoique nous n'ayons pas les lettres de Charlotte, les réponses de son grand ami nous les font suffisamment connaître. L'entretien qui s'engageait entre eux peut se résumer comme suit : « Eh! quoi, demandait en soupirant cette personne triste, malade et pauvre, vous êtes vraiment heureux? —

Certes; et comment ne le serais-je pas? Toute ma
vie, j'ai joui de la liberté que donne la fortune et
j'ai pu me livrer sans contrainte à mes goûts. Ma
santé est bonne, mon humeur est égale. Les petits
incidents de la destinée me touchent peu. Je ne me
laisse attrister ni par le mauvais temps ni par les
brumes de l'hiver; un ciel gris et bas a du charme
pour moi, et je ne connais rien dans le monde
entier d'où je ne puisse tirer quelque plaisir ou
quelque profit. Quand j'ai dû renoncer aux affaires, il m'en a peu coûté; l'étude m'a tenu lieu
de tout. Je travaille tout le jour, je ne quitte ma
chambre qu'assez avant dans la soirée, et je suis toujours tranquille, toujours actif, toujours content de
moi et des autres. — Ainsi il ne vous manque rien?
— Non, je ne connais pas la servitude du besoin.
Je sais jouir, je sais aussi me priver. J'ai beaucoup
de plaisir à voir ma femme, mes enfants, mes amis;
quand je ne les vois pas, ils ne me manquent point,
et je m'arrange pour me suffire à moi-même. — A
ce compte, vous qui m'engagez à vous écrire et qui
m'assurez que mes lettres vous plaisent, vous n'avez
pas besoin de les recevoir? — Que vous dirai-je? ma
très chère Charlotte. Les vrais plaisirs sont ceux
dont on pourrait se passer, car tout besoin est une
douleur commencée. — Mon Dieu! s'écriait-elle,
épouvantée de l'insolence de ce bonheur, que faut-il
donc que je fasse pour moins souffrir? — Il faut
faire comme moi, devenir indifférente à beaucoup
de choses, vous persuader que tout ce qui nous aide
à mûrir est bon, tenir soigneusement votre âme en
équilibre, tâcher d'acquérir ce repos du cœur que

j'ai possédé dès ma jeunesse et qui est préférable
à la joie.

Elle affectait d'approuver sa méthode, elle avait
bien de la peine à l'appliquer, et les recettes qu'il
lui vantait n'étaient guère à son usage. Il l'engageait
à se distraire de ses maux en contemplant le ciel
étoilé : « Avez-vous remarqué, lui écrivait-il, la
beauté du ciel dans ces dernières nuits de septembre
et d'octobre ? Trois planètes et une étoile de première grandeur se trouvaient rassemblées; on apercevait Mars et Jupiter dans la constellation du Lion;
Vénus brillait à côté de Sirius. Le plus beau moment
était entre trois et quatre heures du matin. Nous
nous sommes relevés presque chaque nuit, ma
femme et moi, et nous sommes restés longtemps à
la fenêtre, nous repaissant de ce spectacle. J'ai toujours aimé à regarder les étoiles. En les contemplant, on se dégage de tout ce qui est de la terre. En
face de ces mondes répandus dans l'immensité de
l'espace, nous nous sentons disparaître; nos destinées, nos plaisirs, nos privations, auxquelles nous
attachons tant d'importance, deviennent un pur
néant. Ajoutez que ces astres toujours en mouvement relient entre elles toutes les générations des
hommes et toutes les époques de la nature; ils ont
tout vu dès le commencement et jusqu'à la fin ils
verront tout. C'est une pensée où j'aime à me perdre. Vous devriez étudier l'astronomie, ma chère
Charlotte; si vous le désirez, je vous donnerai des
instructions à ce sujet, en vous indiquant des livres
qui vous seront utiles. »

Elle faisait toujours ce qu'il lui disait; elle se mit

à observer le ciel, mais sans parvenir à s'oublier ; elle cherchait, dans le vague du firmament, l'étoile où elle trouverait le bonheur en quittant cette triste terre. Il la grondait là-dessus ; il ne se lassait pas de lui répéter que le secret du vrai contentement est de sortir de soi-même, de se détacher de son cœur pour vivre dans le monde des idées éternelles, immuables, qui sont pour l'homme la source d'une félicité sans mélange et la seule amitié qui ne le trompe jamais. Elle tâchait de l'en croire, elle se mettait péniblement en route pour le monde des idées ; mais elle y emportait ses souvenirs, ses regrets, ses chagrins. Elle pensait aux perfidies de Hanstein, aux cruautés des hommes à son égard, et, quelques efforts qu'elle fît pour se fuir, elle retrouvait partout Charlotte Diede. Aussi bien, lorsqu'on est inquiet de son lendemain, lorsqu'il faut passer des nuits à fabriquer des fleurs et qu'on a des créanciers qui deviennent pressants, il est plus difficile de pratiquer l'*amor intellectualis* de Spinoza ou l'ataraxie des stoïciens que quand on a le bonheur d'être baron, de n'avoir ni créanciers ni peines de cœur et d'habiter à Tegel un beau château très confortable, plein de statues qui portent sur leur front et dans leurs yeux sans regard toute la sérénité de l'Olympe.

Si l'on s'en rapporte au témoignage d'une de ses amies, jusqu'à sa mort Charlotte se rongea, se dévora : « Il y avait toujours en elle, nous dit-on, comme une flamme d'inquiétude : *Es war bis ans Ende der Tage eine flammende Unruhe in ihr.* » Et cependant, les lettres de Humboldt étaient pour elle un trésor que le ciel même lui envoyait. Il lui était doux de penser qu'un grand homme s'occupait d'elle et daignait l'exhorter à contempler les étoiles. Elle le traitait « d'ami céleste, d'ami divin ». Ce n'étaient pas les consolations qui lui faisaient du bien, c'était le consolateur, et en cela, comme en toute chose, elle était vraiment femme.

L'ami divin n'a pas rempli son devoir jusqu'à la fin. Pendant longtemps, il avait servi à Charlotte une petite pension de près de 400 francs, qui lui était bien nécessaire pour l'aider à nouer les deux bouts. Il mourut en 1835 sans avoir pensé à lui rien laisser. M. Gutzkow s'en prend à son insouciance, M. Hartwig à sa passion pour le mystère : il ne voulut pas que ses héritiers trouvassent le nom de Charlotte dans son testament. Nous inclinerions plutôt à croire qu'il avait fait ses comptes dans sa tête et décidé qu'il était quitte et en règle avec l'amitié. Comme son frère Alexandre, Guillaume de Humboldt était de ces hommes qui calculent toutes leurs actions comme toutes leurs générosités et qui savent exactement où finit le devoir, où commence la sottise. La pauvre Charlotte était destinée à éprouver l'un après l'autre tous les délaissements. La mémoire de l'ami divin ne lui en fut pas moins chère. Mais la vieillesse commençait à lui faire sentir ses atteintes, les infirmités étaient venues et ses doigts de fée lui refusaient le service. A quelque temps de là, elle en fut réduite, pour ne pas mourir de faim, à adresser au roi de Prusse, Frédéric-Guillaume IV, un suppliant appel qui fut entendu. Le roi lui accorda une pension d'un peu plus de 1 000 francs, qu'elle ne devait pas toucher souvent. L'année suivante, elle était morte; ce fut dans le cimetière de Cassel qu'elle goûta pour la première fois le repos.

Les lettres que lui écrivit Humboldt seront toujours intéressantes à relire; on y trouve partout la marque d'un grand esprit. Mais il y manque le charme, le naturel, la simplicité qui s'abandonne. Cette sagesse si sûre d'elle-même et si superbe dans son apparente bonhomie, cette sagesse qui ne se dément jamais, qui n'a pas de mauvais jours, qui emploie sa vie à se regarder vivre, qui ne sait ni s'égayer, ni s'émouvoir, ni se fâcher, cause à la longue un étonnement mêlé d'un secret malaise. Que deviendrait ce pauvre monde si on en bannissait et le rire et la sainte miséricorde et les saintes colères? Gœrres avait dit en 1814 : « Guillaume de Humboldt est clair et froid comme un soleil de décembre ». Les *Lettres à une amie* ont la sévère beauté d'une journée d'hiver sereine et lumineuse. Le ciel n'a pas un nuage, l'air est pur, le soleil brille sur les buissons chargés de givre; mais ce soleil n'est pas celui qui fait fleurir les roses et chanter les oiseaux.

UN

BOURGMESTRE DE STRALSUND

AU XVIᵉ SIÈCLE

———

Barthélemy Sastrow, né à Greifswald le 21 août 1520, élu bourgmestre de Stralsund en 1578, mort le 7 février 1603, a laissé d'intéressants mémoires où revit l'Allemagne du XVIᵉ siècle. Publiés pour la première fois à Greifswald en 1823, réédités plus tard à Halle, ils ont été traduits en français et annotés par un homme de grand mérite, enlevé trop tôt à ses nombreux amis, M. Édouard Fick, l'un des directeurs de l'imprimerie Jules-Guillaume Fick, dont les belles et curieuses publications font honneur à la typographie genevoise. Ces deux volumes, imprimés en 1886, mis en vente au mois de février 1888, méritent d'être recommandés aux amateurs de beaux livres et à tous ceux qui s'intéressent aux récits des temps passés [1]. Barthélemy Sastrow savait écrire; le plus souvent sa verve était amère, mais ce Pomé-

———

1. *Mémoires de Barthélemy Sastrow, bourgmestre de Stral-sund,* traduits par Édouard Fick, docteur en droit et en philosophie. Genève, imprimerie Jules-Guillaume Fick.

ranien avait ses heures d'ironique enjouement. Il s'est représenté lui-même au naturel, sans se flatter. On croit voir un de ces bourgeois rudement charpentés et d'écorce rugueuse que le pinceau de Holbein a rendus immortels. Si la grâce, le moelleux leur manquent, la dureté de la physionomie est sauvée par une certaine joie de vivre, d'exister. Ils ont l'air de dire : Nous ne nous piquons pas d'être beaux ; que vous nous trouviez bien ou mal faits, nous sommes ce que nous sommes, et il n'est pas donné à tout le monde d'être quelqu'un et de pouvoir dire : « C'est moi ! »

Sastrow avait eu plusieurs raisons d'écrire ses mémoires. Il avait beaucoup d'ennemis, qui l'accusaient d'être arrivé pauvre à Stralsund et d'avoir rançonné la ville, abusé des sceaux pour remplir sa bourse. Il tenait à démontrer à son fils Jean le Docteur, à ses deux filles Catherine et Amnistie, à ses deux gendres Gottschalk et Clericke, que l'origine de sa fortune était pure, qu'il s'était péniblement enrichi par son travail, par une sévère économie, en fuyant les tavernes, en ne figurant que de loin en loin aux noces et banquets : « C'est grâce à ma sagesse, leur disait-il, c'est en m'accordant tout au plus quelque plat favori, arrosé d'une bonne rasade, que j'ai acquis assez d'aisance pour faire crever de dépit le diable et ses acolytes ». Il avait aussi à cœur de leur persuader que la modestie, une certaine tenue, sont les meilleurs moyens de parvenir. Il avait connu la misère, traversé de sombres défilés, et il avait appris à assouplir son orgueil, son naturel impétueux et violent.

On raconte que son fils le docteur ayant dégainé un jour en plein conseil, il lui cria : *Johannes, modesté, modesté!* Il rappelle sans cesse à ses enfants que le Dieu de justice bannit de son royaume les orgueilleux, « que les hautains qui relèvent trop le nez, que ceux qui se croient membres de la trinité qui régit l'univers et ne suivent d'autre loi que leur bon plaisir finissent toujours mal ». Témoin le fameux bourgmestre Wulf Wulflam, réputé l'homme le plus riche de la Poméranie et qui se ruina par son faste. La veuve de ce grand personnage était d'humeur si superbe qu'à ses secondes noces, elle fit venir de Stettin les musiciens du prince, et qu'elle marcha du logis à l'église sur un tapis de drap anglais. « A la garde-robe même, ajoute Sastrow, elle n'usait que du plus fin lin de Riga. » Tant de vanité attira sur elle la vengeance céleste; elle fut réduite à la mendicité. De toute sa splendeur évanouie, elle ne conserva qu'une sébile d'argent pour quêter de porte en porte, et elle disait : « Faites la charité à la pauvre femme riche ». Un jour, elle supplia une de ses anciennes domestiques de lui donner un peu de toile pour s'en faire une chemise et une collerette. Émue de pitié, la servante la renvoya les mains pleines, en lui disant : « Voyez, madame, cette toile que je vous donne provient du lin dont vous usiez à la garde-robe et que j'ai soigneusement recueilli, nettoyé et filé ».

Sastrow était bien aise aussi de laisser à ses descendants le récit de ses aventures, des petits et grands événements auxquels il s'était trouvé mêlé. Avant d'être bourgmestre, il avait voyagé, couru le monde, passé deux années à Spire, siège de la Chambre impériale, capitale de la basoche germanique, et plusieurs semaines dans la Rome de Paul III. Plus tard, de délicates missions lui furent confiées et lui fournirent l'occasion de traverser plus d'une fois toute l'Allemagne. Il avait vu le fameux champ de bataille de Muhlberg, la fastueuse diète d'Augsbourg, Charles-Quint, le roi Ferdinand, le duc d'Albe, le seigneur de Granvelle, tous les princes et les électeurs de l'empire, et il avait eu l'honneur de boire avec le plus grand buveur de son temps, le duc Frédéric de Liegnitz, à qui Charles-Quint reprochait de donner l'ivrognerie allemande en spectacle à ses Espagnols. Cet intrépide videur de brocs et de tonneaux était fort érudit, aimait à disserter; l'instant d'après, il roulait sur le parquet, et ses gentilshommes l'emportaient. Deux étudiants, retournant chez eux, s'arrêtent à Liegnitz pour y déjeuner et entonnent une chanson. Le duc, qui était entre deux vins, les entend, les fait appréhender au corps, conduire hors de la ville et décapiter. Le lendemain avant de recommencer à boire, il va se promener à cheval avec ses conseillers; arrivé sur le lieu du supplice, il aperçoit du sang et s'informe. On lui apprend que la veille il a condamné deux étudiants à mort. Tout étonné, il demande : « Qu'avaient-ils donc fait? »

Sastrow avait de bons yeux. Il nous décrit avec une égale précision le carrosse blanc envoyé par le duc de Mantoue à sa fiancée, et où partout l'argent remplaçait le fer; les quatre juments blanches qui le traînaient et « dont le fondement était garni de trois anneaux d'argent », le cocher vêtu de soie blanche qui les conduisait, et peu après des scènes de sang et de meurtre, des lansquenets mourant de leurs blessures le long des chemins, des cadavres de paysans dont une troupe de chiens se disputaient les entrailles, des reîtres hongrois qui coupaient aux enfants les pieds et les mains, et les arboraient à leur chapeau en guise de panache, des Espagnols « creusant en Wurtemberg des miches de seigle, fientant dans la croûte et se torchant avec la mie », des femmes et des filles essuyant les derniers outrages, des hommes qu'on torture pour leur faire dire où ils ont enfoui leur trésor.

Il ne s'arrête pas longtemps à gémir sur ces horreurs. Dur à lui-même et dur aux autres, il est de son siècle, qui ne se piquait pas d'avoir le cœur sensible. Après avoir cheminé sur des routes jonchées de cadavres, la fortune lui rit et il fait bombance : « Nous nous arrêtâmes dans un village, au milieu de riches prairies. Il y avait là une belle maison de gentilhomme, et dans la cour, sur un char, deux tonneaux d'un vin exquis. Chapons, grues, faisans couraient de toutes parts. Quel massacre! et que nous eûmes vite fait de plumer, de rôtir tout ce gibier! La vue de notre abondance attira le duc de Liegnitz ; nous l'invitâmes. » Et au risque de scandaliser Catherine et Amnistie, il ajoute que deux ribaudes, en magnifiques robes de soie, lui tinrent compagnie et qu'il n'eut qu'à se louer de leur complaisance. Mais s'il faisait quelque cas des ribaudes, ce bourgeois fier d'être bourgeois ne se laissait pas éblouir par la majesté des grands de la terre. Il regardait les princes dans les yeux, les jugeait et n'avait garde de les envier. Il se trouvait là, quand, le 24 juin 1547, Charles-Quint sortit de Naumbourg pour se rendre au quartier d'assemblée. Une ondée étant survenue, il le vit retourner précipitamment son manteau et cacher dessous son couvre-chef de velours : « Pauvre homme, s'écrie-t-il, qui dépensait pour la guerre des tonnes d'or et qui recevait la pluie nu-tête, crainte de gâter ses nippes ! »

Sastrow n'était pas rigoriste en matière de mœurs, il l'était en matière de doctrine. Fanatique luthérien, il avait la sainte horreur des prêtres, qu'il traitait de séducteurs, de débauchés et d'ivrognes. Il y avait alors en Allemagne des disciples d'Érasme à qui les disputes théologiques causaient quelque dégoût, et qui pensaient qu'avec un peu de complaisance on pourrait s'arranger, qu'un prochain concile trouverait les termes d'un accommodement. Sastrow en a connu quelques-uns, entre autres un prévôt du chapitre de Spire, homme de bonne compagnie, qui vivait de bouillon de coq, mais tenait table ouverte et régalait son monde. Il aimait à entendre disputer ses convives, les uns tenant pour Luther, les autres pour le pape. Au moment de clore le débat, il avouait de bonne grâce qu'il avait lu plus souvent Térence que l'*Épître aux Romains*. Sastrow goûtait médiocrement ce prévôt, il goûtait moins encore cet évêque de Wurtzbourg qui avait dit : « Je bénis le ciel de n'avoir point lu saint Paul; cela m'a préservé de devenir hérétique ». Il n'aimait ni les débonnaires qui veulent tout concilier, ni les humanistes, ni les tièdes, et il reprochait à Mélanchthon lui-même de

mettre trop d'eau dans son vin. Il se faisait un devoir
de ne transiger sur rien. La plupart des hommes du
XVIᵉ siècle ont considéré la tolérance comme une criminelle faiblesse ; mais ils ont préparé son règne en
mettant l'intolérance au service des opinions particulières.

Par une contradiction bizarre, mais fort commune,
Sastrow était aussi conservateur en politique que
révolutionnaire en religion. Il tenait pour les vieux
usages, pour les vieilles coutumes, pour les vieilles
mœurs, pour les lois anciennes, et s'il refusait d'obéir
au pape, c'est qu'à ses yeux le pape était un intrus.
Autant il détestait « la moinerie papiste », autant
il abhorrait les anabaptistes, les illuminés, les tribuns
de toute sorte, « leur désordonnée séquelle et tous
les hommes qui ont trente-six chats dans le corps ».
Il y avait alors à Stralsund et dans les autres cités
hanséatiques un parti radical fort remuant, qui
s'insurgeait contre les autorités légitimes, courtisait
la populace, la poussait aux entreprises, en lui pro
mettant monts et merveilles. Sastrow considérait
ces radicaux comme les esclaves et les suppôts de
Satan.

L'un des plus fameux fut ce Marx Meyer, grand
démagogue de Lubeck, qui, assisté du bourgmestre
Wullenweber, décida la Hanse à se mettre en guerre
avec le duc Christian de Holstein et à conquérir le
Danemark. C'était un ancien ouvrier forgeron, qui
s'était fait armer chevalier en Angleterre. Fort beau
garçon, le nez au vent, couvert de chaînes et d'anneaux d'or, il avait des chevaux de prix, de nombreux serviteurs, et toutes les femmes s'éprirent de

lui. L'une des plus grandes dames de Hambourg lui écrivait : « Mon cher Marx, après avoir visité toutes les chapelles, venez donc une fois à la cathédrale ». Les Danois lui tranchèrent la tête en 1536. Sastrow remarque à ce propos que les gens de petite naissance ne gardent aucune mesure dans la prospérité et méritent leurs disgrâces. Il recommande à ses enfants de ne point pactiser avec les séditieux. Que Pilate ou Caïphe gouverne, n'importe ! Pour le salut de leur âme et le bien de leur corps, les honnêtes bourgeois doivent toujours se soumettre à l'autorité.

Cet homme, qui disait si durement leur fait aux gens de petite naissance, appartenait lui-même à une famille de vilains affranchis. Son grand-père, Jean Sastrow, ayant obtenu que son seigneur le tînt quitte du vasselage, avait acquis la bourgeoisie de Greifswald. Le père de Barthélemy avait reçu quelque éducation ; on l'avait envoyé à Anvers, à Amsterdam, pour y apprendre le commerce. A la suite d'une tragique aventure où il tua son homme, il émigra de Greifswald à Stralsund. Il y eut bientôt pignon sur rue, une boutique bien achalandée, et on l'appelait le Riche de la rue de la Passe. Mais peu d'années et un gros défaut suffirent pour ébranler son crédit et compromettre la félicité de sa famille.

Les hommes de ce temps avaient l'humeur processive. En politique, en religion comme dans leurs affaires privées, ils étaient à cheval sur leur droit et sacrifiaient facilement leurs intérêts à la fureur d'avoir raison ; c'était à la fois leur gloire et leur malheur. Le père de Barthélemy Sastrow était de cette race. Son fils lui reproche de n'avoir pas su comprendre que, dans ce monde, comme l'a dit le vieil Hésiode, la moitié vaut souvent plus que le tout. Des escrocs ayant abusé de sa bonne foi, quoi qu'on pût lui remontrer, il jura d'en faire justice. N'ayant pas eu gain de cause, il en appela au conseil de Stralsund, puis à celui de Lubeck, et, d'appel en appel, l'affaire fut portée devant la chambre impériale de Spire, laquelle, après avoir pris son temps, prononça qu'en première instance le procès avait été bien jugé et mal appelé, en seconde instance bien appelé et mal jugé. Craignant de perdre jusqu'à ses derniers sous, l'éternel plaideur finit par s'accommoder. On lui devait près de 2.000 florins, il en recouvra 1.000; il en avait dépensé bien davantage.

Ce malheureux et très coûteux procès, qui dura trente-quatre ans, avait décidé du sort de Barthélemy. Interrompant à regret ses études, il avait dû, par ordre de son père, quitter sa Poméranie et se rendre à Spire pour y solliciter les juges et stimuler le zèle des avocats. Il y lia connaissance avec les procureurs tudesques, qui ressemblaient beaucoup aux chats fourrés de Rabelais : « Ils sont passés maîtres en fourberie, lui avait dit à son arrivée un vieux docteur narquois. Si tu veux plaider à Spire, Poméranien, il faut te munir de trois sacs, l'un pour l'argent, un autre pour les actes, le troisième pour la patience. Au cours du procès, tu verras ta bourse s'aplatir, tes actes grossir et ta patience s'enfuir. » Mais à force de fréquenter la basoche, le goût du métier lui vint. Pour commencer, il se

7

fit copiste, scribe ; en 1544, il fut créé notaire par diplôme impérial.

Ce fut à Spire qu'il vit pour la première fois la barbe rousse de Charles-Quint, lequel revenait d'Italie et se disposait à marcher contre le duc de Juliers. Il fut témoin d'un incident qui procura au puissant empereur l'occasion de montrer son caractère et comment il entendait la clémence. Ce maître du monde, qui avait tant d'affaires sur les bras qu'il ne pouvait suffire à sa tâche et qu'il est mort de lassitude à cinquante-huit ans, ce grand politique condamné à gouverner à la fois le royaume d'Aragon, Naples et la Sicile, la Castille et l'Amérique, la Franche-Comté et les Pays-Bas, la Bohême, la Hongrie et l'Allemagne, avait dû renoncer de bonne heure à faire tout ce qu'il voulait et se contenter d'en faire la moitié. Ses plus heureuses entreprises se sont terminées par des transactions, sa vie tout entière a été une cote mal taillée. Dans ses relations de chaque jour avec les hommes, il s'en tenait aussi aux partis mitoyens ; s'il ne fut jamais cruel comme son fils, il ne fut jamais qu'à moitié généreux.

Comme il sortait de Spire, il poussa son cheval contre un charretier dont l'allure était trop lente à son gré. Le Souabe, qui ne connaissait pas l'illustre personnage, fit une grimace et haussa les épaules. Un violent coup de canne le rappelle à l'ordre, et aussitôt le rustre décharge sur la tête du monarque une grêle de coups de fouet, en lui criant : « La foudre t'écrase, canaille d'Espagnol ! » On s'empara de lui, et l'empereur ordonna qu'on

le pendît haut et court. Mais les colonels allemands
firent traîner l'instruction, lui donnèrent le temps
de cuver sa colère; il croyait l'homme pendu quand
on lui représenta l'ignorance du pauvre diable, les
raisons qu'avaient les Souabes de ne pas aimer les
Espagnols, l'honneur que se font les grands souverains en pardonnant aux pécheurs. Cédant aux
instances des colonels, il fit grâce au charretier;
mais il décida qu'en mémoire de l'attentat, on lui
couperait le nez : « On le lui coupa au ras du
visage, nous dit Sastrow. Il subit de bonne grâce
l'opération, et toute sa vie il chanta les louanges de
l'empereur. Il parcourut longtemps les routes entre
le Rhin et le Danube. Plusieurs fois le hasard me
le fit rencontrer dans les hôtelleries; je lui deman-
dais en présence des autres voyageurs par quel
accident il avait perdu son nez, s'il l'avait laissé
chez les Français. « Oh! que nenni! » répondait-il;
et d'un air riant il contait son aventure, comblant
de bénédictions Sa Majesté Impériale. »

Pour vivre et pourvoir aux frais de son apprentis-
sage de scribe, Barthélemy Sastrow, qui ne recevait
plus rien de ses parents, dut s'engager comme
domestique chez un procureur. Il mettait le couvert,
balayait, versait les eaux grasses, allait au marché,
le panier au bras, pompait l'eau pour la lessive; la
pompe était-elle gâtée, il remplissait l'office de fon-
tenier. Selon les idées du temps, il n'y avait là rien
d'humiliant. Comme le rappelle l'auteur d'un livre
original et nourri d'informations curieuses sur la
jeunesse de Calvin, on trouvait alors dans tous les
collèges des domestiques admis à suivre les cours

en échange de leurs services, et parmi eux quelques grands savants, y compris Ramus [1]. Mais les servitudes ne sont pas toutes également dures, et tous les maîtres ne se ressemblent pas. Le procureur Engelhardt, chez qui entra Sastrow, avait pour femme une mégère, aussi acariâtre qu'avaricieuse. Elle pleurait la vie à son mari, lui ôtait le verre des mains, et nourrissait tout son monde de bouillon clair et de bouillie d'avoine. Les gobelets où elle versait la bière et le vin étaient de la contenance d'une mangeoire de pigeon. En revanche, on avait l'eau à discrétion.

La peinture que fait Sastrow de cet étroit et disgracieux intérieur ne ferait pas mauvaise figure dans un chapitre de *Gil Blas*. Ce qui l'aidait à patienter, c'est qu'il se flattait de sortir riche de cette maigre maison. Il grossoyait sans relâche, rédigeait force requêtes à l'empereur ou aux princes pour les juifs de Souabe et du Palatinat, qui payaient grassement : « Notre maître nous laissait faire, mon compagnon de servitude et moi. Il savait que nous n'étions pas d'humeur à besogner gratis. Aiguillonnés par l'espoir du gain, nous prenions même sur notre sommeil. Nous avions aussi le pourboire des clients contre la promesse de ne pas négliger leur affaire. Les recettes se versaient dans une solide boîte de fer, vissée à la fenêtre de l'étude ; le docteur Engelhardt en gardait la clé. Notre évaluation portait ce trésor à cent couronnes

1. *La Jeunesse de Calvin*, par Abel Lefranc. Paris, 1888. Fischbacher.

au moins. Quelle joie de se le partager! Or, quand il sut que je le quittais, le procureur vint à l'étude, ouvrit en notre présence la boîte et la vida. Oh! l'admirable collection de couronnes, de florins, de batzen, de gros, de pièces de Schreckenberg et d'autres belles monnaies tant allemandes que welches! M. Engelhardt me donna une couronne, une seconde à mon camarade et empocha le reste. Stupéfaits, consternés, ahuris, nous le vîmes s'éloigner avec le fruit de nos veilles et de nos sueurs. »

Après avoir dit adieu à son procureur, il passa quelques semaines à Pforzheim, dans la chancellerie du margrave Ernest : encore une maison maigre, et le chancelier était le plus morose des docteurs en droit. Les ratures lui faisaient horreur. On avait beau gratter si proprement qu'elles étaient invisibles, en plein midi il allumait une chandelle, passait devant la flamme l'acte sur peau de vélin, découvrait le défaut et déchirait. Sastrow quitta bien vite son chancelier morose et partit pour Worms. Il y connut la faim, la soif, la misère noire. Ce fils du riche bourgeois de la rue de la Passe portait sur lui toute sa fortune : deux chemises, une rapière et 6 florins; et ses chausses lui tombaient sur les talons. A l'heure où l'on dîne, il achetait pour un pfennig de pain, qu'il mangeait près d'une fontaine. Le soir, pour un kreutzer, quelque gargotier l'autorisait à dormir sur un banc. Il vendit l'une de ses chemises. Il allait au Rhin laver celle qui lui restait et attendait au soleil qu'elle fût sèche.

Tout à coup la scène change. Le 9 juillet 1545,

il entre comme scribe chez Christophe de Loewenstein, receveur de l'ordre de Saint-Jean. Chargé par les chevaliers de Malte d'encaisser les redevances de leurs commanderies dans la haute et la basse Allemagne, il en avait sept pour sa part et huit chevaux à l'écurie. Une grande route passait devant son opulent château, où lansquenets et reîtres faisaient toujours une étape, certains d'y trouver à toute heure le couvert mis et d'y savourer de succulents morceaux copieusement arrosés. Christophe de Loewenstein avait acquis ses bénéfices par sa bravoure au siège de Rhodes, et il était resté homme de guerre. Il entretenait à demeure une concubine; il la choisissait jolie, l'habillait, la parait; quand il voulait se rajeunir, il la mariait à l'un de ses piqueurs et en prenait une autre. Son chapelain, de principes peu rigides, s'arrêtait toujours dans la cuisine en allant à la chapelle. — « Seigneur Jean, lui disait-on, osez-vous bien manger avant d'aller dire la messe? — Bah! répliquait-il, notre Sauveur a raison des verrous, ce n'est pas la soupe qui l'arrêtera. »

Sastrow se refit bien vite dans ce lieu de délices. Une épée à bouterolle d'argent, une bague d'or au petit doigt le transformèrent en damoiseau : « Ma piètre figure de Worms subit une métamorphose complète; je pris beau poil et fus capable de plaire ». Il plut tant à l'une des concubines du commandeur, qu'elle lui fit d'obligeantes avances; ce Joseph ne laissa point son manteau dans les mains de la tentatrice : « Les mœurs déréglées des chevaliers de Saint-Jean risquaient de me conduire en enfer beaucoup plus vite qu'en paradis; l'argent gagné à ce service ne pouvait me porter bonheur, mieux valait le dépenser sur les grandes routes ». Il partit, se rendit à Rome, pour aller recueillir le mince héritage d'un de ses frères qui venait d'y mourir, et, chemin faisant, il courut de grands hasards. A son retour d'Italie, nous le retrouvons près de Nuremberg, assis à l'ombre d'un buisson et donnant la chasse à la vermine qui le ronge. Il prenait facilement son parti de tout. Les hommes d'alors aimaient à jouir, mais ils ne craignaient pas de pâtir.

Quelques mois après, à l'âge de vingt-cinq ans, il obtenait un emploi dans la chancellerie de Wolgast, où Philippe Iᵉʳ, duc de la Poméranie occidentale, avait établi sa résidence, et la nuit comme le jour il était par voie et par chemin. Il se trouva bientôt mêlé à d'importantes affaires. La ligue de Smalkalde avait été vaincue à Muhlberg; les chefs du parti évangélique, l'électeur de Saxe et le landgrave de Hesse, tombés aux mains de Charles-Quint, étaient traités en prisonniers de guerre, et Charles avait dit au landgrave, en le menaçant du doigt : « Je t'apprendrai à rire! » Les cours de Wolgast et de Stettin étaient fort inquiètes. Les deux ducs de Poméranie s'efforçaient de rentrer en grâce auprès du vainqueur, de lui démontrer qu'ils n'avaient pris aucune part à la ligue ni prêté aucune assistance aux protestants. Sastrow accompagna l'ambassade qu'ils lui dépêchèrent et qui le rejoignit à Augsbourg, où il allait tenir sa diète. Selon sa coutume et sentant les difficultés de sa situation, il n'abusera pas de sa victoire. Il se propose de rétablir la paix religieuse en Allemagne, de donner satisfaction au pape sans réduire au désespoir les disciples de Luther. Malheureusement, son fameux *Intérim* sera encore une cote mal taillée et ne contentera personne, ni les partis ni lui-même. Sa paix religieuse ne sera qu'une demi-paix et sa joie qu'une demi-joie. Mais plus sage que le père de Sastrow, il a appris, sans avoir lu Hésiode, que quand on n'a pas le tout, il faut savoir se contenter de la moitié.

Sastrow a consacré à la diète d'Augsbourg le plus beau chapitre de ses mémoires, le plus gras, le plus coloré. Des horreurs et des magnificences, des tragédies, des actions violentes dans un décor splendide, voilà le XVI⁰ siècle : il aimait passionnément les contrastes. Jamais on n'eut l'imagination si chaude et des nerfs si résistants, on avait besoin d'émotions aiguës pour se sentir vivre ; les cruautés servaient d'épices aux fêtes de l'esprit, d'assaisonnement aux joies de la chair. Électeurs et leur suite, ducs, margraves, comtes, cardinaux, barons, abbés de marque, l'Allemagne tout entière était accourue à Augsbourg pour y saluer le maître, le triomphant empereur. Chacun avait amené sa femme ou sa maîtresse, et on rivalisait de luxe et de faste. Cependant, dès le lendemain de son arrivée, dans les derniers jours de juillet 1547, au débotté, Sa Majesté Impériale avait fait dresser devant l'hôtel de ville un gibet, à côté du gibet l'estrapade, vis-à-vis de l'estrapade un échafaud pour la roue, la décollation, la strangulation, l'écartèlement, et escrocs ou voleurs de grands chemins, lansquenets qui avaient tenu de mauvais propos sur leur souverain, hommes de guerre qu'on soupçonnait d'avoir noué de criminelles intrigues avec le roi de France, étaient l'un après l'autre décollés, étranglés ou pendus.

Pendant que le gibet travaillait, pendant que le sabre du bourreau mangeait et buvait, et que les hauts prélats de la diète forgeaient dans l'ombre les plus équivoques articles de l'*Intérim*, ce n'étaient que fêtes, joutes, festins, ballets, concerts, algardes, danses welches ou allemandes, entreprises amoureuses et jeu d'enfer. Le margrave Albert et d'autres jeunes altesses jouaient au truc avec des évêques de leur âge, et le margrave criait : « A toi, prêtre! Gageons que ton coup ne vaut rien ». L'évêque, à son tour, prenant le margrave par le bras, lui disait : « Viens, Albert; allons nous soulager ». Comme il n'y avait dans la salle ni bancs ni sièges, les princes et les plus nobles dames s'asseyaient sur le parquet. « On l'avait recouvert d'un magnifique tapis, bien commode pour s'étendre; je laisse à penser les embrassades! » Le véritable vainqueur de Muhlberg, le duc Maurice de Saxe, qui devait, peu d'années après, se retourner brusquement contre Charles-Quint et lui porter de mortelles atteintes, n'avait pas besoin de sortir de chez lui pour s'amuser. « Il demeurait chez un docteur en médecine, père d'une fille nommée Jacqueline. Cette belle créature et le duc se baignaient ensemble, et jouaient aux cartes chaque jour avec le margrave Albert. Ce dernier, se voyant une fois beau jeu, hasarda plusieurs couronnes. « Je tiens! s'écria la donzelle; allons, mise « égale! — Avance ton enjeu, riposta le margrave;

« nous verrons qui surmontera. » Ceci en bon et franc allemand, et Jacqueline décochait son plus doux sourire. Voilà leur train de vie ; la ville en causait, le diable en crevait d'aise. »

Quand la diète fut congédiée, on avait tant dépensé que toutes les cassettes étaient vides. Plusieurs souverains avaient reçu de leurs sujets des milliers de florins comme argent de jeu ; ils avaient tout perdu. Le duc d'Albe, joueur plus malheureux encore, avait dû laisser aux mains de l'électeur de Saxe, son prisonnier, l'amende infligée au landgrave de Hesse et aux villes, et qui devait servir à acquitter la solde de la garnison. De leur côté, pour obtenir la grâce de leurs princes, les ambassadeurs des souverains évangéliques avaient prodigué l'or et les présents aux grands personnages du conseil. Le seigneur de Granvelle avait été comblé. Au moment du départ, il ne pouvait trouver assez de fourgons et de mulets pour emmener son butin. « Que transporte ce long convoi ? lui demandait-on. — Les péchés de l'Allemagne, *peccata Germaniæ* », répondait-il. Sous peine de ne pouvoir rentrer chez soi, il fallait recourir au juif Michel, qui, richement vêtu et tranchant du grand seigneur, se pavanait à cheval, des chaînes d'or au cou, escorté de douze serviteurs. Quand l'escarcelle est vide, les reins s'assouplissent ; on devient traitable et pacifique, et Charles-Quint gagna son procès. L'électeur de Brandebourg, qui s'était distingué par ses profusions et qui passait pour le moins payant de tous les débiteurs, ne savait à quel saint se vouer ; toutes les bourses lui étaient fermées. L'évêque de Salzbourg lui avança 16 000 florins de

Hongrie, à la condition qu'il s'engagerait, lui et ses sujets, à se conformer strictement à l'*Intérim* : tant il est vrai que les choses du ciel, *Io de Dios*, comme le disait un diplomate espagnol, sont étroitement liées aux choses de ce monde.

Sastrow ne resta pas longtemps au service des ducs de Poméranie, qu'il accusait d'ingratitude. Il se dégoûta des cours, résolut de ne plus vivre qu'en bon bourgeois. Il pensait que le métier de scribe ne laisse personne dans la misère. Il s'établit, il se maria. Il eut d'abord de la peine à nouer les deux bouts. Sa maison était nue, et la bourgeoise de Greifswald, qu'il avait épousée, disait en pleurant à sa mère : « Vous ne m'avez pas conseillée, mais livrée ». Il eut bientôt le vent en poupe ; il devint procureur, et sa clientèle s'accrut rapidement. On venait de loin le chercher en voiture, et chaque fois, outre les espèces sonnantes, il rapportait au logis provisions de toute sorte, jambons, quartiers de lard, gigots de mouton, lièvres, cuissots de chevreuil ou de sanglier ; sa femme ne se plaignait plus qu'on l'eût livrée.

Quelques années plus tard, il fut nommé secrétaire de Greifswald, puis de Stralsund, puis conseiller, et enfin bourgmestre, et c'était alors quelque chose que d'être bourgmestre de Stralsund. Dans notre temps de grandes agglomérations, nous avons peine à concevoir à quel point, au XVIᵉ siècle, la souveraineté était divisée et répartie sur une foule de têtes. Les petits faisaient eux-mêmes leurs affaires, et les grands devaient compter avec eux ; le premier principe de la politique était de se servir des pions pour aller à dame. Les petites patries avaient leurs gloires, et Ranke a eu raison de dire que cette civilisation, moins humaine et moins commode que la nôtre, était infiniment plus variée. Stralsund se gouvernait en république ; elle ne devait à son duc qu'une prestation d'hommage. Au surplus, les cités hanséatiques étaient encore une puissance : n'avaient-elles pas tenté récemment de chasser les Hollandais de la Baltique et de donner des rois au Danemark, à la Suède? Sastrow fut un personnage, il figura dans plus d'une négociation. Mais la gloire ne fait pas le bonheur. Il eut des dégoûts domestiques, et son caractère ombrageux et entier lui attira de méchantes affaires. Son humeur s'assombrit; il disait dans son vieil âge : « Je suis tombé en plein dans la chaudière infernale, et j'y rôtis depuis quarante ans ».

Ce bourgeois poméranien, très avisé dans sa conduite, n'était guère philosophe. Il raisonnait toutes ses actions, il ne raisonna jamais ses doctrines et sa foi. Il était fermement persuadé qu'un jour que son cheval s'était abattu sur lui, l'obligeant inconnu qui l'aida à se relever était un ange envoyé du ciel pour le sauver. Il croyait aussi aux démons, aux démoniaques. Il racontait gravement qu'une petite bourgeoise de Stralsund ayant acheté du fromage frais au marché, sa fille, en son absence, y fit une brèche; que la mère, à son retour, souhaita imprudemment qu'elle eût le diable au corps, qu'aussitôt cette fille fut possédée du malin esprit; que, quand l'ecclésiastique qui l'exorcisait le somma de partir, il demanda une vitre de la fenêtre du clocher voisin; qu'au même instant, cette vitre vola bruyamment en éclats. Ainsi que Luther lui-même, Sastrow considérait ce monde comme un champ de bataille que Dieu et Satan se disputent, et il voyait le diable partout, dans les pestes, dans les émeutes, dans les inondations, dans les guerres, dans la vermine, surtout dans les yeux des moines, des démagogues et de tous les gens que Barthélemy Sastrow n'aimait pas.

Les bourgmestres d'aujourd'hui ne ressemblent guère à Sastrow. Mais si étranges que nous paraissent quelquefois les mœurs qu'il a peintes dans ses mémoires, nous retrouvons dans son livre beaucoup de gens de notre connaissance. Il visita un jour, près d'Anvers, la maison de Gaspard Duitz, trésorier de Madame Marie, sœur de Charles-Quint. Maître Gaspard avait fait deux banqueroutes et, plus riche que jamais après la seconde, il s'était bâti une demeure d'une magnificence princière. Il y reçut à dîner le comte de Buren, lui fit les honneurs de son palais, et s'informa modestement si sa grâce y avait aperçu quelque défaut : « La seule chose qui manque, répondit le comte, c'est à l'entrée une potence avec Gaspard Duitz haut et court pendu ». La race des Gaspard n'est pas éteinte.

C'est aussi un personnage qui ne nous est pas inconnu que ce chancelier de Wolgast, Jacques Citzewitz, que le chancelier de l'électeur de Cologne comparait à une poule en train de pondre : « Elle saute d'abord sur le vantail de l'étable, en criant : « Un œuf! » Puis elle monte au grenier à foin : « Un « œuf; je veux pondre un œuf! » De là elle va se per-

cher sur les solives : « Attention, mes amis, un œuf ! »
Enfin, quand elle a bien caqueté, voletant à son
nid, elle pond un œuf très ordinaire. » M. Crispi,
qui depuis s'est calmé, avait tant de joie d'être
devenu président du conseil de S. M. le roi d'Italie
qu'il a ressemblé quelque temps à ce chancelier
Citzewitz. Il remplissait l'Europe de son aigre ca-
quetage de poule, et, quoi qu'il méditât ou préparât,
il criait à l'univers : « Attention ! je ponds un œuf. »

M. DE BEUST

ET SES MÉMOIRES

C'est une curieuse destinée que celle du comte de Beust. Cet homme d'esprit, ce politique avisé et subtil, a éprouvé de cruelles déceptions et des joies inespérées, il a connu tour à tour la lune de miel et la lune de l'absinthe; aucun homme d'État n'a eu plus à se plaindre et plus à se louer de la fortune. Il avait été durant dix-sept ans le ministre dirigeant du royaume de Saxe; mais ce rôle honorable et modeste ne suffisait pas à son inquiète ambition. Il aspirait à devenir le chef de file de tous les États allemands de second ordre, à les discipliner, à les grouper autour de lui, à donner à cette ligue improvisée assez de cohésion pour qu'elle pût tenir la balance entre la Prusse et l'Autriche. Il fut réveillé de son rêve par le canon de Sadowa. Le vainqueur nourrissait contre lui de si âpres rancunes que le roi Jean, bien à regret, dut renoncer à ses services, se séparer à jamais de l'homme qui possédait son affectueuse confiance. Il se voyait condamné à rentrer dans la vie privée; il s'occupait déjà, a-t-il dit, à chercher quelque moyen de vivre de sa plume, lorsque, au mois de septembre 1866, l'empereur François-Joseph le choisit pour son ministre des affaires étrangères, et peu de temps après, par un étonnant retour de fortune, ce Saxon, à bout de voie, devenait le chancelier du grand empire austro-hongrois.

Sa soudaine élévation fit beaucoup de mécontents, beaucoup de jaloux. Les uns disaient : « Il en a pour trois semaines ». Les autres s'écriaient : « Il a toujours eu la main malheureuse; il a enterré la Saxe, il a enterré la Confédération germanique, il va enterrer l'Autriche ». On se trompait. Celui qu'on traitait de « personnage suffisant et bouffi, de *Gerngross*, d'homme d'État importé », étonna tout le monde par la merveilleuse facilité avec laquelle il entra dans son nouveau rôle, par la promptitude qu'il mit à accomplir sa mue, comme par ses heureuses inventions, par la souplesse de son esprit fertile en expédients. La nature l'avait doué, disait-il lui-même, d'une inépuisable provision de belle humeur, et c'était précisément d'un homme de belle humeur que l'Autriche, durement frappée, avait besoin pour se relever de ses désastres et prendre confiance dans son avenir. — « Il se peut, disait-il un jour, que j'aie beaucoup d'ennemis dans cet empire; mais je puis affirmer qu'il n'y a dans cet empire personne dont je sois l'ennemi, ou plutôt je n'ai trouvé ici qu'un adversaire à qui je veuille du mal et que je sois résolu à combattre corps à corps, parce que je le considère comme le plus grand ennemi de l'Autriche : c'est le pessimisme, c'est notre goût funeste pour les réflexions amères, c'est le penchant fatal que nous avons à broyer du noir, à nous croire toujours menacés, à douter de notre avenir. Notre mélancolie politique nous procure de sombres plaisirs, et il semble vraiment que nous éprouvions un sentiment de malaise quand nous venons à découvrir que la cime des arbres est en repos et que les feuilles ne font entendre qu'un doux et léger bruissement. »

Cet homme de belle humeur était un libéral, moins par principes ou par tempérament que par calcul. On lui disait : « Ce qu'il faut à l'Autriche, c'est un despotisme éclairé ». Il répondait : « Le malheur est que le despotisme ne souffre pas qu'on l'éclaire ». — Il s'employa activement à donner à sa nouvelle patrie les institutions représentatives auxquelles son nom demeure attaché. Il ménagea un accord entre l'Autriche et la Hongrie, et les Hongrois crièrent : *Eljen Beust !* Il supprima le concordat, dont Pie IX disait que c'était une robe de femme qu'on pouvait, selon les cas, allonger ou raccourcir, mais qu'il n'était pas permis de la déchirer. Il la déchira pourtant, et Vienne lui fit des ovations. Comme ministre des affaires étrangères, il se montra vigilant, circonspect autant qu'ingénieux. Tout semblait prospérer par ses soins, et il put croire qu'il serait le Gortschakoff et le Bismarck de la maison de Lorraine, que ses honneurs ne lui seraient jamais ravis, qu'il finirait ses jours au *Ballplatz.*

Son bonheur ne se soutint pas jusqu'au bout. On

a prétendu que l'Autriche était le pays des invraisemblances. M. de Beust aimait mieux dire que c'est le pays des contradictions, et quelques ressources qu'il eût dans l'esprit, les contradictions, la lutte passionnée des partis et le conflit acharné des nationalités l'usèrent en peu d'années. Il était souple, il était habile, mais il n'avait pas cette autorité du caractère qui s'impose, et il est des situations où l'habileté ne suffit pas. Il se flattait cependant de triompher sans peine de toutes les difficultés. Depuis bien des mois, sa chute se préparait, et il ne s'en doutait pas. Le jour où, à son insu, le comte Hohenwart, avec qui il ne pouvait s'entendre, fut appelé à la présidence du cabinet cisleithan, M. de Beust aurait dû reconnaître qu'on désirait secrètement sa retraite. Il n'avait pas la fierté qui s'indigne, et il aimait trop le pouvoir pour le quitter avant que le pouvoir le quittât. Il espérait avec raison que le comte Hohenwart ne tiendrait pas longtemps; le comte Hohenwart tomba, mais M. de Beust ne jouit pas de sa victoire : peu de jours après, on lui annonçait que l'empereur devait se priver de ses services et le priait de lui offrir sa démission.

Il était pauvre, quelques grands financiers de Vienne lui proposèrent d'organiser en sa faveur une souscription nationale qui lui assurât le repos et la dignité de ses vieux jours, en lui permettant de vivre à son aise et dans l'indépendance. Il aima mieux accepter la consolation que lui offrait son auguste maître; il consentit à être successivement ambassadeur à Londres et à Paris, à devenir le subalterne après avoir été le chef, à exécuter les ordres du comte Andrassy, qui l'avait supplanté. Il ne se consola jamais de sa disgrâce. On ne peut dire qu'il soit mort de chagrin, puisqu'il vivait encore quinze ans après sa destitution; le chagrin est un poison moins mortel qu'on ne se plaît à le croire. Mais sa blessure était profonde, incurable, la mélancolie le rongeait; il n'était pas de jour où il ne se répétât tristement qu'il avait eu la bonne fortune d'être chancelier d'un grand empire et que son bonheur avait duré cinq ans.

On raconte que, M. de Beust ayant rencontré dans une fête une actrice viennoise aussi célèbre par ses aventures que par les audacieuses libertés qu'elle prenait en jouant la comédie, elle lui avait dit : « Savez-vous, Excellence, ce qu'on pense de moi? Quelqu'un prétendait l'autre jour que j'avais été convenable pendant toute une soirée et que cela avait inquiété mes amis, qui m'avaient crue malade. Voilà, Excellence, les compliments qu'on me fait. Mais il faut que j'en prenne mon parti. Quand on ne criera plus contre moi, je n'existerai plus. » A quoi le chancelier répondit en souriant : « J'en peux dire tout autant pour mon compte ». Il est certain qu'on criait beaucoup contre lui, qu'il a été souvent dénigré, vilipendé. Peu d'hommes d'État se sont vus en butte à de si vives attaques, et c'est pour se défendre contre les médisances de ses ennemis qu'il a employé ses loisirs forcés à écrire ses *Mémoires*[1], qui sont moins des mémoires qu'une apologie et un

1. *Aus Drei Viertel-Jahrhunderten, Erinnerungen und Aufzeichnungen*, von Friedrich Ferdinand Graf von Beust, in zwei Bänden. Stuttgart, 1887.

panégyrique de M. de Beust, composés avec art par M. de Beust lui-même.

Sa biographie avait été écrite jadis par le docteur Ebeling. Quand le premier volume eut paru, il remercia chaudement l'auteur, qui ne lui avait pas ménagé les éloges, mais il lui fit observer que les louanges produisent plus d'effet quand elles sont tempérées par quelques critiques, par quelques réserves. Le docteur se le tint pour dit et, dans son second volume, il fit tant de réserves, il tempéra si consciencieusement l'éloge, que M. de Beust fut tenté de crier à la trahison, et conclut de cette aventure que le meilleur parti à prendre est de se louer soi-même. Aussi, tout en s'accusant d'avoir commis de fâcheuses imprudences qui témoignent de l'excessive générosité de son caractère, il s'est appliqué à démontrer dans ses *Mémoires* qu'il a toujours vu clair dans toutes les affaires de ce monde, que tous ses desseins avaient été sagement conçus, que ses entreprises n'ont échoué que par une trahison de la fortune, que tout irait mieux aujourd'hui en Europe si l'Europe avait suivi ses conseils et écouté avec plus de déférence ses prophétiques avertissements.

Il a profité aussi de l'occasion pour reproduire tout au long nombre de ses dépêches dont il était justement fier et plusieurs de ses discours qui avaient été justement applaudis. Il y a joint le recueil de ses reparties les plus heureuses, de ses épigrammes les mieux venues, de ses bons mots qui avaient fait quelque bruit, et comme à ses nombreux et incontestables talents il se piquait d'ajouter

celui de faire des vers français, il a glissé dans son
gros livre quelques quatrains, choisis, pensons-
nous, parmi les meilleurs. Il a tenu à faire savoir
à la postérité qu'à l'avènement du sultan Abdul-
Hamid il avait formulé ainsi son jugement sur les
Turcs :

> Si autre part cela va de mâle en mâle,
>   Chez eux cela va de mal en pis.

Il nous apprend aussi qu'ayant passé quelques jours
à Trieste chez le baron Revoltella, dont la maison
était ornée de belles statues de femmes, il avait
écrit en partant, dans l'album de son hôte, les petits
vers que voici :

> Adieu donc, cher monsieur de Revoltelle;
> Adieu, maison hospitalière;
> Adieu encore, ô toutes mes belles!
> Pourquoi, hélas! étiez-vous de pierre?

Faut-il préférer à ce quatrain celui qu'il composa
pour lady Granville, après que lord Granville eut
reçu le titre de gardien des cinq ports?

> Alors qu'un grand et noble lord
> Commande en roi dans les cinq ports,
> On voit pourquoi la noble châtelaine
> A pour elle-même un port de reine.

Longtemps avant d'avoir des détracteurs et des
ennemis à Vienne, M. de Beust en avait beaucoup
à Berlin. Les Prussiens l'accusaient d'être animé à
leur égard des sentiments les plus hostiles, d'avoir
toujours pris parti contre eux, de s'être appliqué
en toute rencontre à les contrecarrer dans leur

action. Il affirme dans ses *Mémoires* qu'il ne fut jamais l'adversaire systématique de la Prusse ; mais il se défiait des remuantes ambitions, des gros appétits des Hohenzollern, et il n'entendait pas que son petit royaume de Saxe fût mangé. Aussi éprouva-t-il un amer chagrin lorsque, en 1850, le prince de Schwarzenberg, « qui méprisait les hommes plus qu'il ne les connaissait », renonça subitement à jouer une partie qui semblait gagnée d'avance, et refusa l'occasion que la fortune lui présentait de réduire pour longtemps la Prusse à l'impuissance : « L'Autriche avait alors en Bohême trois corps d'armée complètement équipés et accoutumés à la victoire ; 80 000 Bavarois étaient prêts à entrer en campagne, 20 000 Saxons occupaient l'Elbe jusqu'à Torgau, et en Prusse rien n'était prêt. Cela m'a été confirmé par celui qui est devenu plus tard empereur d'Allemagne et qui était alors prince de Prusse : « Vous seriez entrés à Berlin », me dit-il, au commencement de 1851. »

L'occasion fut manquée. Le prince de Schwarzenberg, par imprévoyance plus que par générosité, remit l'épée au fourreau. On avait humilié la Prusse, on ne l'avait pas affaiblie, et de ce jour elle prépara lentement, mais sûrement sa vengeance : Quand il reçut la nouvelle que les négociations d'Olmütz avaient abouti, que la paix était assurée, M. de Beust fut pris d'une affection bilieuse : « Quelle figure avez-vous donc ce matin ? » lui dit son médecin en entrant chez lui. C'était la figure d'un homme qui savait que les occasions perdues ne se retrouvent jamais et que certaines fautes se payent toujours. Que la Prusse lui pardonne ce mouvement de bile en considération des services essentiels qu'il lui rendit quelques années plus tard, sans le vouloir et sans le savoir, par l'aveugle passion avec laquelle il travailla au démembrement d'un petit royaume du Nord! Aussi heureux que fier de figurer dans la conférence de Londres comme plénipotentiaire de la diète germanique, il employa tous les artifices de son éloquence et de sa diplomatie à obtenir que le Holstein et le Slesvig fussent à jamais séparés de la monarchie danoise. Ce jour-là, ne lui en déplaise, sa clairvoyance fut en défaut. Il ne se doutait pas qu'il venait de travailler pour le roi de Prusse et de lui donner deux provinces.

M. de Beust a consacré plus d'une page de son livre à réhabiliter l'ancienne Confédération germanique, à la défendre contre d'injustes persiflages, à prouver qu'elle valait mieux que sa réputation, qu'elle a procuré à l'Allemagne de longues années de paix et de prospérité, qu'elle était une admirable institution de secours mutuels contre l'invasion étrangère et contre les désordres intérieurs, qu'au lieu de la détruire, il fallait l'amender, la réformer, la rendre plus agréable aux peuples en leur donnant voix au chapitre, en créant un parlement composé des délégués de toutes les chambres électives. Mais il n'a pas prouvé que cette réforme fût possible, que le projet qu'il présenta en 1861 ne fût pas une vaine utopie. « Comment peut-on transformer le Bund? disait le prince Wittgenstein. Quand on ôte sa bosse à un bossu, il en meurt. »

M. de Beust mérite plus de créance quand il

affirme que, dans ses inutiles tentatives pour établir un accord entre les États moyens et les décider à témoigner par leur entente de la communauté de leurs intérêts, il s'inspirait du plus grand bien de l'Allemagne, qu'il ne songeait qu'à la frontière, et qu'à Dresde on avait le cœur plus allemand qu'à Berlin. Ceux qui l'accusaient de nouer des intrigues avec l'étranger le chargeaient de leurs propres iniquités; les larrons ont toujours crié au voleur, et dans tous les temps les hommes d'État sans scrupules ont édifié le monde par leurs indignations vertueuses.

M. de Beust n'aimait guère la France, il se défiait beaucoup de la politique napoléonienne; il n'a pas tenu à lui que, dès le début de la guerre d'Italie, l'Allemagne n'épousât les intérêts de l'Autriche et ne plaçât un corps d'observation sur le Rhin. « Vous venez en ennemi », lui disait l'empereur Napoléon III en recevant sa visite le 23 avril 1859, et il disait plus vrai qu'il ne pensait. Nous avons cru trop longtemps que les petits souverains allemands et leurs ministres ressentaient pour nous une irrésistible sympathie; nous nous persuadons si facilement qu'on nous aime! M. de Beust nous apprend qu'en 1859, les Bavarois nous voulaient mal de mort, que la haine du Français, *ein unbezähmter Franzosenhass*, s'était répandue de proche en proche à Munich comme une fièvre contagieuse. Il nous apprend aussi qu'à cette époque il eut à Carlsruhe une conférence avec le premier ministre du grand-duché de Hesse, M. Dalwigk, qui était accusé à Berlin d'avoir pour nous de criminelles tendresses : « Mon collègue de Darmstadt, qui était d'ailleurs un homme circonspect, prêchait là croisade contre les Français avec une virulence sans pareille, et le succès ne lui en semblait pas douteux. Peu s'en fallait qu'il ne me trouvât trop modéré. Quant à lui, un seul point l'embarrassait, la question de savoir qui aurait l'Alsace. »

Les nécessités de la vie ont souvent raison de nos attachements et de nos aversions, et nous sommes appelés quelquefois à lier partie avec des gens que nous aimons peu. Dans la seconde semaine du mois de juillet 1866, M. de Beust accourait à Paris, chargé d'une mission de l'empereur François-Joseph. Il venait solliciter l'intervention de Napoléon III, seul recours, seule chance de salut qui restât aux vaincus. Le moment était peu propice; l'empereur était malade et dans un état de prostration morale. « Un an plus tard, nous l'avons revu à Salzbourg, frais de corps et d'esprit. Mais qu'était-il en 1866! Il balbutiait continuellement comme un enfant : « Je ne suis pas prêt à faire la guerre. — Je « ne demande pas, sire, que vous fassiez la guerre, lui « répondait M. de Beust. Je suis, malgré tout, assez « bon Allemand pour ne pas même le désirer; mais il « ne s'agit pas de cela. Vous avez 100 000 hommes à « Châlons, dirigez-les sur la frontière, faites partir « une escadre pour la mer du Nord, c'est tout ce qu'il « faut. La ligne d'opération de l'armée prussienne est « déjà trop étendue pour qu'elle ne soit pas obligée « de faire halte. A Vienne, à Munich, à Stuttgart, « on reprend courage, et l'Allemagne vous accepte « avec reconnaissance comme médiateur. Si vous ne

« faites pas cela, vous aurez peut-être la guerre
« avec la Prusse dans cinq ou six ans, et alors je
« vous promets que toute l'Allemagne marchera avec
« elle. » Il ne put triompher de la résistance inerte
d'un malade qui venait de donner Venise à l'Italie
et qui était à mille lieues de prévoir qu'un jour
l'Alsace serait une province allemande.

En 1871, M. de Beust eut à Gastein un long entretien avec l'empereur Guillaume, qui lui fit une
véritable conférence sur l'histoire contemporaine
et lui déclara que le sort de la France s'était décidé
en 1866, qu'elle s'était perdue par son abstention :
« Napoléon, disait-il, aurait pu et dû tomber sur nos
« derrières. » — Il prétendait que, pour lui, il n'avait
jamais pu croire à la neutralité de la France, qu'il
s'était décidé difficilement à dégarnir la province du
Rhin. Il ajoutait avec une audacieuse candeur que
de ce jour il avait voué à l'empereur Napoléon une
grande reconnaissance. Toutefois, en 1866, M. de
Beust n'avait pas absolument échoué dans sa
mission. Grâce à l'assistance du comte Walewski,
il avait obtenu que le gouvernement français inter-
vînt pour l'Autriche dans les négociations de paix
et interposât ses bons offices pour garantir l'inté-
grité de la Saxe : « Je peux dire que j'ai sauvé alors
mon pays d'un entier anéantissement ». — Qu'y a
gagné la France ? Il était écrit que dans ce temps-
là elle n'aurait d'énergie que pour obliger des
ingrats.

Quatre ans plus tard, elle sollicitait à son tour
l'assistance de l'Autriche et se flatta quelque temps
de l'avoir obtenue ; mais elle eut le grand tort d'être

malheureuse, et, comme le disait le duc de Gramont, on ne s'allie pas à la déroute. Les explications que fournit M. de Beust, dans ses *Mémoires*,
sur sa conduite en 1870, sont aussi louches que le
fut sa conduite elle-même. Il faut convenir que sa
situation était fort difficile, fort délicate. On soupçonnait ce Saxon de n'avoir accepté les fonctions de
chancelier de l'empire austro-hongrois que dans
l'intention de prendre un jour une éclatante revanche sur la Prusse, de venger à la fois le désastre de
sa politique, le naufrage de ses espérances et son
injure privée. Mais l'opinion était peu favorable à
ses projets. Les Allemands de Vienne s'étaient bien
vite réconciliés avec leur défaite et désiraient vivre
en paix avec les Allemands de Berlin. D'autre part,
les Hongrois, qui avaient dû leur délivrance aux
malheurs de l'Autriche, n'entendaient pas l'aider à
reconquérir sa situation en Allemagne. Pour que
M. de Beust pût ramener l'opinion, gagner la foule
à ses secrets désirs, il fallait une occasion favorable.
Si elle s'était présentée, son esprit ingénieux en eût
tiré parti; mais il n'était pas dans son caractère de
la faire naître. Cet improvisateur n'était point
l'homme des longs desseins suivis et des savantes
préparations, ni un de ces grands politiques qui
maîtrisent les événements et s'en font obéir. Il ne
savait pas faire violence à la fortune; il coquetait
avec elle et attendait l'heure du berger, qui n'est
jamais venue.

Il convenait à M. de Beust, en écrivant ses *Mémoires*, de persuader à l'Autriche, devenue l'alliée de
la Prusse, que, s'il était resté au pouvoir, sa politique

n'aurait pas différé sensiblement de celle du comte Andrassy, que M. de Bismarck aurait trouvé dans M. de Beust un partenaire aussi sûr que fidèle. Il se défend d'avoir jamais eu les arrière-pensées qu'on lui prêtait, d'avoir jamais songé à une guerre de revanche. Il affirme qu'en 1870 sa conduite fut nette et résolue, et il argumente en avocat subtil, qui mêle adroitement le faux au vrai. Il a raison de dire que, jusqu'à la déclaration de guerre du 15 juillet, aucun accord ferme n'avait été conclu entre les cabinets de Vienne et de Paris. On avait négocié, une année durant, en vue de nouer une alliance défensive entre l'Autriche, l'Italie et la France. Cette négociation, où M. Rouher d'un côté, M. de Beust de l'autre, étaient « les personnages parlants », où le prince de Metternich, le comte Vitzthum et le comte Vimercati servaient d'intermédiaires, n'avait pas abouti, et tout se termina par un échange de lettres entre les souverains. M. de Beust ne craint pas d'avancer que l'empereur Napoléon III se souciait peu d'aboutir, qu'il voulait se réserver sa liberté d'action et que, dès 1869, il méditait d'entrer en campagne. M. de Beust savait pourtant mieux que personne que la question romaine avait été le seul obstacle à la conclusion d'un traité. Le roi d'Italie demandait que la France évacuât Rome et s'engageât, quoi qu'il advînt, à n'y jamais rentrer, et il répugnait à l'empereur d'abandonner le pape aux hasards des événements et aux entreprises des révolutionnaires italiens.

M. de Beust soutient que non seulement il n'avait pris aucun engagement avec la France, mais qu'à

peine eut-il connaissance de l'affaire Hohenzollern,
il s'était empressé d'avertir le gouvernement impérial que, si la guerre éclatait, on n'eût pas à compter sur lui. Il cite à l'appui de son assertion une dépêche qu'il adressa au prince de Metternich, dès le
11 juillet, et qu'il reproduit dans ses *Mémoires* avec
un peu d'étalage. Dans cette dépêche très explicite,
il revendiquait « une entière liberté d'action pour
l'empire austro-hongrois ». — « Une attitude bienveillante pour la France, la résolution de ne pas nous
entendre avec une autre puissance, voilà tout ce que
le gouvernement de l'empereur peut promettre
aujourd'hui sans être démenti par le sentiment général. » Il est à remarquer que cette dépêche si im-
portante, si propre à ôter au cabinet français toutes
ses illusions, personne ne la vit, sauf celui qui l'avait
écrite ou dictée et celui qui l'avait reçue. Elle ne fut
pas montrée au duc de Gramont ; il n'eut le plaisir
de la lire qu'en 1873, quand M. de Beust eut l'obli-
geance de lui en expédier une copie, et tout porte à
croire, en effet, qu'elle n'était pas destinée à être
vue, qu'on se réservait le droit de la faire figurer
plus tard, le cas échéant, dans quelque livre rouge ;
qu'on s'était proposé en l'écrivant de se mettre à
couvert de toute chance et de tout reproche.

Ce qui prouve que cette mystérieuse dépêche ne
devait pas être communiquée au gouvernement français, c'est que le 20 juillet, cinq jours après la déclaration de guerre, M. de Beust écrivait à son ambassadeur à Paris : « Nous avons différé jusqu'ici de
nous expliquer sur l'attitude que nous aurions à
prendre dans le cas où la guerre deviendrait inévi-

table. » Si, dès le 11 juillet, M. de Beust avait déclaré nettement au cabinet des Tuileries qu'on n'eût pas à compter sur lui, pourquoi écrivait-il, neuf jours plus tard, qu'il avait différé jusque-là de s'expliquer ? Au surplus, sa nouvelle dépêche ne disait pas grand'chose et ne promettait rien. Mais le même jour, il adressait au prince de Metternich une lettre privée, qu'il n'a eu garde de reproduire en son entier, et qui commençait ainsi : « Cher ami, le comte Vitzthum a rendu compte à notre auguste maître du message verbal dont l'empereur Napoléon a daigné le charger. Ces paroles impériales, ainsi que les éclaircissements que M. le duc de Gramont a bien voulu y ajouter, ont fait disparaître toute possibilité d'un malentendu que l'imprévu de cette guerre soudaine aurait pu faire naître. Veuillez donc répéter à Sa Majesté et à ses ministres que, fidèles à nos engagements, tels qu'ils ont été consignés dans les lettres échangées l'année dernière entre les deux souverains, nous considérons la cause de la France comme la nôtre et que nous contribuerons au succès de ses armes dans la limite du possible. » — On lisait plus loin : « Le mot neutralité, que nous prononçons non sans regrets, nous est imposé par une nécessité impérieuse et par une appréciation logique de nos intérêts solidaires. Mais cette neutralité n'est qu'un moyen, le moyen de nous rapprocher du but véritable de notre politique, le seul moyen de compléter nos armements sans nous exposer à une attaque soudaine, soit de la Prusse, soit de la Russie, avant d'être en mesure de nous défendre.... Que l'empereur Napoléon place la négociation romaine entre nos mains, qu'il nous laisse aux yeux des populations italiennes comme des nôtres l'initiative d'avoir résolu le problème de Rome, et nous croyons pouvoir lui promettre à notre tour que toutes les difficultés qui s'opposent encore à notre action commune disparaîtront. » Le lendemain, il écrivait au duc de Gramont : « Comptez sur nous dans les limites du possible.... Avec un peu de-confiance mutuelle, nous viendrons à bout de toutes les difficultés. »

De telles dépêches, dans lesquelles M. de Beust exposait ses difficultés et ses desseins « avec toute la franchise qu'on se doit entre bons alliés », autorisaient-elles, oui ou non, le cabinet français à croire que l'alliance de l'Autriche lui était acquise ? Les rapports qu'il recevait de notre ambassadeur à Vienne l'affermissaient dans sa confiance. Le prince de la Tour-d'Auvergne ne doutait pas de la sincérité du chancelier, qui causait librement avec lui et l'assurait « de son intention bien arrêtée de hâter ses préparatifs militaires et de nous accorder son appui armé aussitôt que les circonstances le permettraient ». Le prince et le cabinet français se trompaient : partagé, ballotté entre ses désirs et ses inquiétudes, le comte de Beust, qui nous accuse de lui avoir procuré bien des nuits blanches, se trouvait aux prises avec de grands embarras ; il tâchait de s'en tirer par des ruses de renard, il tergiversait, il voulait laisser à la fortune le temps de se prononcer. « Si j'avais été un aventurier, nous dit-il, la partie était facile à gagner. Je n'avais qu'à demander à Paris 600 millions, que j'aurais obtenus sans délai. Je suspendais la constitution et la loi sur la presse ;

la Hongrie ne m'aurait pas arrêté. Vainqueur, j'étais un grand homme; vaincu, je prenais le large. »

Quand le canon eut parlé et que la France fut condamnée, il ne pensa plus qu'à se ménager une réconciliation avec le vainqueur et à se faire pardonner les manèges de sa politique équivoque. Le 26 décembre, il répondait avec un cordial empressement aux premières avances de M. de Bismarck, lui déclarait « que l'union de l'Allemagne, sous la conduite de la Prusse, était un événement de premier ordre dans le développement moderne de l'Europe, et que dans tous les cercles dirigeants de l'empire austro-hongrois régnait le plus sincère désir d'entretenir avec le puissant État voisin les rapports les meilleurs et les plus amicaux ». Mais il faut lui rendre la justice qu'il sut sauver les apparences. Comme l'écrivait le duc de Gramont, « il y aurait de notre part une certaine ingratitude à ne pas reconnaître qu'entre toutes les puissances, l'Autriche fut la dernière à nous abandonner complètement ».

M. de Beust était sujet aux illusions. Il ne comprit pas sur-le-champ que, par une conséquence fatale, nos malheurs devaient influer sur son sort et hâter sa chute. Depuis que l'Autriche s'était rapprochée de la Prusse et cherchait sa sûreté dans l'alliance allemande, il lui fallait un ministre des affaires étrangères qui fût agréable à Berlin. L'empereur François-Joseph devait s'y rendre l'année suivante; pouvait-il s'y faire accompagner d'un homme avec qui le gouvernement prussien avait refusé de traiter en 1866?

Ce qui rassura M. de Beust, c'est que, dans l'été

de 1871, il passa trois semaines à Gastein avec M. de Bismarck, qui, après l'avoir traité jadis fort durement, avait témoigné le désir de causer « avec le plus aimable de ses adversaires ». — Ils eurent ensemble de longs entretiens. M. de Bismarck fut charmant ; mais M. de Beust aurait dû se souvenir que, vingt ans auparavant, cet étincelant causeur lui avait dit : « Quand mon ennemi tombe dans mes mains, je considère que mon devoir est de le détruire ». Sur ces entrefaites, le comte Andrassy demanda à venir, lui aussi, rendre ses devoirs au chancelier allemand. M. de Beust s'en étonna ; mais résolu à ne s'inquiéter de rien, il s'entremit obligeamment pour procurer ce plaisir au ministre hongrois, qui fut invité à Salzbourg. — « Je suis, nous dit-il, la bête du bon Dieu, et j'ai toujours eu en horreur l'espionnage et les rapports clandestins. Je ne me suis pas inquiété à Salzbourg des entretiens secrets que purent avoir ensemble le comte Andrassy et M. de Bismarck, et j'ai fait peu d'attention à ce qu'on m'en disait. » — Quelques mois avant, il avait écrit à une amie qui lui envoyait un bouquet de violettes cueillies dans ses serres : « Nous nous sommes partagé aujourd'hui vos violettes, Andrassy et moi, et nous les avons portées à notre boutonnière en nous promenant à cheval au Prater, afin que les passants pussent voir que nous n'avons qu'un cœur et qu'une âme [1]. » On pourrait écrire tout un livre sur la naïveté des gens d'esprit.

1. *Der Kanzler à la minute*, von Sigmund Schlesinger ; livraison du 4 janvier 1887 de la *Deutsche Rundschau.*

Mais ce n'étaient pas seulement nos malheurs et les victoires de la Prusse qui rendaient M. de Beust impossible; Cisleithans et Transleithans, après avoir exalté son mérite, ne voulaient plus être menés par l'étranger, par l'intrus. Metternich avait dit jadis : « Il est possible que j'aie gouverné quelquefois l'Europe, je n'ai jamais gouverné l'Autriche ». M. de Beust s'était piqué de gouverner à la fois et l'Europe et l'Autriche. Il se mêlait avec trop peu de discrétion de la politique intérieure, des affaires courantes ; il voulait tout savoir, tout conduire. Ce fut par une ingérence indiscrète qu'il se brouilla à jamais avec le prince Auersperg, et il eut lieu de s'en repentir. — « Vous avez trop d'ennemis », lui dit l'empereur François-Joseph en le remerciant de ses services.

Il avait trop d'ennemis et il ne se défiait pas assez de ses amis. Fidèle à ses attachements, il ne croyait pas aux trahisons. Il a été souvent desservi par des clients qui lui devaient tout. Il raconte que, dans le temps de la guerre de Crimée, la femme d'un ambassadeur eut une audience de la sultane validé, mère du sultan, qui la reçut entourée de ses esclaves. L'ambassadrice distingua dans le nombre une Circassienne d'une rare beauté et s'écria : « Quelle admirable créature ! — Voulez-vous que je vous en fasse cadeau ? — Y pensez-vous ? Et mon mari ! — Vous ne l'aimez donc pas ! » répondit la sultane étonnée. Aussi généreux qu'une sultane, M. de Beust aimait trop son souverain pour ne pas attirer dans ses conseils des hommes de talent qui pouvaient servir utilement l'État, et ses protégés l'ont souvent contristé par leur ingratitude et leur perfidie.

Il avait les qualités d'un caractère généreux, il avait les défauts d'un esprit léger, et il s'est compromis par ses imprudences. Il savait pourtant que, si l'Autriche est la patrie des contradictions, Vienne est à la fois le pays de l'insouciance et la ville des noirs soupçons. On assure aussi que les femmes furent pour quelque chose dans sa disgrâce, qu'il leur confiait trop facilement ses secrets. Il déclare à la vérité dans ses *Mémoires* qu'il n'a jamais fait de concessions politiques aux belles dames; mais les sourires engageants, les cajoleries qu'elles lui prodiguaient dans ses jours de gloire, les compliments qu'elles lui faisaient sur ses petits pieds, lui causaient des frémissements de plaisir. Jusqu'à la fin, il rima des bouquets à Chloris. Il y avait dans ce politique un incorrigible troubadour. Plus d'une fois d'indélicates intrigantes abusèrent de ses confidences ou se prévalurent à son insu de son patronage. Il s'imaginait peut-être que celles qu'on appelle de malhonnêtes femmes ont presque toujours le mérite d'un honnête homme, et aucune erreur n'est plus dangereuse. Mais ce qui lui fit plus de tort que tout le reste, ce furent les aveuglements de sa vanité. Il se croyait indispensable, nécessaire; il se disait : « Comment s'y prendraient-ils pour se passer de moi? » Le jour de sa naissance, son père, pour fêter l'événement, avait offert en présent à sa nourrice une douzaine de bouteilles d'un très vieux vin du Rhin. La bonne femme, qui était Wende et n'entendait pas l'allemand, se méprit et versa le vin dans une petite baignoire où elle plongea l'enfant. Il en résulta, nous dit-il, que le premier jour de sa vie, il fut ivre. Il lui en est resté quelque chose, le bonheur lui est toujours monté à la tête, il a toujours eu des enivrements d'amour-propre, des fumées d'imagination.

Il faut lui pardonner sa vanité, à laquelle il mêlait beaucoup de bonhomie; il s'est peint au naturel dans ses *Mémoires*; il n'y pose pas. En 1869, il avait été reçu à Florence par le roi d'Italie, qui l'étonna par ses gasconnades. — « Après ce que l'empereur d'Autriche a fait pour moi, lui disait Victor-Emmanuel, il peut disposer de ma personne, de ma vie. Je lui donne 500 000 hommes le jour où il les voudra. » — Et l'instant d'après, parlant de la grave maladie dont il relevait : « J'ai cru crever, et cela me faisait plaisir ». M. de Beust n'en crut rien; on lui avait appris que lorsqu'il était malade, le roi d'Italie s'empressait d'écrire au pape. Il n'a pas essayé de nous persuader qu'il avait eu autant de plaisir à quitter le pouvoir que le roi Victor-Emmanuel à se sentir mourir. Il raconte fort tristement qu'après l'explosion de surprise que provoqua sa destitution, après tous les témoignages de regret qu'elle lui attira, la solitude se fit bien vite autour de lui, et que le jour où il quitta Vienne pour se rendre à Londres, il n'y avait personne à la gare. Il raconte avec la même mélancolie qu'à son premier retour, comme il assistait à un *Requiem* dans l'église Saint-Michel, il aperçut beaucoup de visages connus, mais qu'on n'eut pas l'idée de lui offrir une place ou de se serrer pour lui en faire une, en sorte que pendant tout l'office il dut rester debout. — « J'ai la satisfaction de penser, écrivait-il quelques années plus tard, que, durant ma dernière maladie, personne ne s'est inquiété de moi. Il est bien triste de se survivre ainsi; mais cela a ce bon côté qu'on cesse de tenir à la vie. »

Il se reprochait d'avoir eu trop bonne opinion de l'espèce humaine et d'avoir cru aux amitiés. — « Ma politique, s'écriait-il, aurait dû consister à avoir le moins d'amis possible. » — Puis, faisant un retour sur lui-même et se souvenant des imprudences qui l'avaient perdu, il ajoutait : « On m'a souvent dit que j'avais de l'esprit. Si seulement j'avais eu le bon esprit de ne pas faire de sottises! »

LE

ROI LOUIS II DE BAVIÈRE

Dans l'été de 1880, les Bavarois s'apprêtaient à célébrer une grande fête nationale. Ils se souvenaient qu'en 1180, un descendant du margrave Arnoul II, le comte palatin Othon de Wittelsbach, fut proclamé duc de Bavière, que dans la suite des temps, les Wittelsbach étaient devenus des électeurs, puis des rois, et que sept siècles entiers s'étaient écoulés depuis leur avènement au pouvoir. D'un bout à l'autre du royaume, dans la Haute et dans la Basse-Bavière, dans les deux Palatinats, dans les trois Franconies comme dans la Souabe, nobles, bourgeois et paysans se disposaient à prouver par l'éclat de leurs réjouissances leur immuable attachement à la famille de leurs princes. On voulait donner de la pompe à ce jubilé, on ne regardait pas à la dépense, et cependant les temps étaient durs. Au mois de septembre 1879, le ministre des finances, M. de Riedel, avait annoncé aux Chambres que le budget se soldait par un déficit de plus de 13 millions de marks et que pour le couvrir il fallait augmenter de 2 marks par hectolitre l'impôt sur le malt. On pouvait en conclure que désormais le litre de bière coûterait un peu plus cher, et le moindre renchérissement de la bière est, pour les Bavarois, une véritable calamité publique.

Le roi Louis II n'avait encore que trente-cinq ans, et depuis seize ans déjà il était sur le trône. La mort prématurée de son père, Maximilien II, l'avait obligé d'interrompre ses études universitaires pour faire dès 1864 son métier de roi. Il avait regretté ses professeurs et remplacé leurs leçons par de sérieuses et abondantes lectures. Dès les premiers jours de son règne, ses sujets l'avaient fêté, adoré. On le disait doux et généreux, il passait pour avoir toutes les bonnes intentions, des goûts nobles, l'esprit élevé, la passion des arts et de la poésie, l'amour des grands sentiments et des grandes choses. Tous ceux qui l'approchaient vantaient le charme de ses manières et de sa conversation; il séduisait, il fascinait. Comme le roi George V de Hanovre, il était l'homme le mieux fait, le plus distingué de son royaume; quiconque l'avait rencontré pouvait dire : « J'ai vu passer la royauté.» Mais à la noblesse de son maintien, à sa superbe prestance, ce Wittelsbach joignait des grâces romantiques que les Guelfes ne connaissent pas. Il y avait du mystère dans son sourire, de l'inquiétude dans son regard, et parfois ses yeux semblaient chercher autour de lui quelque chose qu'ils ne trouvaient pas. On prétendait que, dans son enfance, étant sujet aux insomnies et n'aimant pas à être seul la nuit, il faisait venir sa gouver-

nante pour lui raconter jusqu'au matin de longues
histoires où intervenaient des fées, des nixes et des
génies. Le goût des génies et des fées lui était resté,
et la grave, la plantureuse Bavière pouvait se vanter
d'avoir pour souverain un vrai roi de roman.

Mais ce roi de roman était quelquefois un roi
sage; il avait au moins un bon sens intermittent,
dont il donna à son peuple une preuve manifeste
en 1880, à l'occasion du jubilé des Wittelsbach. Il
n'entendait pas qu'on fît des folies en son honneur;
il écrivit aux deux conseils administratifs de sa
capitale pour leur représenter la difficulté des temps
et les engager à ne pas dépenser tous leurs deniers
en flammes du Bengale et en feux d'artifice, leur déclarant qu'il attachait plus d'importance aux bons
sentiments qu'à l'éclat des démonstrations. En conséquence, il demandait qu'une partie des sommes
votées pour les fêtes fût affectée à quelque œuvre
de bienfaisance. Il fut écouté, il fut obéi, et les
530.000 marks que produisirent les collectes furent
consacrés à une fondation destinée à secourir la
classe ouvrière dans les villes et dans les campagnes. En même temps, Louis II prenait dans la
succession de son père 650.000 marks, qui devaient
servir à encourager des travaux d'art et de science.

Pouvait-il faire un usage plus judicieux de son
argent et donner à ses sujets de plus sages instructions touchant la meilleure manière de célébrer des
fêtes nationales? Le 22 août, il leur adressait une
proclamation, à laquelle on n'eût rien trouvé à reprendre si le style en eût été plus simple, moins
précieux : « Votre loyale fidélité, leur disait-il, est

le fondement de mon trône, votre attachement à ma dynastie et à ma personne est le plus beau joyau de ma couronne. Je vous remercie du plus profond de mon âme, et je me plais à vous donner l'assurance que votre bonheur est la condition de ma propre félicité. C'est avec ces sentiments que j'entre dans le vIII^e siècle de règne des Wittelsbach. » Trois jours après, on procédait à la célébration du jubilé, et l'empressement que témoignèrent et les hautes et les basses classes donna la mesure de la popularité dont jouissait encore l'arrière-petit-fils de l'électeur Maximilien-Joseph IV, devenu roi de Bavière par la paix de Presbourg et par la grâce de Napoléon Ier.

Les Bavarois auraient éprouvé un douloureux étonnement si, au milieu de leurs réjouissances, un prophète était venu leur annoncer que, six ans plus tard, leur jeune souverain serait fou à lier, qu'il faudrait l'enfermer et qu'il donnerait à l'Europe le tragique spectacle d'un roi incapable de survivre à sa déchéance, et qui aime mieux se tuer que de n'être plus roi. Toutefois, si populaire qu'il fût encore et bien que personne ne lui fît l'injure de douter de sa raison, on signalait depuis longtemps dans sa conduite, dans ses habitudes, comme dans son caractère, dans son langage quelques bizarreries qui choquaient et inquiétaient son peuple.

On lui reprochait, tout d'abord, son entêtement à ne pas se marier. Un jour on s'était flatté qu'il se résoudrait à franchir le pas. En 1869, il avait paru concevoir un goût très vif pour la princesse Sophie de Bavière, aujourd'hui duchesse d'Alençon. En sortant d'un bal, où il s'était déclaré, il était monté à cheval et jusqu'à l'aube il avait galopé dans les bois et raconté son aventure aux étoiles. Mais cette aventure n'avait point eu de lendemain; cette grande passion s'était bientôt calmée, cet amoureux s'était subitement refroidi et retiré. Son essai malencontreux l'avait à jamais dégoûté de l'amour; les femmes lui inspiraient dorénavant un invincible éloignement; à la réserve de sa mère, de la princesse Gisèle et de l'impératrice d'Autriche, il affectait de les mépriser toutes. Faut-il croire qu'aucune d'elles ne ressemblait à ses fées ou qu'amoureux de sa liberté, ce fier Hippolyte avait juré de ne laisser jamais asservir son cœur? La cantatrice qui se permit, un soir, de lui planter un baiser sur le front faillit payer de sa vie son audacieuse entreprise. Il ne voulait pas se donner, il voulait encore moins qu'on le prît. Le grand Frédéric, lui aussi, aimait peu les femmes, il cherchait ailleurs ses plaisirs : il s'était pourtant laissé marier. Les Hohenzollern ne tentent jamais de se soustraire aux obligations de leur état, aux nécessités de la vie commune, aux devoirs ingrats et déplaisants. Louis II, comte palatin du Rhin, duc de Bavière, de Franconie et de Souabe, n'était pas homme à sacrifier ses fantaisies ou ses dégoûts aux convenances de ses sujets, et ses sujets s'en plaignaient, tout en le respectant beaucoup.

On regrettait que ce prince, si jaloux de sa liberté, si attentif à la défendre contre les femmes, la défendît si mal contre certaines influences occultes et pernicieuses, contre d'indiscrets favoris qui s'insinuaient dans ses bonnes grâces par la flatterie ou s'imposaient à sa confiance par l'audace de leur charlatanisme. Son grand-père avait prodigué ses faveurs aux peintres, son père avait protégé les savants, Louis II aimait passionnément la musique et ne se défiait pas assez des musiciens. En 1866, quand M. de Bismarck faisait avaler à l'Allemagne « ces fameuses pilules de fer et de sang », qui devaient rétablir sa santé délabrée, et que le sort de plus d'une couronne se jouait sur les champs de bataille, le roi de Bavière s'était retiré dans son château de Berg et dans l'île des Roses. Sourd à la voix du canon, prisonnier d'un magicien et victime de ses enchantements, il songeait à régénérer son royaume aux sons de la musique de l'avenir.

Le grand-père avait perdu son trône pour avoir trop aimé Lola Montès; le petit-fils compromettait le sien en abandonnant ses volontés au plus arrogant des grands artistes. On l'accusait d'avoir conclu « une sorte d'union morganatique » avec un compositeur de génie très célèbre et très indiscret. Il ne suffisait pas à Richard Wagner de puiser à pleines mains dans la cassette royale; il se mêlait de politique, il intriguait et cabalait, il aspirait à devenir l'un de ces favoris tout-puissants qui font et défont des ministères. Fort irrité contre le baron de Pfordten, qui avait eu l'impertinence de l'exiler de la cour, il se promettait de le renverser, et il avait fait entrer dans le cabinet M. Pfistermeyer, dont il se servait pour préparer sa vengeance en tenant en échec le président du conseil. Heureusement, le maestro était un de ces hommes qui pèsent à la main qui les nourrit; il lassa son maître, se rendit incommode par l'intempérance de son orgueil, par l'excès de ses prétentions; il fut congédié et la Bavière respira.

Mais de ce jour, Louis II se livra davantage, d'année en année, à son humeur rêveuse et solitaire. Il s'enfermait, il se dérobait, il passait des mois entiers dans ses chères montagnes, à Hohenschwangau, comme s'il eût aimé à voir de haut son royaume et son peuple. Il avait, plus que tout autre souverain, le sentiment de sa grandeur, le respect de sa naissance, la religion superstitieuse de la royauté et du droit divin. Il se considérait comme un être à part, et il lui semblait qu'une majesté se diminue quand elle est d'approche trop facile et qu'elle entre en commerce avec les humains. Il avait professé en tout temps un culte pour la mémoire de Louis XIV, et il se flattait de lui ressembler. Infiniment curieux des moindres détails de la vie de son héros, il se faisait envoyer de Paris toutes les publications nouvelles concernant la cour de Versailles. Ayant appris qu'un de nos plus éminents diplomates possédait dans sa galerie un tableau où de Troy a représenté le grand roi recevant les ambassadeurs de Siam, il demanda à l'acheter. On lui répondit que le tableau n'était pas à vendre; il sollicita et obtint la permission de le faire copier, si vif était son désir de multiplier autour de lui les images du roi-soleil.

Il est plus facile d'admirer Louis XIV que de l'imiter. Si plein qu'il fût de sa grandeur et quoiqu'il ait gâté plus d'une fois ses affaires par ses hauteurs intempestives, par de vaines ostentations, il avait trop de justesse dans l'esprit pour ne pas savoir que noblesse oblige, que les grands honneurs ont leurs charges. Il était appliqué, il était laborieux et régulier dans son travail, exact à remplir ses engagements. « L'intérêt de l'État, a-t-il écrit, doit marcher le premier. On doit forcer son inclination et ne pas se mettre en état de se reprocher dans quelque chose d'importance qu'on pouvait faire mieux. Quand on a l'État en vue, on travaille pour soi; le bien de l'un fait la gloire de l'autre.... Les princes doivent avoir un soin particulier et une application universelle à tout. Il faut se garder contre soi-même, prendre garde à son inclination et être toujours en garde contre son naturel.... Le métier de roi est grand, noble, flatteur, quand on se sent digne de bien s'acquitter de toutes les choses auxquelles il engage. » Louis II, qui croyait ressembler au roi-soleil, était inappliqué et fantasque; il aimait sa gloire, il négligeait son métier; il fuyait la servitude des engagements, il redoutait le contact des hommes et le tracas des affaires, il ne s'est jamais gardé contre lui-même et contre son naturel. Il pensait avoir tout fait en soignant ses attitudes et que son unique devoir était d'enseigner le respect à son peuple en lui montrant de loin la figure d'un roi.

Ses sujets, qui l'aimaient toujours malgré ses faiblesses et ses infidélités, s'obstinaient à espérer qu'il s'amenderait, que, mûri par l'âge et les expériences, il prendrait à cœur ses devoirs. Après les cuisantes humiliations qu'il avait essuyées en 1866, lorsqu'il dut recevoir la loi d'un vainqueur irrité et superbe, il parut sortir de son caractère. Il renvoya son favori, il s'arracha à sa retraite; il se montra disposé à déférer aux vœux des Bavarois en renonçant

à sa vie de garçon. Il ne donna point de suite à ses
projets de réforme, le naturel l'emporta sur ses
réflexions d'un jour. Incapable de s'astreindre à
aucune règle, ce n'était pas un souverain, c'était
l'éternel absent, et il n'intervenait dans les affaires
de l'État qu'à de capricieux intervalles, pour faire
acte d'autorité, pour prouver qu'il était là et donner,
de loin en loin, quelque exercice à sa main de roi. On
s'en affligeait à Munich; en revanche, on était fort
content de lui à Berlin, et il faut convenir que ce
roi de Bavière était tel que la Prusse pouvait le
désirer. Après l'avoir traité de haut, M. de Bismarck
lui avait fait bon visage et s'était appliqué à regagner sa confiance. C'est la méthode de ce grand
homme d'État; tour à tour il inquiète, il menace et
il rassure; après avoir frappé, il se radoucit subitement, il fait alterner les empressements avec
les rigueurs. Il sait que les caresses d'un brutal
ont un charme tout particulier, dont les souverains faibles, comme les femmes, ne savent pas se
défendre.

Dès lors, le roi Louis II se fit un devoir de se rendre
agréable à la cour de Prusse et de se recommander
au bon vouloir du chancelier de la Confédération du
Nord par ses abstentions ou par ses complaisances.
Ce fut, à vrai dire, sa seule règle de conduite; mais
il faut lui rendre la justice qu'il ne s'en départit
jamais, et il prouva ainsi qu'il était capable de constance dans ses résolutions. Il aimait sa gloire, il
aimait encore plus son repos. Il ferma l'oreille aux
insinuations des patriotes qui se plaignaient qu'on
fît trop bon marché de la fierté bavaroise; il con-

forma toujours sa politique aux convenances et aux désirs de M. de Bismarck.

Le meilleur moyen de ne pas trop souffrir de sa dépendance est de vivre en de bons termes avec les puissants et de se créer des droits à leurs bons procédés. Louis II disait à ses ministres : « Ne m'attirez pas d'ennuis et laissez-moi rêver en paix ». Le prince Hohenlohe, qu'il avait appelé à la présidence de son conseil, était l'homme le plus propre à établir de bons rapports entre la Bavière et la Prusse, en conciliant la dignité avec beaucoup de modestie et avec la prudence la plus circonspecte. « Nous ne voulons pas entrer dans la Confédération du Nord, disait-il aux députés bavarois dans la séance du 6 octobre 1867; mais nous ne voulons pas créer une ligue constitutionnelle des États de l'Allemagne du Sud sous la conduite de l'Autriche; nous voulons encore moins instituer une Confédération du Sud s'appuyant sur une puissance non allemande; nous ne voulons pas non plus pratiquer une politique de grande puissance, et nous ne pensons pas qu'il nous convienne de nous arroger un rôle de médiateurs. » C'était dire : « Nous nous réservons, nous attendons les événements; nous ne voulons pas nous donner, mais nous sommes prêts à nous laisser prendre. Nous ne ferons rien qui puisse déplaire à Berlin, et le jour où nous n'aurons plus à compter avec l'Autriche et avec la France, M. de Bismarck nous trouvera disposés à faire tout ce qui lui plaira. »

Ce jour ne tarda pas à venir, et on s'exécuta de bonne grâce. Au lendemain de Sedan, les États du Sud furent mis en demeure d'accéder à la confédération

du Nord. Il en coûtait à Louis II de reconnaître dans
un Hohenzollern le suzerain naturel des Wittelsbach.
Il dévora ses chagrins; il se contenta des concessions, du traitement de faveur que lui octroyait M. de
Bismarck. — « Enfin le traité bavarois est terminé
et signé », disait avec émotion le chancelier au plus
bavard de ses confidents, le docteur Moritz Busch.
« Apportez une bouteille de champagne; c'est un événement. Que serait-il arrivé si je m'étais obstiné et
si rien ne s'était conclu? Mes inquiétudes étaient
mortelles. Les journaux ne seront pas contents; ils
diront : « L'imbécile aurait pu obtenir davantage. »
Mais j'ai voulu que les Bavarois fussent satisfaits,
qu'on ne pût m'accuser de les mettre à la torture,
d'exploiter la situation. » Les Bavarois étaient si peu
satisfaits, il se mêlait tant de mélancolie à leur
bonheur que leur Parlement attendit deux mois entiers avant de se résoudre à ratifier le traité.

Louis II fit plus que son devoir en 1870; il prévint
les désirs du roi Guillaume en l'engageant à prendre
le titre d'empereur. « L'imagination du jeune roi de
Bavière, a dit un historien, fut émue par les grandes
choses qui s'accomplissaient à Versailles; il voulut
être le premier à déposer aux pieds du vainqueur la
glorieuse couronne de Frédéric-Barberousse. » On
aurait tort d'expliquer sa démarche par un entraînement du cœur, par un transport d'enthousiasme;
s'il n'avait écouté que son imagination ombrageuse,
prompte à s'effaroucher, il se serait retiré sous sa
tente et aurait passé le reste de ses jours à protester
contre sa diminution, à bouder contre sa destinée.
Mais on le circonvint, on pesa sur lui, on le rai-

sonna, on le travailla. Plusieurs de ses conseillers intimes s'étaient laissé gagner à la politique prussienne et s'en constituaient les défenseurs; le plus zélé de ces avocats était ce même comte Holnstein qui devait aller un jour le trouver à Hohenschwangau pour lui signifier qu'il n'était plus rien. — « J'ai réconcilié les Bavarois avec le titre d'empereur, disait M. de Bismarck, en leur montrant qu'il serait plus aisé à l'amour-propre de leur souverain de s'accommoder avec un empereur d'Allemagne qu'avec un roi de Prusse. » On lui persuada aussi que l'empressement dans la résignation est encore une façon de se distinguer, que mieux vaut jouer le rôle de courtier complaisant, si modeste qu'il soit, que de n'en point jouer du tout; qu'au surplus, s'il déclinait la mission dont on voulait bien le charger, un autre s'en chargerait à sa place, et que, n'ayant pas eu la peine, il ne serait pas à l'honneur.

Le 6 décembre, il prenait son parti, il écrivait au roi de Saxe : « Très glorieux et très puissant prince, cher frère et cousin, unies depuis des siècles par la langue et les mœurs, les tribus allemandes victorieusement conduites par l'héroïque roi de Prusse célèbrent maintenant une fraternité d'armes qui donne une preuve éclatante de la puissance de l'Allemagne unie. Je m'adresse donc aux princes allemands et surtout à Votre Majesté, et je lui propose d'engager d'un commun accord Sa Majesté le roi de Prusse à joindre à l'exercice de ses droits présidentiels le titre d'empereur d'Allemagne. » Douze jours plus tard, le roi Guillaume disait aux délégués du Reichstag : « C'est avec une émotion profonde que j'ai reçu l'invitation

qui m'a été adressée par Sa Majesté le roi de Bavière
pour le rétablissement de la dignité impériale ».

On lui a toujours su gré de son bon mouvement,
on l'a récompensé de son sacrifice volontaire par de
gracieuses attentions, et, jusqu'à la fin, la presse offi-
cieuse de Berlin l'a traité avec beaucoup de ménagements et d'égards. De son côté, il s'appliquait à
prouver qu'il ne regrettait rien, qu'il s'était rallié
franchement, sans arrière-pensée, au nouvel ordre
de choses, que la maison lui plaisait, qu'il la trouvait commode, confortable, bien bâtie et bien meu-
blée, qu'il s'y sentait à son aise. Mais, en même
temps, il évitait soigneusement toute occasion de
rencontrer un Hohenzollern, de se convaincre par
ses yeux qu'il avait un suzerain à qui il devait foi et
hommage et qui avait le droit de le conduire à la
guerre. Autant qu'il lui était possible, il écartait de
sa royale personne les contacts fâcheux, les visages
déplaisants, les impressions désagréables; c'est à cela
qu'il réduisait l'art de régner, et il tâchait de se distraire, d'oublier. « La merveilleuse illusion de l'oubli
fait aller le monde », a dit Mme de Staël; elle est
aussi quelquefois la seule consolation des rois.

Ce ne fut pas seulement par ses résignations et
sa fidélité à ses nouveaux engagements que le
roi Louis II mérita les bonnes grâces de son suzerain; les ministres qu'il chargeait de gouverner son
royaume surent accommoder leur politique aux
goûts de M. de Bismarck. Pendant les jours les plus
orageux du *Culturkampf*, le chancelier de l'empire
allemand n'eut jamais la moindre difficulté avec les
six plénipotentiaires qui représentaient le gouver-

nement bavarois dans le conseil fédéral, et le parti du centre catholique ne reçut aucune marque de sympathie du roi Louis et de son cabinet. Par une attention délicate ou par un dévouement exemplaire, au moment où M. de Bismarck ouvrait en Prusse les hostilités contre l'Église, M. de Lutz les ouvrait en Bavière et semblait disputer au grand ministre le périlleux honneur de braver les anathèmes du Vatican et les censures de l'épiscopat. Le *banderillero* détournait obligeamment sur lui les colères du taureau; le *torero* lui en savait gré.

La Bavière est, à l'égal de la Belgique, un des pays de l'Europe où l'Église intervient le plus dans la vie publique, dans les mêlées électorales, un des pays où elle a le mieux su se servir de la liberté de la presse et du droit d'association pour assurer son empire sur les esprits. Dans ces deux royaumes, les nouvelles méthodes et tous les procédés de la stratégie moderne ont été mis avec une habileté rare au service des vieilles idées et des vieux dogmes. Le clergé bavarois est si sûr de son crédit, de son influence, que ni les progrès de la démocratie, ni le suffrage universel et direct ne lui inspirent aucune appréhension, et qu'il se prêterait facilement à la séparation de l'Église et de l'État. En 1877, dans la conférence qu'ils tinrent à Wurtzbourg, ses délégués déclarèrent que, si le gouvernement ne s'engageait pas à observer dans toutes ses clauses le concordat du 5 juin 1817, en abrogeant les dispositions contraires édictées en 1821, évêques et curés renonceraient volontiers à leur traitement : qu'on leur octroyât la liberté, ils se chargeaient de demander leur pain quotidien à la charité du peuple.

Le parti des patriotes, qui se constitua en 1866, se proposait à la fois de défendre l'autonomie bavaroise contre les ambitions prussiennes et de protéger contre les envahissements de l'autorité civile les franchises et les prérogatives de l'Église. Ce parti, aussi catholique que patriote, possédait et possède encore la majorité dans les Chambres, et, depuis 1871, il s'est épuisé en vains efforts pour renverser le ministère et se débarrasser de M. de Lutz. Derrière le ministre il y avait un roi; dans l'intérêt de son repos, ce roi voulait garder son ministre, et on n'a pas facilement raison de l'obstination d'un esprit faible.

En Bavière, comme dans toutes les monarchies allemandes, c'est un principe de droit public que l'existence d'un cabinet ne dépend pas des votes d'une Chambre, que le souverain choisit ses ministres à sa guise et ne les renvoie que lorsqu'ils ont perdu sa confiance ou sa faveur. Louis II n'admettait pas qu'un roi qui se respecte transigeât sur cet article. En vain les ultramontains de l'extrême droite accusaient-ils ses conseillers de faire l'œuvre du diable; en vain, dans un mandement qui fit du bruit, l'archevêque de Munich regrettait-il les temps où la Bavière était gouvernée par de vrais fils de l'Église. Le roi n'entendait rien ou affectait de ne pas entendre.

On se plaignait qu'il ménageât les vieux catholiques et qu'il eût décoré le grand hérésiarque Döllinger. On se plaignait qu'il nommât aux évêchés vacants des prélats d'une autorité et d'un zèle douteux, et qu'il procédât à ses choix sans se mettre en peine d'obtenir l'agrément du Vatican. On se plaignait encore que, par son ordre, la municipalité de la capitale eût interdit de célébrer par des processions publiques le jubilé du pape Pie IX, qui avait traité d'Attila le chancelier de l'empire allemand. Mais ce qu'on lui reprochait surtout, c'était son attachement à ses ministres. En 1875, la seconde Chambre eut l'audace de lui envoyer une adresse pour solliciter respectueusement leur renvoi. Les ministres offrirent leur démission, il la refusa et leur écrivit : « A moi seul appartient le droit de nommer librement les conseillers de la couronne. Vous avez ma confiance; je vous enjoins de rester à votre poste et de faire connaître ma volonté à mon peuple. » Il ordonna que sa déclaration fût imprimée, tirée à près de neuf mille exemplaires, affichée dans toutes les communes et qu'on fixât un dimanche pour en donner lecture aux paysans à la sortie du service divin. En même temps il écrivait à la Chambre : « Je n'ai aucune raison d'accepter votre adresse. Au surplus, le langage qu'ont tenu quelques-uns de vos orateurs m'a vivement mécontenté. J'en donne avis à votre président. » Cinq ans plus tard, M. de Lutz, ministre de l'instruction publique et des cultes depuis 1871, devenait président du conseil et, en 1883, il était nommé baron du royaume.

« Vous êtes un homme heureux, privilégié et triomphant, lui disait l'un des principaux orateurs du parti patriote, M. le docteur Rittler, dans la séance du 9 janvier 1880. Vous êtes Lutz le Victorieux, et en demandant la parole, je ne sais si mon intention est de vous attaquer ou de vous féliciter de votre étonnante fortune. Voilà dix ans que vous êtes ministre des cultes, nous avons tout fait pour vous renverser, et vous avez résisté à tous nos assauts. Je ne trouve vraiment d'un bout de l'Europe à l'autre que M. de Bismarck à qui je puisse vous comparer; vous appartenez comme lui à la race des ministres inamovibles. Vingt fois nous vous avons dit votre fait, et vous êtes toujours là, et vous êtes toujours le même. » Louis II avait sans doute plusieurs raisons de demeurer fidèle à son ministère soi-disant libéral. Il en voulait aux catholiques bavarois de leurs liaisons, de leurs accointances avec la démocratie et des avances qu'ils lui faisaient; il ne goûtait ni les prélats infaillibilistes ni les curés démagogues. Peut-être aussi se souvenait-il que Louis XIV l'avait pris quelquefois de haut avec la cour de Rome et que le pape Alexandre VII avait demandé pardon au grand roi par un légat *a latere*. Mais il savait surtout qu'un ministère ultramontain lui attirerait des ennuis, des chagrins, en le rendant suspect aux puissants du jour. Il avait dit jadis : « Je veux vivre en paix avec mon peuple ». Il tenait davantage à vivre en paix avec Berlin, et il craignait plus les sourcils frémissants de M. de Bismarck que toutes les tracasseries que pouvaient lui susciter ses Chambres. Il voulait que ses ministres réglassent leur pas sur celui du chancelier de l'empire. Ce qui le prouve, c'est que du jour où M. de Bismarck s'est relâché de ses rigueurs envers l'Église, du jour où il est entré dans la voie des accommodements et des compromis, M. de Lutz est devenu, lui aussi, plus conciliant, plus coulant, plus gracieux pour le haut et le bas clergé, et qu'on l'a vu en 1883 reviser sa loi scolaire et favoriser ouvertement les écoles confessionnelles.

On prétend que les Lapons, lorsqu'ils se mettent en mer, achètent d'un sorcier le vent nécessaire à leur navigation; il le leur remet dans un mouchoir soigneusement noué. C'était à Berlin que le cabinet libéral de Munich renouvelait chaque année sa provision de vent, et il s'en est bien trouvé. Il l'achetait au bon endroit; c'est le secret de sa durée, de ses longues prospérités.

Louis II échappait aux ennuis, aux désagréments; mais il ne pouvait échapper à ses pensées, et ses pensées étaient sombres. Ce romantique assis sur un trône et amoureux de sa couronne ne pouvait se dissimuler que les réalités s'accordaient mal avec ses rêves. Il ne considérait comme un vrai roi que le souverain qui exerce un pouvoir absolu, qui est libre de faire tout ce qui lui plaît, et tout lui rappelait sa dépendance. Il avait un suzerain, et de temps à autre le prince royal de Prusse venait inspecter son armée; d'autre part, il était en butte aux taquineries de ses Chambres, qui lui témoignaient leur mauvaise humeur par de sourdes chicanes, quelquefois par de bruyants éclats. Ce n'est pas un roi de féerie qu'un monarque constitutionnel, et aucun métier n'est moins romantique que le sien. Sa vie se compose de détails épineux à régler, de difficultés journalières, qu'il doit résoudre à force d'application, en consultant son bon sens qui lui dit quand il faut céder et quand il faut résister. Ce roi de Bavière se trouvait dépaysé dans son siècle. Comme Hamlet, il pensait que le monde était sorti de ses gonds, et, comme Hamlet, il se sentait impuissant à l'y faire rentrer. Il n'avait point d'Ophélia pour le distraire, et, de jour en jour, il s'enfonçait davantage dans son noir et dans son dégoût.

Les rêves inquiets, a dit un philosophe, sont réellement une folie passagère, et la folie passagère se tourne facilement en folie permanente quand on est le petit-fils d'un roi qui n'avait pas le cerveau très sain et qui a souvent scandalisé son royaume par le cynisme de ses déraisons. Incapable de réagir contre ses fantaisies, Louis II devint leur proie; les désordres de son esprit se changèrent en de véritables égarements. Ce noctambule était tourmenté par la plus cruelle des manies, par le délire des persécutions; il lui semblait qu'hommes et choses s'étaient donné le mot pour lui déplaire et le braver. S'abandonnant à son humeur sauvage, il cherchait le repos dans l'oubli du monde, dans l'oubli de tout. Il s'arrangeait pour s'occuper le moins possible de ce qui se passait à Munich et dans ses Chambres. Ses ministres eux-mêmes lui parurent importuns et fâcheux; il les tenait à distance, ne communiquait avec eux que par l'entremise de ses secrétaires de cabinet, et bientôt ses secrétaires n'eurent plus d'accès auprès de lui; il ne voulut avoir affaire qu'à des subalternes, à ses valets de chambre, à son coiffeur. Les gens de rien ont cela de commode qu'on n'a pas à compter avec eux et qu'ils n'osent pas deviner ce qui se passe dans votre tête de fou.

Le seul goût qui lui restât était celui de la pierre;

il avait la passion des bâtisses, c'était par là, du moins, qu'il pouvait ressembler à Louis XIV. Mais, à force de bâtir, il épuisa sa caisse, il dut recourir aux expédients, aux emprunts, et, le jour où il apprit que ses créanciers demandaient à rentrer dans leur argent, il lui parut que leur impertinence faisait à la royauté un intolérable affront. Le 26 janvier 1886, il sommait son ministre de l'intérieur de lui fournir 20 millions de marks pour continuer ses constructions, ou de quitter incontinent le pays. Le 17 avril, il commandait à son cabinet de soumettre au Parlement un projet d'emprunt pour son compte particulier. Les ministres s'y refusèrent, il entra en fureur. Cet homme doux était devenu cruel; il lançait des lettres de cachet, il ordonnait des supplices. Dans ses moments les plus lucides, tantôt il chargeait quelque savant de lui découvrir quelque part un pays où l'on pût régner sans constitution, tantôt il songeait à vendre son royaume pour acheter une île déserte, où il aurait vécu seul avec ses pensées et son coiffeur.

Chose curieuse, on savait depuis longtemps à Munich qu'il avait l'esprit dérangé; ses ministres seuls affectaient de ne pas s'en douter. Ils s'étaient conféré de leur propre autorité une sorte de régence ministérielle, où ils trouvaient leur compte et leurs aises. Mais, M. de Lutz en est convenu, quand ils apprirent que leur souverain s'occupait de négocier en pays étranger des emprunts qui pouvaient causer des ombrages à Berlin, ils se réveillèrent, ils secouèrent brusquement leur torpeur. On le déclara incapable de régner, on l'enferma et, en vérité, on

procéda sans ménagements à cette exécution. Il ne
voulut pas survivre à sa gloire ; il résolut de se tuer,
mais il décida aussi qu'avant de quitter ce monde, il
tuerait le médecin qui avait eu l'insolence de constater qu'il était fou. Il guetta l'occasion, il la
trouva. Cette fin ne manque pas d'une certaine grandeur, mêlée de quelque cruauté, et peut servir
d'avertissement aux rois, petits ou grands, qui ne
se défient pas assez de leurs rêves.

CHARLES GORDON

I

Gordon le Chinois, Gordon-Pacha était une des
figures de ce temps, un héros, un preux dans un
siècle peu chevaleresque, un de ces hommes qui parlent aux imaginations et inspirent à ceux mêmes qui
n'admirent leurs prouesses que sous bénéfice d'inventaire un étonnement mêlé de sympathie et de
respect.

De toutes les entreprises où l'avait poussé sa bouil-
lante humeur, et dans lesquelles il s'était jeté à
corps perdu, celle où il a trouvé la mort était la
plus ingrate. Il ne s'agissait pas d'une conquête ni
d'une brillante campagne offensive. Comme le disait
M. Gladstone à la Chambre des communes dans la
séance de nuit du 12 février 1884, le général Gordon
n'était point chargé de reprendre le Soudan au
mahdi, de le ramener sous l'obéissance de l'Égypte.
Il était parti pour Khartoum à la seule fin de faire
évacuer le pays, de veiller sur la retraite des garnisons égyptiennes et de rendre aux héritiers de petits

sultans détrônés les pouvoirs dont les avait dépouillés l'occupation étrangère. Il n'y avait rien là qui fût conforme à ses goûts, à son humeur. Jusqu'alors c'était dans d'aventureux exploits qu'il avait signalé son courage, dépensé cette surabondance de forces et de vie qui faisait sa joie et son tourment. Mais, dans le cas présent, il s'était chargé, tout au contraire, d'un simple règlement de comptes, de la liquidation d'une aventure. Il avait assumé le rôle de syndic d'une faillite, entreprise dangereuse autant que prosaïque, car les intéressés semblaient méconnaître, par haine du failli, les avantages du concordat qu'on leur proposait, et si par miracle Gordon avait réussi, il n'eût remporté qu'un triste succès ; sa victoire aurait eu la mélancolie d'une défaite.

Cependant il n'avait pas balancé ; il avait accepté sans hésitation cette tâche épineuse. Il n'avait jamais perdu beaucoup de temps à peser le pour et le contre, à raisonner sa conduite, à discuter son avenir. Il avait toujours dit comme le vizir Acomat :

Le conseil le plus prompt est le plus salutaire.

Il se trouvait à Bruxelles, où l'avait attiré le roi des Belges pour lui proposer une mission au Congo. On l'appelle à Londres. Il s'entretient pendant quelques heures avec M. Gladstone et lord Granville, et, au sortir de cette conférence, il dit : « Je vais couper la queue du chien ; j'ai mes ordres, je les exécuterai coûte que coûte ». A huit heures du soir, il se mettait en route, et la scène de ce départ fut intéressante. Lord Wolseley s'était chargé de son portemanteau, lord Granville prit son billet au guichet, le duc de Cambridge lui ouvrit la portière de son wagon. Le 26 janvier, il arrivait au Caire; il en repartait le 27. A Korosko, accompagné du colonel Stewart, qui formait toute son escorte, il quitte la vallée du Nil, traverse à dos de chameau le triste désert nubien; ce chameau, comme l'a dit un journal anglais, portait la fortune d'un ministère whig. Le 11 février, il atteignait Berber et, le 18, il faisait son entrée à Khartoum. On apprit bientôt que les offres qu'il avait faites au mahdi avaient été repoussées avec hauteur, qu'il était coupé de ses communications avec le Caire, que des bandes de Bédouins l'enveloppaient, le cernaient et criaient après la curée. On ne pouvait plus croire au succès de sa mission, et désormais la question était de savoir s'il réussirait à s'échapper vivant de cette souricière où il était allé volontairement s'enfermer.

Gordon passait pour le plus heureux des téméraires. On ne l'est pas toujours, et les résultats de plusieurs de ses entreprises n'ont pas répondu à la beauté de leurs commencements. Mais, quoi qu'il ait tenté, il a donné une haute idée de lui-même. C'est une vie bien extraordinaire que la sienne. Né à Woolwich le 28 janvier 1833, d'un officier de l'armée anglaise et de la fille d'un armateur, il entra à l'école militaire avant d'avoir achevé sa quinzième année. Il fit ses premières armes devant Sébastopol comme lieutenant du génie. Il y attira déjà l'attention par sa santé de fer, que n'avait pas semblé promettre sa malingre jeunesse. Il y montra aussi ce froid mépris du danger qui le distinguait et une disposition marquée à porter dans la vie des camps certaines préoccupations d'outre-tombe, qui lui faisaient voir quelque chose au-dessus du bonheur et de la gloire. On lit dans une des lettres qu'il écrivit de Crimée : « Lord Raglan vient de mourir usé par les fatigues. Il est universellement regretté, et sa bonté l'en rendait digne. Son existence a été entièrement consacrée au service de son pays. J'espère qu'il est mort *préparé*, mais je ne le sais pas. » Il était plus rassuré sur le compte du capitaine Craigie, emporté par un éclat d'obus : « Le capitaine est mort par ce qu'on appelle le hasard. Je suis heureux de pouvoir dire qu'il était un homme *sérieux*. » Il estimait déjà que la vie est bien peu de chose, que l'essentiel est d'être sérieux et de mourir préparé.

Quand Sébastopol eut été pris, on employa le jeune lieutenant au règlement des nouvelles frontières en Bessarabie et en Arménie. Peu après son retour en Angleterre, il fut nommé instructeur, et, en 1859, il passa capitaine. Il avait alors vingt-six ans. En 1860, son pays était en guerre avec la Chine ; il entra à Pékin avec l'armée anglo-française. La paix signée, il se trouva que l'empire céleste avait d'autres ennemis sur les bras ; c'étaient les Taï-Pings, ces dangereux rebelles, ces féroces pillards qui, combattus mollement et encouragés par leurs succès, venaient de s'emparer de Nanking. Le gouvernement impérial était aux abois. Deux Américains imaginèrent de lui venir en aide en créant une armée à laquelle ils donnèrent le beau nom de « l'armée toujours victorieuse », et qui, conduite par eux, ne marcha pas de victoire en victoire. Gordon, avec l'au-

torisation de ses supérieurs, en prend le commandement ; il soumet à une sévère discipline ce ramas
étrange de mercenaires, recrutés dans l'écume du
vieux et du nouveau monde. Il livre à leur tête trente-
trois combats ou assauts en moins de deux années,
et ses coups d'audace étonnent l'Europe et la Chine.

Un de ses biographes nous apprend qu'en allant
au feu, il n'avait d'autre arme que la badine qu'il
balançait dans sa main et qu'on avait surnommée
sa baguette magique[1]. Le voyant cheminer au milieu
d'une grêle de balles dont pas une ne l'atteignait,
ses soldats le croyaient invulnérable et protégé par
un charme. Pourtant le charme fut rompu. Pour la
première fois, il fut blessé à la jambe au malheureux
siège de Kientang. Mais on vit alors quelque chose
de plus digne d'admiration qu'un homme invulnérable : c'était un blessé qui, incapable de remuer et
couché sur le dos, continuait de donner tranquillement ses ordres et de communiquer son indomptable
courage à tout ce qui l'entourait. Cependant son
bonheur ordinaire l'avait abandonné. Il essuya plus
d'un échec, plus d'une déroute, il prodigua inutile-
ment le sang de ses hommes et de ses officiers. Un
jour, il dut son salut à l'armée régulière chinoise,
qu'il avait si souvent sauvée, et il lui laissa la gloire
d'entrer à Nanking.

Les rebelles soumis, il licencie son armée,
retourne en Angleterre, où il est nommé commandeur du Bain. De 1865 à 1871, on l'emploie à Gra-

____

1. *Chinese Gordon, a succinct Record of his life,* by Archibald
Forbes. Londres, 1884.

vesend aux travaux de fortification sur la Tamise, et il consacre ses loisirs à enseigner le catéchisme et l'alphabet aux petits enfants. « Sa maison, dit M. Forbes, ressemblait plus à celle d'un missionnaire qu'au logement d'un officier du génie ; il l'avait transformée en infirmerie et en école. » En 1871, on l'envoie à Galatz pour participer aux études de la commission danubienne ; mais il devait bientôt échanger les moustiques du Danube contre ceux du Nil. Le khédive annonçait à grand bruit la généreuse intention de détruire le commerce des esclaves dans les provinces du Soudan, rattachées à l'Égypte dès le temps de Méhémet-Ali, qui en commença la conquête. On avait grand besoin d'argent, on pensait peut-être en obtenir plus facilement de l'Angleterre en se donnant l'air de vouloir mal de mort à la traite et à ceux qui la faisaient ; ce n'était pas la première fois qu'on jetait aux yeux de la crédule Europe un peu de sable de Nubie. Cette mission est offerte à Gordon ; il l'accepte et la prend au sérieux un peu plus qu'on n'aurait voulu.

Du Caire, où il arrive au mois de février 1874, il se rend à Khartoum avec le titre bizarre de : « Son Excellence le général-colonel Gordon, gouverneur général de l'Equateur ». Après vingt-trois jours d'un pénible voyage, il se présente dans Gondokoro, sa capitale. Il y trouve une misérable garnison de trois cents hommes, qui ne subsistaient que de brigandage, et il s'applique à enseigner à ces brigands le métier de gendarmes. Durant dix-huit mois il brave un climat meurtrier auquel succombaient les santés les plus robustes et qui n'a aucune prise sur lui, grâce à certaines pilules de son invention. Il reconnaît le cours du Nil Blanc jusqu'aux environs du lac Victoria-Nyanza; il réussit non à supprimer, mais à réduire le commerce des esclaves; il rétablit la confiance et la paix parmi les tribus, il organise une ligne de postes communiquant librement entre eux; il gouverne en dictateur philanthrope qui, assuré de ne vouloir que le bien, trouve quelque plaisir à faire tout ce qu'il veut.

Ismaïl-Pacha se croit tenu de récompenser ses services en agrandissant son empire, et, pour lui être agréable, réunit en un seul gouvernement le Sennaar, le Kordofan, le Darfour, les provinces équatoriales. Khartoum devient sa résidence, où il ne réside guère. Des révoltes éclatent, le nouveau vice-roi du Soudan n'a plus une heure de repos. Il dévore l'espace, il franchit les déserts. De Massouah à Khartoum, de Khartoum à Shakka, il est partout à la fois. En une seule année, il fait plus de quinze cents lieues, monté sur son chameau, qui va comme le vent, et dont l'éternel tangage lui plaît. Il finit cependant par en souffrir; il lui semblait « que son cœur et ses reins s'étaient déplacés », et, dans un moment de lassitude, il écrivait : « Quoique j'aime mieux être ici que partout ailleurs, je voudrais être mort plutôt que de vivre comme je vis ». Ismaïl, qui le prenait pour un magicien, a la bizarre pensée de le mander au Caire et de le consulter sur ses embarras financiers. Ce n'était pas l'affaire de Gordon et Ismaïl commence à douter de son omniscience.

Après cette fâcheuse aventure, il retourne à Khartoum; les difficultés s'aggravent, les déconvenues se multiplient. Ses sous-gouverneurs, ses fonctionnaires de tout ordre trahissent leur mission, s'entendent secrètement avec les négriers, ne s'occupent que de passer de bons marchés avec eux et de se faire une part dans leurs profits. En un mois, le vice-roi du Soudan doit renvoyer au Caire trois généraux de division, un général de brigade, quatre lieutenants-colonels. En 1879, Ismaïl abdique, cède la place à Tevfik. Gordon s'empresse de donner sa démission avant qu'on la lui demande; on ne cherche à le retenir que pour la forme. Mais, avant de s'en aller, il consent à se charger d'une mission diplomatique en Abyssinie; il y est en butte aux avanies, traité en suspect, presque en prisonnier : « Je ne vous écris pas les détails de mes misères; elles sont finies, grâce à Dieu. Rien n'est moins confortable que de dormir avec un Abyssin à ses pieds, un second Abyssin à sa droite, un troisième à sa gauche. »

Cette fois, il se sentait à bout de forces. M. Joseph Reinach, qui, au mois de janvier 1880, le rencontra à bord d'un vapeur en partance pour Naples, nous a rapporté ses conversations avec ce lion qui regrettait son désert. Nous voyons par cet intéressant récit qu'il s'en prenait à tout le monde de ses déceptions. Il était « tout ulcéré par l'injustice de son gouvernement, par l'ingratitude du khédive », et, pour se distraire de son chagrin, il inventait d'heure en heure un nouveau partage du monde et surtout de l'empire ottoman. Mais sous la colère perçait la lassitude. Avant de quitter Alexandrie, il s'était fait examiner par le médecin du consulat

britannique, qui avait découvert en lui des symp-
tômes d'épuisement nerveux et d'altération du sang
et lui avait ordonné plusieurs mois de complet
repos : lui-même en sentait le besoin. Il avait juré
que désormais il ferait la grasse matinée, qu'il
resterait au lit jusqu'à midi, qu'il flânerait, qu'il
baguenauderait, qu'il n'irait jamais en chemin de fer
et que jamais il n'accepterait une invitation à dîner.
En revanche, il se promettait de manger chaque
jour des huîtres à son déjeuner. Comme le remarque
M. Forbes, il eut les huîtres, il n'eut pas le repos.

En mai 1881, le marquis de Ripon s'embarquait
pour les Indes, où il allait remplacer lord Lytton.
Il propose à Gordon de l'emmener comme secrétaire ; Gordon oublie ses fatigues, ses serments
d'amoureux et accepte. Il s'aperçut bientôt, durant
la traversée, qu'il ne s'accordait sur rien avec le
marquis, et de son côté le marquis n'eut pas besoin
de réfléchir longtemps pour découvrir qu'emmener
Gordon aux Indes, c'était lâcher un taureau dans
un magasin de porcelaines. Quels dégâts, bon Dieu !
Lord Ripon n'entendait pas répondre de la casse.
A peine débarqué à Bombay, Gordon résigne ses
nouvelles fonctions ; il part pour la Chine, qui avait
un différend avec la Russie au sujet de Kashgar et
réclamait les conseils du vainqueur des Taï-Pings.
Il en donne d'excellents, après quoi il retourne en
Angleterre, d'où on l'envoie dans l'île Maurice
comme commandant du génie. Il y passa dix mois,
étudia l'archipel des Seychelles et, par manière de
récréation, s'occupa en même temps de déterminer
l'emplacement du jardin d'Eden.

L'année suivante, on l'appela au cap de Bonne-Espérance, pour remettre un peu d'ordre dans les affaires des Bassoutos. L'Afrique du Sud lui fut peu hospitalière; il ne s'y entendit avec personne et repartit bientôt, sans que personne parût le regretter. Cette déconvenue lui fut plus cruelle que toute autre, le plongea dans un morne désespoir. Pour se consoler, il se rendit à Jérusalem, où il examina les lieux saints, comme l'a dit son cousin M. Hake, « avec les yeux d'un ingénieur et avec la foi d'un chrétien qui découvre des sermons dans les pierres ». Ce fut à Jérusalem que vinrent le trouver les propositions du roi des Belges, qui désirait l'envoyer au Congo. Mais M. Gladstone eut le pas sur le roi Léopold et, au lieu de partir pour le Congo, Gordon partit pour Khartoum. « S'il en sort vivant, disaient ses amis, on peut être sûr que ce sera pour s'en aller dans quelque autre endroit où il y a des coups à donner et des coups à recevoir. »

Nous avons connu à Smyrne un journaliste, homme d'esprit et de mérite, mais le plus indolent des Levantins, qui depuis quarante ans qu'il était né, n'avait jamais pu prendre sur lui de monter jusqu'au château qui domine la ville et son port et commande une admirable vue. Il en coûte un peu plus de peine que pour monter à Montmartre, mais la différence n'est pas grande. Trois fois nous avions formé le projet de faire ensemble cette promenade; chaque fois, au moment du départ, il s'écria : « Décidément c'est trop loin! » Et il rentra chez lui. Il était fermement convaincu que le bonheur consiste à ne jamais changer de place et à faire chaque jour à la même heure la même chose qu'on a faite la veille et qu'on fera le lendemain. Ce Levantin et George Gordon représentent les deux bouts de l'échelle humaine. L'un trouvait que traverser la rue qui séparait sa maison du bureau de son journal était un travail assez pénible pour épuiser les forces d'un homme de bien. L'autre a parcouru toute la terre, elle lui a semblé trop petite, il n'a pas trouvé son compte et il se fiait à la bonté divine pour lui faire habiter après sa mort un monde un peu plus étoffé que le nôtre. Jupiter est une planète quatorze cent fois plus volumineuse que la terre; nous doutons pourtant qu'elle soit assez grosse pour suffire au bonheur éternel de Gordon.

Un Espagnol nous disait qu'il faut se défier des hommes qui ne mettent jamais leurs pantoufles. Il est certain qu'en général les gens qui courent le plus appartiennent à la classe des aventuriers. Ils espèrent trouver au bout de leur voyage un trésor ou une couronne, et leurs scrupules ne gênent pas beaucoup leur ambition. Tel fut ce Burgevine que Gordon rencontra à Shanghaï. Natif de la Caroline du Nord, on l'a vu successivement en Californie, en Australie, dans les îles Sandwich, aux Indes, à Jeddah, à Londres, dans bien d'autres endroits encore. Il n'était pas sans éducation, et le docteur Wilson l'a défini « un de ces *gentlemen* nautiques, qui combinent quelque goût pour la littérature avec la faculté de gouverner un bâtiment caboteur et celle de fonder un grand empire, pourvu que le diable s'en mêle ». Après être allé partout, cherchant et ne trouvant pas, il retourna de guerre lasse en Amérique, où il fut à la fois employé dans un bureau de poste et le rédacteur en chef d'un petit journal.

Mais ce n'était pas son dernier mot; plantant là son journal, Burgevine partit pour la Chine, qui était devenue le rendez-vous des aventuriers comme l'Amérique centrale au temps de Walker. Il fut l'un des inventeurs, l'un des recruteurs de « l'armée toujours victorieuse ». Furieux de voir un autre en prendre le commandement, il intrigua, cabala, perdit son procès, et de dépit il passa au service des Taï-Pings. Mais, se ravisant bientôt, il entra en négociation avec Gordon. Son âme était si noire qu'au moment où il traitait avec lui et se recommandait à sa clémence, il hésitait s'il ne trouverait pas plus de profit à s'emparer de sa personne pour le livrer aux rebelles. Un de ses lieutenants, nommé Jones, lui représenta qu'il se déshonorerait à jamais par ce guet-apens. Burgevine déchargea son revolver sur le sermonneur; la balle pénétra dans la joue et le blessé s'écria : « Vous avez tiré sur votre meilleur ami ». A quoi l'homme au revolver répliqua : « Plût à Dieu que je vous eusse tué! » Ce fut Jones lui-même qui raconta cette histoire, et Burgevine fit insérer aussitôt dans une feuille de Shanghaï une petite note ainsi conçue : « Le récit du capitaine Jones touchant cet incident est essentiellement correct, et je ressens un vif plaisir à rendre un témoignage à sa candide véracité toutes les fois qu'il s'agit d'une affaire dont il a eu la connaissance personnelle ». Le cynisme ne mène pas toujours à la fortune. Après tant de vicissitudes, Burgevine périt misérablement en passant une rivière dans un bac, et il est permis de croire que personne ne l'a pleuré.

Le général Gordon n'avait de commun avec les Burgevine que l'éternelle inquiétude de l'humeur, le goût des entreprises, des nouveautés, la longueur des enjambées et l'impossibilité de tenir en place. Mais il y a cette grande différence entre un aventurier et lui qu'il n'a jamais servi que des causes qui lui semblaient justes, nobles ou généreuses, et que son désintéressement égalait son audace. Il a eu bien des occasions de s'enrichir; il les a manquées volontairement. Il ne prenait ni ne recevait, il donnait le peu qu'il avait. Il écrivait en 1864 : « Je quitte la Chine aussi pauvre que j'y suis entré ». Il avait refusé toute autre récompense de ses services que la jaquette jaune et la plume de paon et employé sa solde à pourvoir aux besoins de ses soldats. Plus tard, au Soudan, le gouvernement égyptien lui offrait un traitement de 10 000 livres sterling, il n'en voulut accepter que 2 000. On a pu le surnommer le chevalier sans ambition comme sans peur.

Mais on aurait tort de confondre le désintéressé Gordon avec ces philanthropes enthousiastes qui croient aveuglément à ce qu'ils font parce qu'ils ont à la fois une âme ardente et l'esprit court. Les injustices le révoltaient, lui échauffaient le sang, lui causaient des accès de violence, des emportements qui faisaient trembler. C'est dans ces moments-là qu'il traitait de saltimbanques les politiques, les diplomates, et de brutes les soldats qui s'entendent mieux à piller qu'à se battre. Les uns comme les autres, il aurait voulu qu'ils n'eussent qu'un cou pour pouvoir les étrangler tous ensemble. Mais, dans l'habitude de la vie, il avait l'esprit rassis et plein de raison, un bon sens qui voyait le fort et le faible de tous les arguments et de toutes les causes, une sérénité de jugement, accompagnée d'humour, une philosophie frondeuse, un peu narquoise. En se rendant à Gondokoro, il s'égayait aux dépens de ses nouveaux sujets, accourus à sa rencontre dans leur plus grande tenue et dont tout le costume consistait en un collier. Il écrivait vers le même temps qu'au milieu de la nuit, un éclat de rire parti d'un buisson l'avait fait tressaillir : « Je me sentis un peu déconcerté, mais je découvris bientôt que ce rire venait d'un oiseau qui se moquait de nous d'une façon assez déplaisante. C'était une sorte de cigogne, laquelle semblait de fort belle humeur, *in capital spirits*, et s'amusait infiniment en pensant que quelqu'un pût aller à Gondokoro dans l'espérance d'y faire quelque chose. »

Il avait l'esprit ainsi fait que, par intervalles, il se prenait à douter non seulement du succès de ses entreprises, mais même de leur utilité. Il n'avait pas sur le bonheur les idées généralement reçues, et ce philanthrope craignait parfois de se tromper en travaillant de propos délibéré à la félicité de ses semblables : « Nègres, négresses et négrillons, je prétends que ces pauvres noirs du Soudan, qui ne mangent pas tous les jours, sont plus heureux que nos classes moyennes d'Angleterre. Quoiqu'ils n'aient pas la moindre guenille pour se couvrir,

ils ne passent pas leur temps à geindre et à grogner
comme des vingtaines d'Anglais qui, dans leurs
gros dîners, se battent péniblement les flancs pour
se procurer une gaieté bien creuse et bien misérable. »
Après avoir parcouru le monde, Gordon avait pesé
et soupesé la terre dans le creux de sa main; elle
lui avait semblé très légère. Dans ses heures de
détachement, il prenait en pitié les choses humaines,
il les jugeait et se jugeait lui-même. Un Européen
qui entreprend de civiliser un Africain lui faisait
l'effet d'un renard prêchant la morale et le respect
des poulaillers à un putois. Il estimait qu'en définitive tous les hommes se valent, que leurs plus
grandes affaires sont de purs néants, qu'on a bientôt
fait d'en connaître la vanité : « Ramasser et cuire
une pomme de terre est un aussi gros intérêt pour
une pauvre femme que la réorganisation de l'armée
anglaise pour Cardwell. Nous sommes tous des
poules, et chacun de nous aime à se figurer que
les œufs les plus beaux sont ceux qu'il a pondus. »
Les aventuriers courent le monde pour y chercher
leur proie; les enthousiastes se vouent au service
d'une idée qu'ils adorent avec les illusions d'un
amant bien épris qui ne se permet pas de discuter
sa dame. Gordon ne ressemblait ni aux uns ni aux
autres. Cet homme maigre, dont M. Reinach admira
« les yeux très doux, vagues, comme perdus dans un
monde lointain de pensées », offrait le bizarre assemblage d'un bon sens ironique, qui n'était dupe de
rien, et d'un illuminé qui cherche dans sa Bible les
règles de son devoir. C'était une Bible particulière,
paraît-il, qu'il avait réduite et arrangée pour son

usage. Refusait-elle de répondre à ses questions, il se recueillait, il s'interrogeait, et les inspirations divines décidaient de sa conduite. En Chine comme au Soudan, il a toujours vu très clair dans les choses humaines, il n'a jamais pris des vessies pour des lanternes; mais il croyait aussi que Dieu causait avec Gordon, lui donnait des ordres et, coûte que coûte, il les exécutait en faisant taire les objections de son bon sens, qui lui représentait que son fardeau était trop lourd pour ses épaules ou que les gens qu'il obligeait étaient des imbéciles ou des drôles.

Le 6 octobre 1876, comme il balançait à quitter le Soudan, où beaucoup de choses lui déplaisaient, il écrivait à un ami : « M. Confort, un très impérieux gentleman, me dit : « Vous vous portez bien, vous « en avez fait assez, allez-vous-en chez vous, tenez- « vous coi et ne risquez plus rien ». Mme la Raison dit à son tour : « Que vous sert de conquérir plus « de pays à un si triste gouvernement? Ils ont déjà « sous leur pouvoir plus de terres qu'ils n'en peu- « vent administrer. Allez-vous-en bien vite. » Mais M. Quelqu'un (je ne sais pas qui c'est) me dit : « Ne « tâchez pas de deviner les secrets de l'avenir; laissez « à Dieu ce soin et faites ce que vous jugerez bon « pour ouvrir le pays jusqu'aux deux lacs de l'Équa- « teur. Faites cela non pour le khédive et son gou- « vernement, mais faites-le en aveugle et par acte « de foi. » Ce joueur mystique était persuadé que c'était son Dieu lui-même qui lui avait mis en main les cartes avec lesquelles il jouait. Il lui arrivait sou- vent de maudire son jeu, de douter de la valeur de ses atouts; mais Dieu le voulait et il jouait la partie. La perdait-il, il en concluait que les voies de la Providence ne sont pas les nôtres, qu'elle avait des desseins particuliers sur son serviteur Gordon, qu'elle l'avait soumis à de redoutables épreuves dont il devait faire son profit pour le salut de son âme.

Voltaire disait que quelques âmes pieuses croient recevoir d'une communication intime avec le ciel ce qu'elles ne tiennent que de leur imagination enflammée : « C'est alors, ajoutait-il, qu'on a besoin du conseil d'un honnête homme et surtout d'un bon médecin ». Mais Gordon n'écoutait pas les conseils; s'il les avait écoutés, il n'aurait plus été Gordon, et le monde y aurait perdu. Ce fataliste chrétien allait droit devant lui jusqu'à ce qu'il rencontrât le mur. Il le heurtait si vigoureusement de sa puissante tête, il cognait à coups si redoublés que souvent le mur tombait. Quand le mur ne tombait pas, il avait des colères rouges, après quoi il se résignait aux mystères de la prédestination. « Je suis très las, disait-il un jour, mais je m'en vais seul avec un Dieu tout-puissant pour me diriger et me guider, et je suis heureux d'avoir une telle confiance en lui que je ne crains rien. »

Son fatalisme lui a permis d'accomplir impunément des folies d'audace. Après la prise de Su-Tscheu, désespérant de tenir en bride l'humeur pillarde de ses soldats, il se hâta de les faire partir pour Quinsan et demeura seul à la merci d'ennemis frémissants et d'alliés douteux. A peine avait-il renvoyé son monde, il apprit que le gouverneur chinois Li-Hung-Chang venait de faire massacrer des prisonniers à qui Gordon avait promis la vie. Il se crut tenu de venger ces malheureux et la parole violée ; le revolver au poing, il poursuivit le traître de maison en maison. Heureusement Li se cacha bien, il ne le trouva point. Dans le Darfour, à Dara, à Shakka, devançant de bien loin son escorte, on l'a vu arriver inopinément sur son chameau, pénétrer dans un repaire de brigands, de meurtriers qui avaient juré d'en finir avec lui, désarmer leurs complots par la puissance de son regard, par l'autorité de sa parole et de son geste, et sortir vivant de cette caverne.

C'est par son fatalisme aussi que s'explique sa hautaine indifférence dans le choix de ses instruments. Cette armée, toujours victorieuse, qu'il commandait en Chine, s'affaiblissait continuellement par la désertion ; Gordon comptait pour boucher les trous sur les prisonniers qu'il faisait aux Taï-Pings et qu'il s'empressait de faire entrer dans le rang. Après s'être battus contre lui, ils se battaient pour lui, et leur général les traitait tous de racaille, et cette racaille lui était bonne pour accomplir les desseins du ciel. Lorsqu'il fut nommé gouverneur de l'Équateur, il eut soin d'emmener à Gondokoro son favori Abou-Saoud, que tout le monde au Caire lui signalait avec raison comme un coquin fieffé qui n'attendait que le moment de le trahir. Quand on est pénétré de la doctrine de la grâce, quand on croit à ses opérations mystérieuses et soudaines qui changent les cœurs, on ne met pas une très grande différence entre un coquin et un honnête homme. On songe au brigand crucifié qui entra le premier au paradis.

Aussi Gordon était-il toujours prêt à se remettre avec les drôles qu'il avait juré d'étrangler ou de fusiller, et sa vie offre l'exemple de réconciliations bien étranges. Peu de jours après son affaire avec le gouverneur Li, à qui il voulait brûler la cervelle, il avait tout pardonné, tout oublié; on s'aimait si tendrement qu'en 1882, quand on se retrouva à Tientsin, on se jeta au cou l'un de l'autre. Plus bizarre encore fut sa conduite avec Zebehr-Pacha, le principal négrier du Soudan, dont le fils Soliman était chef de bandes et dévasta toute une province. Quand le fils fut pris, on trouva sur lui des papiers du père qui démontraient sa complicité. Gordon lui-même se porta son accusateur, dénonça ses brigandages. Il fut condamné à mort; mais au lieu de le faire exécuter, le khédive le pensionna. Ce qui surprend davantage, c'est que Gordon, qui regrettait de n'avoir pu le pendre de sa main, devait plus tard faire alliance avec lui et confier à cet honnête homme l'avenir du Soudan. Embrasser Li et faire de Zebehr un gouverneur général, il faut pour cela croire bien fermement à la grâce. Mais qu'importait à Gordon ce qu'on pouvait penser de lui? Il ne prenait pour juge ni le succès, ni l'opinion; il faisait ce que Dieu lui avait dit de faire, méprisait le monde et ses vaines censures. C'était encore là une de ses indifférences.

Faute d'avoir pénétré assez avant dans les replis de son singulier caractère, on a relevé dans sa conduite des contradictions qui n'en sont pas et qu'on avait tort de lui reprocher. Ce fut un étonnement dans toute l'Europe quand on apprit qu'en 1884 Gordon s'était fait précéder à Khartoum par une proclamation qui autorisait les marchands d'esclaves à reprendre leur petit commerce. On en conclut que les héros sacrifient dans certains cas leurs principes à la politique, que les plus saints savent s'accommoder aux circonstances, que si vous grattez un inspiré, vous trouverez l'habile homme. On oubliait que, dans le temps où il gouvernait le Soudan, Gordon, tout en travaillant à détruire l'esclavage, n'était point un abolitionniste à outrance. Sa correspondance, publiée par M. Birckbeck Hill, en fait foi [1]. Il ne faut pas demander à un inspiré d'adopter de toutes pièces des programmes tout faits. Ce qui lui faisait horreur, comme il le déclarait en 1875, c'étaient les incursions à main armée des recruteurs d'esclaves, leurs victimes indignement torturées, le sang répandu, le dépeuplement de districts entiers. Mais il ajoutait : « Si de leur propre mouvement un père et une mère se décident à vendre leur enfant et que leur enfant y consente, je n'ai pas d'objection à leur faire.... Voudriez-vous qu'on fusillât tous les trafiquants de chair humaine? écrivait-il encore. N'ont-ils pas leurs droits? Les planteurs n'en avaient-ils pas? J'aurais donné 500 livres sterling pour que la société des abolitionnistes se trouvât à Dara pendant les trois jours où l'on put douter si les négriers livreraient bataille ou non. Un méchant fortin, une garnison affolée de peur, et, d'autre part, une bande d'hommes déterminés, aguerris, munis de bons fusils et de deux pièces de canon, que voulez-vous faire là contre? Comprenez-moi, les esclaves capturés, je les

______

1. *Colonel Gordon in Central Africa,* by Birckbeck Hill.

expédierai en Égypte et je ferai ce que Dieu dans sa
miséricorde voudra bien m'inspirer au sujet des
esclaves domestiques. Ce que je veux empêcher, au
risque de me rompre le cou, ce sont les razzias. Mais,
si cela me convient, j'achèterai des esclaves pour
mon armée et j'en ferai, malgré eux, des soldats
pour tenir en respect les voleurs de femmes et d'enfants. »

Assurément il devait lui en coûter d'être chargé
lui-même de défaire l'œuvre qu'il avait ébauchée par
des prodiges de courage et d'entêtement. Mais il
avait perdu depuis longtemps toutes ses illusions;
il disait : « L'esclavage ne cessera dans le Soudan
que le jour où vous inventerez le moyen de retirer
d'une feuille de papier brouillard toute l'encre qu'elle
a bue ». Il savait que sur trois convois d'esclaves
qu'il tentait d'arrêter au passage, deux lui échappaient par la connivence de ses officiers, qui s'entendaient avec les marchands comme larrons en
foire. Pour gouverner ces territoires annexés au
royaume des Pharaons, il faut être soi-même Pharaon, et Pharaon était un homme qui avait beaucoup de prestige parce qu'il avait le pouvoir de
récompenser ses amis et de supprimer ses ennemis.
A son gré, il nommait son échanson président de
son conseil ou faisait pendre son panetier, sans
avoir de comptes à rendre à personne. Durant son
premier séjour au Soudan, Gordon n'avait ni panetier ni échanson; mais il aurait bien voulu pendre
quelques-uns de ses sous-pachas, qui trahissaient
sa confiance, conspiraient avec les brigands ou pres-
suraient les humbles et les petits. Il n'osa jamais

prendre cette liberté grande, que le khédive ne lui avait point octroyée, et il en vint à désespérer peu à peu de son œuvre. Le bien qu'il faisait ne rachetait pas le mal que faisaient ses fonctionnaires, et il ne pouvait se dissimuler que le jour où il quitterait ce pays, son impuissante dictature serait remplacée par le règne effronté du *courbache* et du *bakchich*. Était-ce la peine d'ôter le Soudan à ses maîtres naturels pour le donner à l'Égypte?

Désabusé par ses dures expériences, il se prêta facilement aux vues du cabinet anglais. Dans le mémorandum qu'il rédigea pendant sa traversée de Marseille à Alexandrie, il s'exprimait ainsi : « Plus grand que l'Allemagne, la France et l'Espagne réunies, le stérile Soudan est une possession inutile, il l'a toujours été et le sera toujours. Il ne peut être administré que par un dictateur; si ce dictateur est mauvais, il y aura de constantes révoltes.... En conséquence, j'estime que le gouvernement de Sa Majesté est pleinement autorisé à recommander l'évacuation de ce pays. Il le laissera tel que Dieu l'a créé. Les gens qui l'habitent ne sont pas forcés de se battre les uns contre les autres, et du moins ils ne seront plus opprimés par des pachas venus de la Circassie, de l'Anatolie et du Kurdistan. » C'est ainsi qu'il se consolait. Certes, il ne pouvait se flatter que ces sultans locaux auxquels on restituerait leurs pouvoirs seraient des souverains pleins de mansuétude et de délicates attentions pour leurs peuples. Mais si Gordon l'illuminé s'était persuadé quelque temps que le ciel l'avait choisi pour faire le bonheur des nègres du Soudan, Gordon le philosophe avait décidé que les khédives sont des philanthropes fort suspects, et qu'ils n'ont jamais fait dans les pays qu'ils retiennent sous leur obéissance d'autres heureux que les pachas qu'ils y envoient avec la permission d'y remplir leurs poches.

Chevalier errant qui doute par intervalles de la beauté de sa dame et ne laisse pas de jouer sa vie pour elle, fataliste chrétien qui exécute les ordres du ciel sans être bien sûr que ses prouesses profiteront à qui que ce soit, mystique plein de bon sens, qui agit par inspiration et permet à sa raison de le juger, vivant dans de continuelles alternatives d'ivresse et de dégrisement, et tour à tour le plus téméraire ou le plus résigné des Anglais, Charles Gordon, Gordon le Chinois, Gordon-Pacha est l'exemple peut-être unique d'un homme dont la tenace volonté a fait de grandes choses en ne croyant qu'à moitié à ce qu'elle fait. Mais il n'aura fondé dans les vicissitudes de sa vie très agitée aucune œuvre durable; on ne fait œuvre qui dure qu'à la condition d'y croire tout à fait, et le repentir est la plus inutile des sagesses. Cet homme extraordinaire avait détruit jadis dans les pays du—Haut-Nil les vieux moyens de gouvernement, il les avait remplacés par Gordon; deux jours après son départ, les vents d'Afrique avaient soufflé sur sa fragile entreprise, et le sable du désert n'a pas gardé la trace de ses pas.

II

Il est convenu dans toute l'Europe que les Français sont un peuple changeant et volage, et on nous a souvent reproché nos légèretés, notre inconsistance. Il nous est permis à notre tour de constater que les peuples prétendus sérieux ne le sont pas toujours, qu'ils étonnent le monde par la promptitude de leurs oublis. Quand Gordon partit en 1884 pour Khartoum, les ardentes sympathies de son pays l'accompagnaient; il semblait que la Grande-Bretagne tout entière le couvât des yeux, qu'elle se promît de veiller sur une tête si précieuse et si chère. Son nom remplissait les journaux, et lorsqu'on apprit qu'il était en danger, ce fut partout comme une fièvre d'inquiétude et d'émotion. On déclarait d'une seule voix que si jamais il venait à tomber mort ou vivant aux mains du mahdi, de ses fakirs et de ses derviches, la colère de la nation balayerait comme une poussière le cabinet indigne qui, trop lent à le secourir, aurait compromis l'honneur anglais par ce lâche abandon. Gordon a payé de sa vie sa généreuse entreprise, et l'Angleterre en a pris subitement son parti avec une philosophie vraiment admirable. A la vérité, le ministère libéral fut renversé, mais beaucoup plus tard et sur une question de budget, sans que Gordon y fût pour rien. Gordon n'avait pas réussi, et les malheureux ont toujours tort.

S'il était revenu vainqueur du mahdi, il n'y aurait pas eu dans toutes les serres du Royaume-Uni assez de fleurs pour lui tresser des couronnes, ni dans la rhétorique anglaise trop d'hyperboles pour célébrer sa gloire. Il s'était laissé prendre et tuer, et l'oraison funèbre de ce vaincu a été bientôt faite. Les uns disaient : « Le pauvre homme ! après tout, ce n'était qu'un aventurier, les aventuriers finissent toujours mal ». D'autres ajoutaient avec aigreur : « Du moment qu'il n'était pas sûr de réussir, il aurait mieux fait de rester chez lui. Il nous a sottement compromis. ». Et la plupart, en retournant à leurs affaires, pensaient sans oser le dire que les héros sont une espèce encombrante et dangereuse, qu'un honnête épicier a sur eux l'inestimable avantage de ne jamais compromettre son pays.

Les oublieux, les ingrats, ainsi que les diplomates qui pensaient avoir quelque chose à se reprocher dans cette lugubre aventure et qui souhaitaient pour le soulagement de leur conscience qu'on n'entendît plus parler de Gordon, ont su peu de gré à sa famille d'avoir publié le *Journal* qu'il rédigea à Khartoum, chaque matin et chaque soir, durant les longs mois de sa captivité, et dans lequel il relatait tous les incidents du siège, consignait toutes ses remarques, toutes ses réflexions, souvent amères. Ils en ont voulu à ce mort de sortir de son tombeau pour reprocher son malheur à l'Angleterre et régler ses comptes avec elle. En revanche, ceux qui sont curieux de voir un homme extraordinaire, dont l'âme était plus grande encore que folle, se débattant dans une situation désespérée comme un lion pris au piège, et tour à tour interrogeant sa destinée et son courage, liront toujours avec un vif et poignant intérêt le gros volume où il a raconté lui-même sa déplorable histoire [1].

On regrette seulement que ce récit soit incomplet.

1. *The Journals of Major-Gen. C.-G. Gordon, C.-B., at Khartoum*, printed from the original MSS. by A. Egmont Hake. Londres, 1885.

Le colonel Stewart, qui en avait rédigé de sa main la première partie, l'emporta à bord de l'*Abbas* lorsqu'il quitta Khartoum pour regagner le Caire en compagnie de M. Power et de notre consul, M. Herbin. Attirés dans un guet-apens, les passagers de l'*Abbas* périrent misérablement, et les précieux papiers dont ils avaient le dépôt furent envoyés au mahdi, qui se fit un plaisir d'annoncer lui-même à Gordon sa capture en lui écrivant : « Je sais désormais tous tes secrets, car quand il plaît au Dieu très haut, à qui grâces soient rendues! il découvre à ses serviteurs les pensées secrètes des infidèles ». Les six cahiers qui nous ont été conservés vont du 10 septembre au 14 décembre 1884. Gordon les avait expédiés l'un après l'autre par des vapeurs jusqu'à Metemmah, où ils furent remis, le 22 janvier 1885, à sir Charles Wilson. Il tenait à faire savoir à son pays, au monde entier, qu'il avait fait son devoir jusqu'au bout et que son désastre ne lui était point imputable. On pouvait croire que les lions ne sont pas faits pour périr sous la griffe des chacals, que Gordon était une trop noble victime pour les Bédouins du Soudan. Le chacal a gagné son procès, et en vain le lion aux abois appelait-il au secours, son rugissement n'a point été entendu.

Les éditeurs du Journal affirment hautement que si le gouvernement anglais avait soutenu Gordon et suivi tous ses conseils, obtempéré à tous ses désirs, la question du Soudan aurait été résolue, qu'il était le seul homme capable d'en venir à bout. Ce n'est pas tout à fait mon avis, et il m'est difficile de croire que M. Gladstone ait fait preuve de jugement

le jour où il choisit pour exécuter ses très prosaïques
desseins un mystique qui se regardait comme l'ouvrier de Dieu, et qui n'agissait jamais que par ses
propres inspirations. On avait décidé d'abandonner
le Soudan, de l'évacuer, en assurant la retraite des
garnisons égyptiennes. C'était confier à Gordon,
comme je l'ai dit, la liquidation d'une aventure, et
dans le rôle de syndic d'une faillite, il n'y avait rien
qui fût conforme à ses goûts, à son humeur. Sans
doute, il paraissait s'accorder en principe avec ceux
qui l'envoyaient. Mais cet homme d'un grand cœur
avait l'imagination aussi mobile qu'ardente, et il
devait arriver fatalement que tôt ou tard, il inter-
prétât ses instructions à sa manière, qui n'était pas
celle de M. Gladstone et de lord Granville. Au surplus, le cabinet égyptien ayant résolu de le nommer
gouverneur général du Soudan, sir Evelyn Baring
ne s'y opposa point et, par une lettre du 26 janvier,
le khédive l'invitait non seulement à veiller à la
retraite des troupes, des employés civils et de leurs
familles, mais à prendre des mesures pour organiser
un gouvernement régulier dans les différentes provinces du Soudan et pour y rétablir l'ordre et la
paix.

N'était-il pas au moins étrange de nommer un
gouverneur général chargé d'organiser un pays à la
possession duquel on renonçait? Puisqu'on voulait
abandonner le Soudan, la seule chose à faire était
de négocier avec le mahdi et de lui livrer Khartoum,
à condition qu'il accordât aux garnisons un permis
de libre passage pour se retirer en Égypte, vie et
bagues sauves. — « Que faites-vous sur un territoire

que vous déclarez vous-même n'être plus à vous? »
demandait le mahdi à Gordon, — et Gordon avouait
que cette question le rendait perplexe. Il était tenté
d'en conclure que ses instructions devaient être re-
visées, qu'on s'était trop pressé de restituer le Soudan aux Soudaniens. Mais le gouvernement anglais
n'admettait aucune discussion sur cet article. Son
plus cher désir était de tirer au plus vite son épingle
du jeu, sans trop compromettre son prestige, et il
avait commis à ce soin un homme qui en matière
d'honneur était le moins casuiste, le moins coulant
des héros, qui, en toute circonstance, était plus disposé à se lier qu'à se dégager, à faire trop que trop
peu. Dans le fond de son cœur, Gordon se flattait
que quand l'armée de secours l'aurait rejoint à
Khartoum, il persuaderait sans peine à lord Wolseley
de pousser une pointe dans le Kordofan, de poursuivre le mahdi, l'épée dans les reins, jusqu'au delà
de sa capitale. Il écrivait dans son Journal à la date
du 19 septembre : « J'avoue m'être rendu coupable
d'insubordination à l'égard du gouvernement de Sa
Majesté et de ses représentants, mais c'est ma nature
et je ne puis me refaire. Je crains de n'avoir pas même
essayé de jouer au volant avec eux : *to play battle-
dore and shuttlecock with them*. Pour des hommes
comme Dilke, qui pèsent leurs moindres mots, je
dois être un *parfait poison*. Je sais que si j'étais chef
d'État, je ne m'emploierais jamais moi-même, car
je suis incorrigible. » Les mystiques sont presque
toujours des indisciplinés; ils ne croient qu'au Saint-
Esprit et à leur volonté, qui est celle de Dieu.

On peut douter aussi que, dans de telles conjonc-

tures, il fût d'une sage politique de nommer un
chrétien gouverneur général du Soudan, en le char-
geant de soustraire à l'influence du mahdi des populations terrorisées ou fanatiques. Assurément la
religion n'était pas la seule cause de la révolte; les
intérêts menacés y avaient une part considérable.
Le gouvernement égyptien avait contre lui toute
l'aristocratie des tribus, tous les gros marchands
d'esclaves qui, gênés dans leur commerce, se voyaient
réduits à acheter, à deniers comptants, la connivence des pachas et des sous-pachas; il n'était pas
moins détesté des pauvres et des petits, que révoltaient la vénalité de ses fonctionnaires, les exactions
de ses percepteurs. Gordon avait déclaré depuis
longtemps que vouloir interdire la traite sans abolir
du même coup le régime du *courbache* et du *bakchich*
était une politique qui menait aux catastrophes.
Mais le feu eût couvé peut-être longtemps sous la
cendre si un prophète n'y avait répandu son huile.
Le fils du charpentier de Dongola venait de grouper
autour de lui tous les mécontents, à qui il annonçait
que le Dieu très haut avait choisi le plus humble de
ses serviteurs pour succéder à ses kalifes, que le
Tout-Puissant enverrait au secours de Mahomed le
mahdi ses anges, ses chérubins et tous les jinns qui
croient à sa justice : — « O mes bien-aimés, disait-
il, sachez que ce Dieu très bon a déposé dans mes
mains le glaive de la victoire. Pour prouver à toute
la terre que je suis le mahdi, il a empreint sur ma
joue droite le signe que vous voyez, et il fera marcher devant moi, dans la confusion des batailles,
une bannière lumineuse portée par Azraïl, l'ange de

la mort, qui détruira jusqu'au dernier de mes ennemis. »

Gordon n'était, pour les musulmans qui l'entouraient, qu'un chien de chrétien. A la vérité, les
ulémas s'étaient prononcés pour lui, parce qu'il
avait eu soin de leur restituer tous leurs privilèges.
Mais quand il représentait aux indécis que le fils
d'Abdallah était un imposteur, que les grains de
beauté n'ont jamais rien prouvé, qu'au surplus le
vrai messie mahométan doit venir de l'est et non
de l'ouest, son autorité semblait fort douteuse, et
les fakirs comme les derviches de Mahomed Achmet
en avaient davantage, lorsqu'ils écrivaient aux commandants des forts de Khartoum : « Est-il possible
que des Arabes et des musulmans tels que vous
demeurent avec les infidèles, qu'ils obéissent à un
homme qui est également étranger à notre pays et
à notre foi? » Le Journal de Gordon, quand on le
lit avec attention, témoigne de ses perplexités. Par
instants, sa solitude l'effrayait; il se demandait :
« Que suis-je venu faire ici? » Pour faire entendre
raison aux partisans du mahdi et les détacher de
l'imposteur, il aurait dû leur parler mahométan.
C'est une langue qu'il ne savait pas, qu'il ne se souciait point d'apprendre.

Ce mystique avait du bon sens, dont il se servait
moins pour agir que pour juger après coup ses
actions. Il avait essayé en vain de dégager Khartoum, et de se donner de l'air. Ses sorties furent
aussi malheureuses que sanglantes. Désormais il
était enveloppé, cerné, et, depuis que Berber s'était
rendu, le Nil n'était plus, pour les commandants de

ses bateaux à vapeur, qu'un chemin difficile, dangereux, souvent intercepté. Il se recueillit, sentit son
impuissance et insista plus que jamais pour qu'on
lui donnât un second dans la personne de ce Zebehr-
Pacha, le plus grand négrier du Darfour, dont il
avait lui-même dénoncé jadis les brigandages et
poursuivi la condamnation. Il était fermement convaincu que ce négrier de grande famille, qui passait
pour descendre en ligne droite des Abbassides, était
l'homme de la situation; que ce renard, qui avait
désolé tant de poulaillers, savait tous les secrets du
Soudan et réussirait par son prestige comme par
ses intrigues à semer la zizanie parmi les tribus les
plus attachées au mahdi. Il n'avait jamais hésité à
se servir d'un coquin, à le prendre pour partenaire;
il estimait, comme nous l'avons vu, que tout est
bon, même la racaille, pour accomplir les desseins
de la Providence, qu'elle n'a point de préjugés,
qu'elle ne méprise personne. Il est vrai qu'appeler
Zebehr, c'était jouer gros jeu. Il le savait capable
de tout, même de le trahir; mais, persuadé que
l'homme est un animal essentiellement traître, *an
essentially treacherous animal*, il disait : « Dans mes
heures de satanisme, je suis porté à ne me fier à
personne; c'est pourquoi j'ai pris le parti de me
fier à tout le monde ».

Si hasardeuse que fût cette entreprise, vaille que
vaille, ce grand oseur voulait la risquer. Il pensait
que la sagesse humaine n'est que folie, que tous les
événements d'ici-bas sont décidés dans le ciel. Si
Zebehr l'avait trahi, il en aurait conclu une fois de
plus que l'Éternel voulait répandre sur son serviteur

Gordon « les fioles de sa colère », afin de voir quelle contenance il ferait dans le malheur et s'il saurait en tirer parti pour le salut de son âme. Ajoutons qu'il aimait à scandaliser les fausses délicatesses, l'orgueilleuse pruderie des pharisiens. Dans ses accès de misanthropie, il ne faisait plus le discernement des boucs et des brebis. L'humanité lui apparaissait comme une misérable espèce, « gouvernée par l'estomac, par le ventre, par le tube intestinal ». Pour pétrir cette boue, était-il donc si nécessaire d'avoir une conscience et des mains propres? Un Zebehr était bien bon pour une si basse besogne.

« Donnez-moi Zebehr, et je réponds de tout », répétait-il sans cesse du mois de février jusqu'en décembre. Mais ni le gouvernement de Sa Majesté, ni le khédive ne déférèrent à son désir. On craignait les réclamations, le scandale, les censures de la Société pour l'abolition de l'esclavage. — « Eh! oui, c'est un négrier, répliquait-il; mais puisque vous abandonnez le Soudan, qu'importe que ce soit Zebehr ou le mahdi qui y fasse la traite?... Si Zebehr était ici, écrivait-il encore, tout irait mieux. Berber ne serait pas tombé aux mains des Arabes, et je recevrais toutes les informations qui me manquent.... La nuit dernière, un Arabe a pénétré dans l'île de Tuti, gardée par deux cents hommes. Il a tué l'un d'eux et emmené trois ânes; ils l'ont laissé faire, ils ne méritent pas le nom d'hommes. Zebehr s'entendrait à les corriger. Il serait allé à Tuti et aurait administré à tout ce monde trente bons coups de courbache. Quant à moi, j'en suis réduit à me répandre en lamentations. » Au surplus, il offrait de prendre tout sous sa responsabilité. Qu'on autorisât seulement Zebehr à faire le voyage en simple piéton, il se chargerait de le mettre en selle. « Le khédive affectera de me blâmer, le ministère anglais lèvera ses yeux et ses mains au ciel. Ce sera une splendide comédie. La Société antiesclavagiste déversera sur moi toute sa bile ; comme je ne compte pas retourner en Angleterre, je me soucierai peu de leurs injures. »

Mais il entendait que, tout en s'indignant, on fît à Zebehr un pont d'or, qu'on lui procurât des provisions en abondance, des bâtiments à vapeur, qu'on lui payât 300 000 livres sterling pendant deux ans, 200 000 comme don de joyeux avènement : « Il s'engagera, cela va sans dire, à observer le traité de 1877 pour l'abolition de la traite, et en jurant il rira dans sa barbe. Quel tapage ils vont faire ! Je connais quelqu'un qui m'écrira : « Mon cher Gordon, « il aurait mieux valu mourir mille fois que de vous « être ainsi écarté du droit chemin ; rien ne peut vous « justifier. Je vous souhaite un heureux Noël. » Son rêve ne s'est pas accompli ; lord Granville s'est obstinément refusé à lui envoyer Zebehr. Était-ce une faute ? Croirons-nous que Zebehr eût été dans les mains de Gordon un utile instrument, qu'il eût sauvé les garnisons, rétabli l'ordre dans le Soudan ou qu'il eût livré quelques mois plus tôt Khartoum au mahdi ? Un négrier, qui descend des Abbassides, est un personnage fort compliqué et, selon les circonstances ou le vent qui souffle, les âmes africaines sont capables des crimes les plus noirs ou des plus beaux dévouements. Ce qu'on peut admettre sans lui faire tort, c'est que Zebehr n'avait de goût que pour les vertus qui rapportent beaucoup, qu'il eût vendu les siennes très cher au gouvernement anglais. Sans doute lord Granville a jugé que, si la dépense était certaine, le résultat était fort incertain.

Désespérant d'en venir à ses fins, condamné à se passer de Zebehr, Gordon ne vit plus qu'une solution aux cruelles difficultés dans lesquelles il se débattait; cette solution, c'était le Turc. Pourquoi le corps expéditionnaire anglais n'appelait-il pas à son aide les soldats du sultan, plus intéressé que personne à en finir avec le mahdi, qui parlait ouvertement de le détrôner, de détruire l'empire ottoman, de couper cet arbre pourri, bon pour le feu? L'Angleterre se devait à elle-même de reprendre Berber, de rouvrir la route du Sennaar, après quoi, l'honneur étant sauf, elle abandonnerait le Soudan au padischah, pour qu'il le gouvernât à sa façon. Quant aux provinces de l'Équateur, Gordon les offrait généreusement au roi des Belges, en l'engageant à venir les chercher. « Que 3 000 Turcs, écrivait-il, débarquent à Massouah et marchent sur Kassala pour la débloquer, que 6 000 se portent de Souakim à Berber pour nous rejoindre à Khartoum! Qu'on s'empresse de leur donner deux millions de livres sterling et qu'on leur cède au plus vite le Soudan! Si vous le rendiez à l'Égypte, nous aurions avant deux ans un autre mahdi. Zebehr ou le Turc, vous n'avez pas d'autre choix. Que vous choisissiez l'un ou l'autre, l'esclavage fleurira dans le Soudan, mais vous serez tranquilles en Égypte. Si vous ne savez pas prendre votre parti, vous vous préparez mille

dangers, et vous ferez une campagne infructueuse et
sans gloire, car le jour où vous quitterez Khartoum,
le mahdi en prendra possession. Il dira tout haut
qu'il vous en a chassés, et sa voix portera jusque
dans l'Inde, ce qui vous sera fort désagréable. »

Le cabinet anglais goûta cette seconde proposi-
-tion aussi peu que la première. De plus en plus, il
se désintéressait du Soudan, il renonçait même à
sauver les garnisons, il ne craignait pas de déclarer
que le corps expéditionnaire, qui se disposait à
partir et qui ne partait jamais, n'était destiné
qu'à sauver Gordon, et Gordon s'en indignait :
« Non, disait-il, ce n'est pas moi que vous viendrez
sauver à Khartoum, c'est votre honneur en souffrance. Vous êtes liés par vos promesses, et si les
garnisons sont massacrées, ce sang versé comme
de l'eau rejaillira sur vous. » Aussi bien, s'il ne
s'agissait que de lui et de sa sûreté, il était homme
à y pourvoir lui-même, à s'en aller quand il lui plai-
rait, en choisissant son heure et son chemin. Mais
il entendait ne partir que le dernier, quand tout le
monde serait sauvé. Il se tenait engagé d'honneur
à courir jusqu'au bout la fortune des habitants de
Khartoum, de ces pauvres gens qui croyaient en
lui, qu'il avait encouragés dans leur résistance et
exposés aux féroces ressentiments, aux implacables
fureurs du mahdi. Les abandonner à ses vengeances!
plutôt mourir!

C'est ainsi qu'il préparait longtemps d'avance le
discours qu'il tiendrait à lord Wolseley, le jour où
l'armée de secours ferait son entrée à Khartoum.
Hélas! elle n'y devait jamais entrer, et par instants

Gordon s'en doutait, après quoi le courage lui revenait et avec le courage la gaieté. Il ne désespérait pas de sortir de son guêpier, et d'en sortir avec gloire. Une fois parti, il comptait s'en aller au Congo, en passant ou par Bruxelles ou par les provinces de l'Équateur; mais il était bien résolu à ne plus revoir l'Angleterre. C'était le pays de l'ennui. Le monde et ses fausses vertus, ses stupides servitudes, ses sots caquets, les discours d'apparat, les dîners de cérémonie, des visages qui sont des masques et des masques qui sont des visages, ô misère! ô vanité! « J'aimerais mieux finir ma vie chez le mahdi, dans la robe d'un de ses derviches, que de m'en aller à Londres pour y dîner chaque soir en ville. » Mais il n'était pas au Congo, il était à Khartoum, où des Bédouins l'assiégeaient, et, pour tromper le mortel ennui de sa dure captivité, il employait ses loisirs à consigner dans son Journal les incidents de chaque jour.

Un homme tué par un obus, les balles qu'échangent deux sentinelles, une barque qui s'engrave, quelques têtes de bétail capturées par le commandant d'un fort, un vapeur envoyé en reconnaissance sur le Nil Blanc ou sur le Nil Bleu, les moindres mouvements de l'ennemi, les rapports des espions, les contes absurdes débités sans vergogne par les déserteurs arabes, il tient note de tout. On lui apprend qu'un Français est arrivé à Obeïd, dans la capitale du mahdi. Il s'imagine que ce Français est l'auteur de la *Vie de Jésus*, « lequel, dans son dernier livre, a pris congé du monde, et qu'on assure être parti pour l'Afrique sans esprit de retour ». Il se promet que si jamais ce singulier ermite vient à Khartoum et se présente aux avant-postes, il ira le voir, et il ajoute : « Renan est un ancien prêtre catholique romain, devenu un grand arabisant; je le crois un homme très malheureux, un esprit agité et inquiet ». Il avait eu pourtant l'occasion de le voir à Londres, et il le croyait très malheureux. Il ne faut pas demander à un inspiré de connaître les hommes et de lire leur destinée sur leur visage. Les écritures les plus limpides lui font l'effet d'un grimoire.

Son journal lui servait aussi à soulager son cœur, à épancher son fiel, à régler ses comptes avec les gens qui lui avaient dit : « Comptez sur nous, soyez tranquille, nous vous soutiendrons ». Qu'avait-on fait pour le soutenir? Peu s'en fallait qu'il n'imputât à lord Wolseley des desseins pervers, des lenteurs calculées et scélérates. On voulait donner au mahdi le temps de prendre Khartoum et de tuer Gordon, après quoi l'expédition deviendrait inutile, on pourrait se dispenser de la faire et d'y risquer sa peau : « Je ne vois dans toute l'histoire rien qui approche d'une telle perfidie, si ce n'est Urie trahi par David ; encore y avait-il une femme dans cette affaire, et autant que je le puis croire, il n'y en a point dans la mienne.... Que ne fait-on lire Plutarque à nos jeunes officiers? Ils y apprendraient beaucoup de choses, car ils n'ont pas l'air de se douter que l'homme qui tient sa parole remplit le plus élémentaire des devoirs. Mais qui lit Plutarque aujourd'hui? » Il écrivait encore : « Je déclare que si la France avait aujourd'hui voix au chapitre dans les affaires d'Égypte, nous n'en serions pas où nous en sommes. Si vous ne trouvez pas de chevalerie dans votre propre maison, vous feriez bien d'en emprunter un peu à votre voisin.... Mais quelle contradiction il y a dans la vie ! Je hais le gouvernement de Sa Majesté pour avoir abandonné le Soudan après avoir causé tous ses malheurs, et cependant je crois que Notre-Seigneur gouverne le ciel et la terre, je devrais le haïr, et sincèrement je ne le fais pas. »

La colère qu'il ressentait contre ses compatriotes n'était égalée que par le mépris que lui inspiraient les quatre prêtres et les six sœurs de la mission autrichienne d'Obeïd qui, tombés aux mains du mahdi, s'étaient faits musulmans. Il pardonnait facilement aux sceptiques qui ne voient que des fables, des mythes dans l'évangile; mais les renégats lui faisaient horreur, il n'admettait pas que, même dans la situation la plus désespérée, on abjurât sa foi pour sauver sa tête. Les six religieuses, de gré ou de force, s'étaient laissé marier avec des Grecs : « C'est le pape qui ne sera pas content ! Il était réservé au mahdi d'accomplir pour la première fois l'union des deux Églises. » Il opposait à cette douloureuse défaillance l'héroïque obstination d'un petit mahométan, qui arrêté par les Bédouins, sans se soucier de leurs bourrades, s'était écrié résolument qu'il ne se ferait jamais derviche, qu'il était aussi bien le mahdi que Mahomed-Achmet lui-même, qu'on pouvait le tuer si l'on voulait. « Il paraît que la scène était splendide. Ce petit bonhomme, âgé de neuf ans, avait l'œil en feu; il gesticulait, trépignait comme un furieux. » La sincérité courageuse était pour Gordon la première des vertus; il estimait médiocrement les autres.

Il avait cru quelque temps que le mahdi était un illuminé, un vrai fanatique, prenant au sérieux sa mission, son métier d'apôtre et de prophète. Il fut chagriné d'apprendre que, ne possédant pas le don des larmes, le fils d'Abdallah, dans toutes les occasions où il lui convenait d'avoir l'air de pleurer, avait soin de fourrer du poivre sous ses ongles et de les porter à ses yeux : « Cela m'a gâté mon mahdi, disait-il, et ce serait une dure humiliation que de reconnaître pour son vainqueur un charlatan de cette espèce. C'est égal, je recommanderais volontiers sa recette aux hommes d'État qui ont quelque tripotage à se faire pardonner; mais il faudrait les avertir que les ongles doivent être longs pour contenir le poivre. » Puis il pensait à Cambyse, fils de Cyrus, à l'armée des Perses engloutie dans le désert, et ses chagrins lui semblaient moins lourds; ou, feuilletant sa bible, il relisait ces terribles paroles d'Ézéchiel : « Voici, c'est à toi que j'en veux, Pharaon, roi d'Égypte, grand crocodile qui te couches au milieu de tes rivières et qui dis : « Mon fleuve est « à moi, c'est moi qui l'ai fait... » L'épée fondra sur l'Égypte, et l'épouvante sera répandue dans l'Éthiopie. J'arroserai de ton sang le pays où tu nages, je remplirai les vallées de tes débris et les ravins seront pleins de toi. »

Plus souvent encore, oubliant Ézéchiel et Cambyse, les Bédouins et Gordon, il s'amusait à étudier les gens qui l'entouraient, à leur tâter le pouls, à mettre leur vaillance et leur dévouement à l'épreuve.

Dans ses jours de belle humeur, il lui semblait qu'il n'y a pas dans le monde de paysage aussi intéressant qu'une âme humaine. Passant en revue toutes les races, tous les peuples qu'il avait pratiqués, il donnait la préférence aux Chinois; puis venaient les noirs, les vrais noirs, ceux qui sont aussi camus que des singes. Il accordait quelque estime au peuple couleur chocolat du Soudan. Pour les fellahs à la face de carême, ils avaient sa pitié, ils n'avaient pas sa sympathie. Toutefois, il reconnaissait qu'après tout, comme la plupart des hommes, ces pauvres diables, racolés de force, qu'on envoyait au feu sans leur dire pourquoi, n'étaient ni des héros, ni des couards, qu'ils se comportaient assez bravement lorsqu'il y avait de grandes chances de gagner la bataille, qu'autrement ils se souvenaient du fameux proverbe oriental : « Deux hommes ne peuvent tenir ensemble à la même place; si tu viens, je m'en vais. »

Quand des déserteurs se présentaient auprès de lui, son plus grand plaisir était de leur donner un dollar, puis de les conduire devant l'une des glaces qui décoraient son palais, objet tout nouveau pour eux. Il jouissait de leur ébahissement. Les plus camus, ceux qui n'avaient aucune prétention à avoir un nez, heureux de se voir pour la première fois et de se trouver beaux, dansaient de joie devant la glace. Un autre, affreusement galeux, refusait de se reconnaître et demandait d'un air farouche : « Qui est-ce donc ? » De noires souillons du désert, *black sluts*, se prenant pour des Vénus, fourraient leur main tout entière dans leur bouche, ce qui est au

Soudan le plus grand signe de virginale modestie. Gordon en concluait que, dans les pays où il n'y a pas de miroirs, un homme qui viendrait à se rencontrer aurait besoin d'un introducteur pour le présenter à lui-même.

Assurément, ce paladin, ce chevalier sans peur, amoureux des entreprises, n'appartenait pas comme Hamlet à la famille des rêveurs et des irrésolus; mais il était sujet comme lui au repentir, aux écœurements qui paralysent la volonté et, comme lui, il disait quelquefois : « L'homme ne me plaît guère, ni la femme non-plus ». Quand ce grand philanthrope, qui avait ses heures de misanthropie, se dégoûtait de notre espèce, il reportait sur les animaux toutes ses attentions, toutes ses tendresses. Tantôt il contemplait un vol de grues passant majestueusement sur Khartoum, et il pensait aux grues d'Ibycus. Tantôt il suivait du regard de superbes faucons rôdant autour du palais, et il se demandait s'ils étaient destinés à lui crever les yeux. Il avait pris en grande affection une souris qui, après le départ de l'*Abbas*, avait remplacé à sa table le colonel Stewart et qui venait manger dans son assiette; il la laissait faire; il s'était aperçu qu'elle était pleine et qu'il lui devait des égards.

Il s'occupait aussi d'un dindon, logé au sérail; ce dindon n'était pas aimable, il avait tué plusieurs de ses petits et une de ses poules, « apparemment pour quelque infidélité de harem ou pour quelque correspondance avec le mahdi ». Gordon admirait les colères de ce mari jaloux et intraitable, de ce sultan à la tête bleue, aux caroncules écarlates, qui ne souffrait pas qu'on approchât de ses femelles. Il rendait hommage et à sa beauté et à sa vaillance. Il disait à ce propos : « Je suis de ceux qui croient à la préexistence comme à la vie future des animaux ». Gordon n'a pas toujours cru à l'humanité, et il semble que, par instants, il dût faire un effort sur lui-même pour continuer de croire à la Providence ; mais, heureux ou malheureux, il a toujours aimé les bêtes. Il y a quelque chose entre elles et les héros ; comme eux, elles ont la candeur de l'instinct et elles ne savent pas ce qu'elles font. On eût été mal venu à soutenir devant Gordon que Dieu ne s'intéressait pas à son coq d'Inde, qu'il ne lui ménageait pas quelque part la surprise d'une heureuse résurrection et d'un corps glorieux.

« Comptez les mois, je vous prie : mars, avril, mai, juin, juillet, août, septembre, octobre et la moitié de novembre, et ils ne sont pas encore ici ! En vérité, je le déclare, c'est un manque de parole, c'est la violation d'un traité. » Non seulement ils n'arrivaient pas ; était-il prouvé qu'ils fussent en route ? On le disait, on l'affirmait ; on avait dit et affirmé tant de choses ! Dans chaque tourbillon de sable que soulevait le vent du désert, on croyait apercevoir des habits rouges, après quoi le sable retombait, le désert rentrait dans son silence. « Voulez-vous voir des Anglais ? disait Gordon. Allez au Caire, je vous dirai dans quel hôtel vous les trouverez ; je vous jure qu'ils y sont encore. » Il ne croyait plus à rien qu'à son malheur.

Il avait écrit le 13 octobre : « Khartoum sera pris à la barbe, sous le nez du corps expéditionnaire.

L'Angleterre a été faite par des aventuriers et non par son gouvernement, et c'est par des aventuriers qu'elle gardera sa place dans le monde. » D'heure en heure, la catastrophe approchait; il la voyait venir : « Encore deux mois, encore deux semaines, encore dix jours, et il faudra se rendre ! » La question était de savoir s'il se déroberait à son désastre en faisant jouer une mine et sauter son palais, ou si, bravant le mahdi, il lui donnerait le spectacle d'un chrétien qui confesse sa foi dans les supplices. Ce n'était pas la mort qui lui faisait peur, c'étaient les hontes de la défaite qui épouvantaient sa fierté. On a pu croire quelque temps qu'elles lui furent épargnées. Selon la version la plus répandue, il avait péri dans une émeute, dans une bagarre, sous les coups d'une populace irritée par de longues souffrances et à laquelle le visage du mahdi semblait moins redoutable que la famine. N'avait-il pas dit que c'est le ventre qui gouverne le monde ? Depuis longtemps d'ailleurs, il se tramait des complots autour de lui. Il avait arrêté, puis relâché quelques suspects. On pensait que les traîtres et les affamés l'avaient sommé de se rendre, que comme il s'y refusait, on le massacra. Mais si l'on en croit des rapports plus récents, il vivait encore quand Khartoum fut prise d'assaut, et ce sont les derviches qui l'ont tué et mis en pièces.

Hussein-Pacha, l'ex-gouverneur de Berber, a prétendu que le mahdi eût bien volontiers ressuscité Gordon. Nous croyons sans peine que la perte d'un otage d'un si grand prix lui a été sensible, qu'il l'a pleuré sincèrement sans avoir besoin de porter à ses yeux des ongles pleins de poivre. Il a dû trouver pourtant quelque douceur à prendre possession de ce cadavre et de la capitale du Soudan. Mais son triomphe a été court. Celui que l'ange Azraïl devait conduire au Caire, puis à la Mecque, celui qui se proposait de détrôner le padischah et qui annonçait dans ses proclamations qu'il abolirait les Korans, fermerait les mosquées et remplacerait tout par le mahdi est mort à Gabra, le 29 juin 1885. C'est la petite vérole qui a mis un terme à ses pompeuses destinées; elle ne respecte rien, pas même les messies.

Nous doutons que le fils d'Abdallah ait été longtemps regretté. Il régnait par la crainte; on l'accusait d'avoir le cœur farouche, des mains rapaces et ce sourire qui fait peur. Le désert africain a ses enfantements, il n'a pas le secret des choses qui durent; il a ses épopées, ses chansons de geste, il n'a pas d'histoire. Il en est des empires extraordinaires qu'on y voit paraître ou disparaître comme du ricin miraculeux qui sortit de terre pour ombrager la tête du prophète Jonas. Un ver le piqua; un jour l'avait vu grandir et monter jusqu'au ciel, ce fut assez d'une nuit pour le faire rentrer dans son néant.

LÉOPOLD RANKE

L'Allemagne perdait naguère son plus grand historien, et ce n'est pas à Berlin seulement que cette
perte a été vivement ressentie, Léopold Ranke avait
conquis partout ses droits de bourgeoisie. En France
comme en Angleterre, comme en Italie, comme aux
États-Unis, il avait de chauds admirateurs. A l'autorité, à la profondeur du savoir, à la souveraine com-
pétence, il unissait l'agrément, la bienveillance, les
grâces de l'esprit. Tous les peuples dont il a raconté
l'histoire ont trouvé en lui un juge clément autant
qu'intègre. Il n'a flatté ni offensé personne ; il a pratiqué toute sa vie l'art difficile d'être sincère sans
jamais cesser d'être aimable.

Si bon patriote qu'il fût, ce grand Allemand était
un Européen, un esprit sans préjugés et sans frontières. On raconte qu'une tribu nègre, voyant pour
la première fois des Anglais, décida tout d'une voix
que l'homme blanc était un vieux singe, qu'il avait
l'air d'un homme et que pourtant ce n'était pas un
homme. Tel historien allemand, qu'on pourrait

nommer, est disposé à croire que tout ce qu'il y a de bon dans l'espèce humaine lui vient de la race germanique, que l'Allemand seul est un homme véritable et complet. Ranke en jugeait autrement. Il considérait l'Europe comme une grande famille de peuples, dont chacun a ses aptitudes, ses talents, ses vertus propres et qui sont appelés à travailler tous ensemble à la grande œuvre de la civilisation, en suppléant à ce qui leur manque par des échanges et des emprunts. Tout récemment encore, il confessait qu'élevé dans l'esprit humanitaire du xviiie siècle, la marque lui en était à jamais restée. Il a toujours porté au front cette glorieuse tache, et, fier de son péché, il est mort dans l'impénitence finale. Il possédait, plus que tout autre historien moderne, le don d'universelle sympathie, et comme le vieil Hérodote, dont il aimait à chanter les louanges, il était impartial et tolérant moins par vertu que par goût.

Le 21 décembre 1885, le quatre-vingt-dixième anniversaire de sa naissance fût fêté en grande pompe. Il reçut ce jour-là les félicitations et les vœux de son roi, de la reine Augusta, du prince héritier, du ministère prussien, de l'Académie des sciences de Berlin, de plusieurs universités allemandes. Ce nonagénaire venait de mettre la dernière main au sixième volume de son *Histoire universelle*, et il se flattait de vivre assez pour la terminer. Cette joie lui a été refusée, mais sa gloire n'y perdra rien. — « Tu as su conserver dans tes vieilles années comme une fleur de jeunesse, lui écrivait en vers grecs le recteur de Schulpforte, et tes lèvres distillent le miel de Nestor. » On a surfait le bon Rollin

quand on l'a surnommé l'abeille de la France. On
peut dire avec plus de justice que Léopold Ranke
était l'abeille de l'Allemagne; il est permis d'ajouter
que plus d'une guêpe allemande, envieuse du succès
qu'avait son miel, a tâché, sans y réussir, de lui
dérober son secret : il l'a emporté avec lui.

Il n'a jamais eu d'autre ambition que le désir
d'exceller dans son art, et on a bientôt fait de raconter sa vie sans événements, consacrée tout entière à l'étude. Il était né en Thuringe; il était de
petite taille et il avait des yeux noirs, le regard vif
et perçant. Il enseigna quelque temps à Francfort-
sur-l'Oder; son *Histoire des peuples germaniques et
romans* attira sur lui l'attention, il fut appelé à Berlin en 1825; il y passa soixante années sans changer
de logement plus d'une fois, tant il était amoureux
de son laborieux repos, tant il redoutait pour ses
papiers, pour ses livres et pour lui-même les poi-
gnantes émotions d'un déménagement! Il enseignait, il écrivait, et il ne voulut jamais faire autre
chose. On croira sans peine que ses cours étaient
fort suivis; mais ceux qui ne l'ont pas entendu
s'imagineront difficilement l'incroyable tension d'esprit que devaient s'imposer ses auditeurs pour le
comprendre. Il avait une voix sourde, grêle, qui
ne portait pas, un débit indistinct, monotone, à la
fois rapide et languissant; l'animation perpétuelle
de son visage, la vivacité saccadée de ses gestes, le
feu de son regard témoignaient clairement qu'il s'intéressait beaucoup à ce qu'il disait. A vrai dire, c'est
avec les yeux qu'il racontait les triomphes et les
déceptions de Charles-Quint, la ligue de Smalkalde,

la bataille de Muhlberg et la diète d'Augsbourg.

On prétend à Berlin que Hegel dit un jour : « Il n'y a qu'un de mes disciples qui m'ait compris, et celui-là m'a mal compris ». Ranke aurait pu dire : « Il n'y a qu'un petit nombre de mes auditeurs qui m'entendent, et ceux-là m'entendent mal ». On assure pourtant que ses leçons publiques étaient goûtées des officiers de la garde. Les apprentis historiens s'instruisaient davantage dans ses *privatissima*; c'était là qu'il s'appliquait à former des élèves, qu'il les conseillait, les encourageait, les redressait avec une hauteur de jugement toujours accompagnée de bienveillance et de bonne grâce. Riche d'expérience et prodigue de son bien, il leur montrait comment il faut s'y prendre pour peser et contrôler les témoignages, pour balancer les preuves et les autorités, pour unir à l'agrément la savante précision des recherches. Il les engageait à demeurer dans le doute quand la vérité se dérobait, à être circonspects dans leurs conjectures, à se défier des thèses spécieuses. Il s'efforçait de les initier à sa méthode sévère, qu'il a su rendre élégante. Ont-ils tous profité de ses leçons? L'orthopédie et ses appareils, les lits ondulés, les ceintures à tuteurs, les corsets, les genouillères corrigent quelquefois les difformités du corps; mais on n'a pas découvert le moyen de redresser les esprits faux.

Si Ranke n'a pas fait école, il a fait ses livres, et ses livres suffisent à sa gloire. En racontant l'histoire politique de l'Europe au XVIe et au XVIIe siècle, il s'est étudié surtout à mettre en lumière les relations réciproques des peuples germaniques et des nations néo-latines à l'époque de la Renaissance et de la Réforme. Il aimait à découvrir la raison secrète des événements, le mobile caché des actions humaines ; il employait sa rare finesse à débrouiller le mystère des intérêts, des affaires et des passions. « Les fines gens, a dit Montaigne, remarquent bien plus curieusement et plus de choses, mais ils les glosent, et pour faire valoir leur interprétation et la persuader, ils ne peuvent garder d'altérer un peu l'histoire, ils ne nous représentent jamais les choses pures, ils les inclinent et masquent selon le visage qu'ils leur ont vu. » Montaigne ne se fiait qu'aux témoins « très fidèles ou si simples qu'ils n'aient pas de quoi bâtir et donner de la vraisemblance à des inventions fausses », et il leur demandait surtout « de ne rien épouser ». Ranke s'est trompé plus d'une fois, tout le monde se trompe ; mais il ne masquait pas les choses et il n'a jamais rien épousé.

Sa probité critique, la prudence et la discrétion de son esprit servaient de correctif à sa finesse. Il se défiait des paradoxes. Il avait pour principe qu'un historien risque fort de s'abuser et de se méprendre lorsque dans ses jugements sur les hommes et sur les événements, il s'écarte trop de l'opinion moyenne des contemporains ; qu'il doit se borner à suppléer de son mieux à ce qu'ils n'ont pu ou n'ont pas voulu dire. Aussi avait-il peu de goût pour les écrivains à thèses, pour ceux qui mettent leur gloire à étonner leurs lecteurs, pour ceux qui accouchent de quelque hérésie dure à digérer, de quelque proposition téméraire, exorbitante, et composent cinq ou six gros volumes pour la démontrer : il leur semble qu'il n'y a pas dans le monde assez de soleil pour éclairer leur monstre.

Ranke excellait particulièrement dans l'art du

portrait. Il a donné le mouvement et la vie à son Wallenstein, à la fois attirant et terrible. Son *Histoire des papes*, qui passe à juste titre pour son chef-d'œuvre, est une galerie de figures, les unes esquissées à grands traits et dans le grand goût, les autres travaillées avec une merveilleuse délicatesse de touche. Il avait le génie des demi-teintes, il s'entendait à distribuer dans une peinture les clairs et les ombres. Esprit très orné, nourri de ce qu'a produit de plus exquis la littérature de tous les peuples, la politique ne lui a jamais fait oublier la poésie et les lettres. Ses jugements sur les écrivains valent ses portraits de souverains et d'hommes d'État. Personne n'a si bien apprécié Machiavel; personne n'a mieux défini Montaigne; personne n'a rendu un plus bel hommage au génie grotesquement sublime de Rabelais ni mieux caractérisé sa satire épique, ou son épopée satirique, monument qui n'a pas son semblable dans l'histoire littéraire.

Voltaire prétendait que c'est une espèce de charlatanerie de peindre autrement que par les faits les hommes publics avec lesquels on n'a pu avoir de liaison. « Recherche qui voudra, disait-il, ces portraits de la figure, de l'esprit, du cœur de ceux qui ont joué les premiers rôles sur le théâtre du monde. Je me soucie fort peu que Colbert ait eu les sourcils épais et joints, la physionomie rude et basse, l'abord glaçant, qu'il ait joint de petites vanités au soin de faire de grandes choses. J'ai porté la vue sur ce qu'il a fait de mémorable, non sur la manière dont il mettait son rabat et sur l'air bourgeois que le roi disait qu'il avait conservé à la cour. » Ce même Voltaire, en voulait à La Beaumelle d'avoir révélé à l'univers « que Mlle de La Vallière avait des yeux bleus, point atteints du désir de plaire, que Mme de Montespan avait le nez de France le mieux tiré, l'entour du cou environné de mille petits amours », que Mlle de Fontanges était une grande fille bien faite, que Mme de Montespan lui découvrait la gorge devant le roi, en disant : « Voyez, sire, que cela est beau ! Admirez donc. »

Voltaire avait raison d'en vouloir aux amuseurs et aux commères qui voudraient réduire l'histoire aux historiettes, aux bavardages et au bibelot. Mais, quoique Ranke eût beaucoup de considération pour l'auteur de l'*Essai sur les mœurs*, quoiqu'il le regardât comme le vrai créateur de l'histoire moderne, il ne se croyait pas tenu de mépriser autant que lui le détail. Il pensait que les petites choses ont leur prix pourvu qu'on les subordonne aux grandes. Il ne craint pas de nous apprendre que la reine Christine de Suède avait une épaule plus haute que l'autre, mais c'est pour ajouter qu'elle ne fit jamais rien pour corriger ce défaut, tant elle se souciait peu de l'effet qu'elle produisait et des médisants qui glosaient sur sa personne et sur ses actions. « Elle avait l'air, dit Mlle de Montpensier, d'un joli garçon, qui jurait Dieu, jetait ses jambes d'un côté et de l'autre, les posait sur les bras de sa chaise. » Et vraiment, ce mépris de l'opinion, qui la distinguait entre toutes les reines, aide à expliquer beaucoup de choses dans sa vie, sa conversion au catholicisme, son abdication dont ses sujets s'indignèrent, la tragédie de la galerie des Cerfs, l'assassinat de Monaldeschi.

Ranke s'est servi des rapports d'envoyés vénitiens

pour faire un admirable portrait de Catherine de Médicis. Il a eu soin de noter « qu'elle était de taille haute et forte et qu'on retrouvait sur son visage olivâtre les yeux saillants et les lèvres relevées du pape Léon X, son grand-oncle ». Il tenait à nous rappeler par ces quelques mots à quel point cette reine de France était de son pays et de sa famille, et il nous paraît tout naturel que cette Florentine, qui ressemblait si fort à son grand-oncle, cette fille de Laurent II de Médicis à qui Machiavel dédia son *Prince*, professât la morale de sa maison. Tout lui semblait permis pour conserver le pouvoir; le succès était tout pour elle, les moyens n'étaient rien. « Quoiqu'elle ne trouvât nul plaisir dans le vice, aucune loi ne bridait sa conscience; elle avait moins les sentiments d'une reine légitime que ceux d'un chef de parti qui possède une autorité usurpée et contestée, à la façon de son cousin Cosme. » Elle n'eut jamais d'autre politique que celle qui se pratiquait dans les principautés et dans les tyrannies italiennes, où des fêtes nuptiales servirent plus d'une fois à se défaire de ses ennemis. Cette étrangère ne pouvait rien comprendre à la vraie fonction de la monarchie française, aux droits et aux devoirs d'un roi de France, qui, arbitre des partis, traite avec eux sans se donner. Quand elle projeta et commanda le massacre de la Saint-Barthélemy, elle ne se douta pas un instant qu'elle commettait avant tout un crime de lèse-royauté, qu'elle manquait à toutes les traditions des Valois. « N'était-ce pas contre ces horreurs de la guerre civile qu'on avait élevé le rempart de la monarchie? Et, maintenant, cette monarchie

oubliait son origine historique ; elle faisait cause
commune avec ceux dont elle aurait dû refréner la
haine. On perd sa trace dans cette orgie de sang. »

Toutefois, malgré ce cri qui lui échappe, Ranke
n'a point été dur pour Catherine. Il nous représente
ses cruels soucis, ses inquiétudes incessantes, ses
perplexités, ses détresses. Il nous la montre renfer-
mée dans son cabinet, pleine d'amertume et de chagrin, et quand le moment de l'audience arrivait,
essuyant ses larmes pour paraître avec un visage
serein. « Elle se trouvait dans la situation d'un chef
qui, élevé au souverain pouvoir par les circonstances, se voit menacé à chaque instant et doit
employer à sa conservation toutes les forces de son
esprit. Elle n'avait pas seulement à lutter avec des
intérêts personnels, mais avec la puissante opposition des idées générales, qui secondaient ses adversaires. Bien des hommes, dit un Vénitien, auraient
oublié l'art et les règles de l'escrime dans sa posi-
tion hasardeuse, où elle avait peine à reconnaître
ses amis et ses ennemis. »

Le sagace et indulgent historien a usé des mêmes
ménagements pour Philippe II. Il ne cite pas devant
son tribunal les ennemis de ses croyances et de ses
principes pour les condamner ou les flétrir ; il ne
s'occupe que de les comprendre, il leur fait dire
leurs raisons, et souvent leurs explications comme
leurs excuses lui semblent bonnes. M. Mommsen le
complimentait un jour sur le rare talent qu'il possédait pour découvrir dans chaque homme ce qu'il a
de mieux : « Vous êtes un de ces peintres, lui disait-
il, dont les portraits sont un peu flattés et ne lais-

sent pas d'être ressemblants. Vous avez toujours représenté les hommes, sinon tels qu'ils étaient, du moins tels qu'ils auraient pu devenir, la grâce aidant. » Il ajoutait : « Il nous serait fort difficile de vous imiter, vous nous surpassez tous en indulgence ». En parlant ainsi, M. Mommsen pensait sans doute à certains chapitres de son *Histoire romaine*. On ne saurait taxer d'excessive et coupable indulgence un historien qui n'accorde à Cicéron qu'une faconde de petit avocat et à Pompée que les qualités qui font un bon caporal.

Ranke était, en matière d'histoire, un incomparable casuiste ; il débrouillait sans effort les cas les plus compliqués. Philippe II lui a raconté les embarras de sa situation, et il a eu tant de plaisir à confesser cet illustre pénitent qu'il n'a pas eu de peine à l'absoudre. A quoi servirait la casuistique si elle ne rendait pas indulgent ? Il pensait que, dans le commerce épineux des affaires, dans le conflit des intérêts, dans la mêlée des sectes et des partis, dans le grand va-et-vient des choses humaines, il est bien difficile d'avoir des règles certaines de conduite et bien facile de confondre ses ambitions avec ses devoirs. Il pensait aussi que les événements, les vicissitudes de la fortune forment et déforment les caractères : « C'est la vie qui fait l'éducation de l'homme, a-t-il dit. Nous sommes des arbres qui tirent leur force moins encore du sol où ils ont crû que de l'air qui les enveloppe, de la lumière, du vent, de la pluie et des tempêtes. » Aussi accorde-t-il facilement aux grands pécheurs le bénéfice des circonstances atténuantes. Il a interrogé César Borgia, il l'a écouté avec une complaisante attention, et il lui a remis au moins la moitié de ses forfaits.

Au surplus, comme le prouve son dernier livre, qu'il n'a pas achevé, il avait embrassé l'histoire tout entière dans ses études. Il avait vu les générations succéder aux générations et les peuples remplacer les peuples, et il avait appris, en comparant l'homme d'aujourd'hui à l'homme d'autrefois, que l'humanité est à peu près toujours la même; il en concluait que le cœur humain ne peut pas changer. « La monarchie des Bourbons, a-t-il écrit dans son *Histoire de France*, s'était établie au milieu des orages d'une lutte universelle; son temps était venu, et, si l'on ose employer une expression empruntée à la science augurale des anciens Étrusques, cette monarchie voyait commencer *la grande journée du monde* réservée soit à son propre développement, soit à l'expansion sans égale de son influence sur les destinées de l'Europe. » Quand on voit les choses de haut et qu'on mesure le cours des temps par grandes journées, un grand scélérat apparaît tout au plus comme un petit point noir, perdu dans l'immensité des âges, et on ne se fâche pas contre un ciron. En étudiant les siècles modernes, Ranke se souvenait sans cesse de l'antiquité, de Rome, d'Athènes et de Memphis. Les longs souvenirs adoucissent l'humeur, apaisent l'esprit. Nestor, lui aussi, se souvenait beaucoup, et ce roi de Pylos avait du miel sur les lèvres.

Le jour où l'on célébra son entrée dans sa quatre-vingt-onzième année, après avoir écouté debout les grands compliments et les chaleureuses adresses de félicitations qu'on lui apportait de toutes parts, le Nestor de l'université de Berlin s'assit dans un fauteuil et prit la parole à son tour. Il raconta sur un ton de bonhomie patriarcale sa jeunesse, ses premières études et comment il était devenu historien. Il parla de la vive admiration que lui avaient inspirée les ouvrages d'Augustin Thierry et, plus tard, les romans de Walter Scott; mais il avoua qu'ayant lu les Mémoires de Philippe de Commines, il s'était brouillé aussitôt avec le roman historique et avec l'auteur de *Quentin Durward*, lequel s'est permis plus d'une fois de prêter à ses héros des pensées et des sentiments qu'ils n'ont jamais eus. Il ajouta : « Soit dit en passant, la lecture de Commines a produit sur moi une grande impression ».

Nous l'en croyons sans peine. Ce fils d'un bailli de Gand, ce petit gentilhomme devenu grand seigneur par la faveur de ses maîtres, qui avait frayé avec tant de rois, de princes et d'illustres personnages, qui avait été mêlé à tant d'affaires, qui avait reçu tant de confidences et s'était acquitté avec bonneur d'importantes missions, est un grand maître dans l'art d'écrire l'histoire. Il possédait les qualités que Ranke prisait par-dessus toutes les autres, la finesse unie à la discrétion, et il s'entendait, lui aussi, à peindre ou à croquer des figures qui ne s'oublient pas. Quiconque a lu Commines croit avoir vu Louis XI, Charles de Bourgogne, le bel Édouard IV d'Angleterre, envahi par l'embonpoint, et Charles VIII, tel qu'il se montra le jour de la bataille de Fornoue, le lundi 6 juillet 1495, armé de toutes pièces, monté sur le beau cheval noir que lui avait donné le duc Charles de Savoie et qui n'avait qu'un œil : « Et sembloit que ce jeune homme fût tout autre que sa nature ne portoit, ni sa taille, ni sa complexion ; car il étoit fort craintif à parler et est encore aujourd'hui, si avoit-il été nourri en grande crainte et avec petites personnes. Et ce cheval le montroit grand, et avoit le visage bon et de bonne couleur, et la parole audacieuse et sage. Et sembloit bien, et m'en souvient, que frère Hieronyme (Savonarole) m'avoit dit vrai, que Dieu le conduisoit par la main et qu'il auroit bien à faire au chemin, mais que l'honneur lui en demeureroit. »

Ranke éprouvait un plaisir tout particulier à explorer les dessous cachés des affaires humaines, et ce fut peut-être Commines qui lui donna ce goût. Soit que le seigneur d'Argenton nous révèle les ambitions mystérieuses et les menées souterraines du comte de Saint-Pol, connétable de France, soit qu'il nous explique pourquoi les Anglais attachaient tant de prix à la possession de Calais, il nous instruit plus en dix lignes que tel autre en dix pages. Quand il nous apprend que Warwick, en guerre avec son roi, fut détourné par les gros marchands de Londres de tenter un coup de main sur Calais, il nous ouvre un jour sur la politique anglaise, accoutumée, dès le XVe siècle, à compter avec les intérêts du commerce : « Calais est l'étaple de leurs laines, et est chose presque incroyable pour combien d'argent il y en vient deux fois l'an, et sont là attendant que les marchands viennent, et leur principale décharge est en Flandre et en Hollande. Et ainsi ces marchands aidèrent bien à conduire cet appointement et à faire demeurer ces gens que monseigneur de Warwick avoit. » Dix lignes lui suffisent aussi pour nous expliquer que les Français aient perdu le royaume de Naples plus vite encore qu'ils ne l'avaient conquis. A peine s'en étaient-ils emparés, « tout se mit à faire bonne chère, et joûtes et fêtes, et entrèrent en tant de gloire qu'il ne sembloit point aux nôtres que les Italiens fussent hommes. Et crois bien que le peuple de soi ne se fût pas tourné, combien qu'il soit muable, qui eût contenté quelque peu de nobles : mais ils n'étoient recueillis de nul, et leur faisoit-on des rudesses aux portes. A nul ne fut laissé office ni état, mais pis traités les Angevins que les Arragonais.... Tous états et offices furent donnés aux Français, à deux ou à trois. » Et voilà comme en quelques jours une mauvaise politique réduit à rien les profits de la plus brillante campagne.

Ranke avait lu et médité profondément Commines. Plus tard il a dépouillé, avec le soin que l'on sait, les correspondances inédites des envoyés vénitiens, et il en a tiré de précieux renseignements. Il avait une préférence pour les rapports des diplomates, qu'il considérait comme les plus sûrs des témoins, quand ils ont de bons yeux, et lui-même, quoiqu'il n'ait jamais rempli aucune mission, c'est en diplomate qu'il a écrit l'histoire. Il semble, en lisant ses livres, qu'il ait été jadis accrédité auprès du pape Jules II, du sultan Soliman, des rois d'Espagne et de France, qu'il ait passé de longues années à Constantinople, à Vienne, à Rome, à Madrid, s'appliquant à surprendre les secrets des cours, déchiffrant les visages, commentant les paroles et les silences, sup-

pléant, par sa pénétration, à ce qu'on refusait de lui
dire. Il n'a pas seulement la sagacité qu'on peut
attendre d'un bon ambassadeur, il a toutes les qualités de l'emploi et l'esprit du métier : le calme, le
sang-froid, la parfaite distinction, le langage sobre
et mesuré. Toujours maître de lui, il s'échauffe rarement et ne rit jamais; mais on voit glisser quelquefois sur ses lèvres fines un sourire mélancolique,
lorsqu'il lui arrive de constater qu'il y a dans les
coulisses de ce grand théâtre, où se jouent les destinées des rois et des peuples, de mystérieuses puissances, des Parques blotties dans l'ombre, qui,
indifférentes à nos craintes comme à nos désirs,
dérangent les projets les mieux concertés, font avorter les entreprises les mieux combinées et s'amusent
souvent à perdre les hommes par ce qui devait les
sauver, ou à les sauver par ce qui devait les perdre.
Comme le disait Commines, à propos de la paix de
Conflans : « Il n'y eut jamais de si bonnes noces
qu'il n'y en eût de mal dînés; les uns firent ce qu'ils
voulurent, et les autres n'eurent rien ». Ainsi vont
les choses de ce monde.

Aucun historien ne fut plus étranger que Ranke à
toute espèce de fanatisme. Il goûtait peu les jésuites,
il goûtait beaucoup moins encore les jacobins; mais
il comprenait fort bien qu'un très honnête homme
pût être jacobin ou jésuite, et, s'il avait raconté l'histoire de Robespierre, il l'aurait traité avec autant
d'égards qu'il en a témoigné à Ignace de Loyola. Il
faut lui savoir d'autant plus de gré de sa grande et
généreuse liberté d'esprit qu'il ne se piquait point
d'être libéral en politique et en religion. Il passait

au contraire à Berlin pour un conservateur endurci, collet monté, ayant des attaches avec la *Gazette de la Croix* et toutes les opinions qu'il convient d'avoir quand on est l'historiographe officiel de la maison de Prusse. Mais le vent souffle où il lui plaît, et tel libéral n'a pas l'esprit assez libre pour rendre justice aux choses et aux hommes qui lui déplaisent.

Au demeurant, il y a dans tous les hommes vraiment supérieurs un fond de secrète ironie; ils ont leurs croyances, ils n'en sont pas les prisonniers. Dans les dernières lignes de son *Histoire des papes*, Ranke nous laisse entrevoir, sous une forme discrète, qu'un temps viendra où toutes les haines religieuses s'apaiseront sous l'empire d'une religion sans légendes, sans formules et sans dogmes. C'étaient là des mots qui lui échappaient en écrivant; il les rattrapait dans la conversation : la simplicité de la colombe s'allie quelquefois à la prudence du serpent. Mais, quelque pieux attachement qu'il eût voué au roi Frédéric-Guillaume IV, il s'est permis de dire que, en 1849, son souverain lui fit l'effet d'un étudiant qui a manqué ses examens; quelque respect qu'il eût pour Luther, il n'a point dissimulé ses faiblesses; il avait du goût pour les grands papes, et personne n'a mieux montré que lui toute la part qui revient à la politique et aux intérêts dans le succès de la Réforme en Allemagne. Un jour, un protestant très zélé, auteur d'une histoire de la Réformation où respire la passion confessionnelle, rencontra Léopold Ranke dans un congrès et lui dit avec une orgueilleuse modestie : « Je suis peu de chose auprès de vous, mais nous avons ceci de commun, vous et moi,

que nous sommes l'un et l'autre historiens et chré-
tiens ». A quoi le petit homme aux yeux noirs répliqua vivement : « Ah ! permettez, il y a cette grande
différence entre nous que vous êtes plus chrétien
qu'historien, et que je suis plus historien que chrétien ».

L'historien français qu'on pourrait le mieux lui
comparer est M. Mignet, qui s'intéressait autant que
lui aux crises provoquées en Europe par la Réforme
luthérienne et calviniste et qui a consacré à ce grand
sujet de magistrales études. Ils avaient l'un et l'autre
une haute et lumineuse raison, la probité du savoir,
beaucoup de circonspection, l'indépendance et la
rectitude du jugement, le perpétuel souci de la dignité de l'histoire, l'amour des lettres et du bien
dire. Mais, libéral dans l'âme, fidèlement attaché
aux principes de 89, M. Mignet, quelque sujet qu'il
traitât, ne les oubliait jamais. Il était toujours du
parti du mouvement et des émancipateurs. Les
hommes ne l'intéressaient que par l'influence qu'ils
avaient exercée sur les institutions. Il les considérait
comme des ouvriers, travaillant les uns à la journée,
les autres à leurs pièces, et peu lui importait qu'ils
fussent blonds ou bruns, qu'ils eussent une physionomie heureuse ou renfrognée, il demandait à voir
leur ouvrage pour s'assurer qu'ils avaient gagné leur
salaire. Il avait le cœur plein des droits des peuples,
et, comme l'a fort bien dit M. Spuller, « cet historien
était un serviteur zélé de l'esprit humain ». Quoique
M. Léopold Ranke s'occupât beaucoup des institutions, il faisait passer bien des choses avant la liberté
politique, et si on lui avait demandé ce qu'il aimait

le plus au monde, il aurait répondu : « C'est la civilisation ». Mais il ne pensait pas qu'elle fût toujours en progrès et que les hommes d'aujourd'hui n'aient rien à envier aux hommes d'autrefois.

Bien qu'il se fît une règle de ne maudire personne, il a maudit le couteau de Ravaillac. « Une horrible destinée attendait Henri IV, s'élevant jusqu'à lui du sein des puissances de ténèbres. Tandis que, plein de courage et d'allégresse, il marchait à une entreprise qui se présentait à lui comme sa mission dans l'histoire du monde, au début de nouveaux exploits et de nouvelles expériences, il tombe, il expire sous le couteau d'un misérable scélérat. C'était la destinée de César, sans la grandeur des formes que l'antiquité déploie jusque dans le crime. » Si Henri IV avait vécu, s'il avait pu exécuter sa grande entreprise, que sait-on? il aurait peut-être épargné à l'Allemagne les horreurs de la guerre de Trente ans « et sauvé cette civilisation de la seconde moitié du XVIᵉ siècle, qui a pu être surpassée en ce qui concerne le développement des sciences et du génie d'invention, mais qui était incomparablement plus répandue dans toutes les classes et à la fois plus nationale et plus variée que celle qui l'a suivie ne le sera et ne pourra jamais l'être, car cette civilisation, condamnée à périr, renfermait en elle tous les éléments de vie des siècles écoulés ».

Voilà un genre de réflexions que M. Mignet n'a jamais faites. En s'abandonnant à de tels regrets, il aurait craint d'offenser sa foi et ses espérances. Il croyait fermement au progrès; il n'eût pas été à son aise dans ce monde s'il n'y avait senti la présence

d'une raison supérieure qui le gouverne et dont il
attendait le triomphe des principes qui lui étaient
chers. Ranke se faisait une autre idée du gouvernement de l'univers : « Les grands événements de
l'histoire, a-t-il écrit, ne s'expliquent point par les
principes politiques auxquels ils correspondent. Ils
reposent bien plutôt sur des forces vives qui se dé-
ploient et prévalent dans certaines circonstances
déterminées. Ces événements sont ce qu'ils peuvent
être ; ils se modifient par l'esprit des nations et des
époques, par l'énergie et le caractère des acteurs
principaux, par la résistance des choses ou les complaisances de la fortune. Dans le cours de son développement, toute puissance terrestre est dominée
par son étoile. »

Il y avait un autre dissentiment entre ces deux
éminents historiens. L'un considérait que certaines
révolutions sont légitimes, nécessaires et bienfai-
santes ; l'autre les regardait toutes comme des événements fâcheux, désagréables, brutaux, plus ou
moins fortuits, imputables à la maladresse des
hommes d'État qui ne savent pas les prévenir ou à
l'incorrigible déraison des peuples. Il admettait bien
qu'on réparât les vieilles maisons, qu'on les agrandît
lorsqu'elles sont trop étroites, qu'on y ajoutât une
aile ou un pavillon ; mais les démolitions lui plai-
saient peu et les démolisseurs lui semblaient des
gens mal inspirés et mal conseillés. Dans le petit
discours qu'il prononça le jour de son jubilé, il toucha
quelques mots de la guerre franco-allemande et il
déclara qu'à ses yeux l'étonnant succès remporté
« par le petit Brandebourg et ses alliés sur la grande

France » était la victoire d'une royauté légitime sur le césarisme révolutionnaire, que la bataille de Sedan avait été gagnée par un peuple demeuré fidèle à ses institutions monarchiques et à son histoire sur une nation qui, brusquement détachée de son passé par une violente tempête, cherchait depuis cent ans son gouvernement sans réussir à le trouver.

En expliquant ainsi nos malheurs, Ranke oubliait Iéna; le césarisme révolutionnaire y fit une assez belle figure. Il oubliait aussi les enseignements qu'il nous avait donnés dans ses livres, où il a démontré plus d'une fois que l'histoire est pleine d'accidents, que nous sommes dominés par notre étoile, qu'au surplus le caractère des hommes a beaucoup plus de part dans leur destinée que la justice ou l'injustice de la cause qu'ils défendent et qu'il n'y a dans ce monde, à proprement parler, point de mauvais gouvernements, qu'il n'y a que de mauvais ou de bons gouvernants. Les aventuriers italiens, les *condottieri* du XVe et du XVIe siècle, qui avaient de l'audace et du jugement, venaient facilement à bout des princes légitimes. Les monarchies sont prospères et victorieuses lorsque les rois sont vigilants, instruits de leurs affaires, appliqués à leurs devoirs et qu'ils accordent leur confiance à un ministre de grand sens et à des généraux experts dans leur métier. Les empires essuient des désastres quand ils ont à leur tête un souverain à la fois entreprenant et inappliqué, joignant aux intentions généreuses l'inquiétude de l'esprit et l'aveugle fatalisme d'un joueur. Les républiques peuvent devenir redoutables à leurs voisins quand elles savent se conduire; elles se condamnent

à une existence inglorieuse ou s'exposent à de cruelles
mésaventures lorsqu'elles deviennent la proie de fac-
tions qui sacrifient les intérêts de l'État à leurs appétits ou à leurs colères. Tel fut le sort des Gantois
après la mort de Charles le Téméraire. Tout entiers
à la joie de s'appartenir, de n'avoir plus de seigneur,
de ne plus sentir le poids de la main dure qui les
tenait, « il leur sembla qu'ils étoient échappés »,
comme le dit Commines dans sa langue nerveuse et
pittoresque, et ils se laissaient gouverner « par de
très déraisonnables gens ». Louis XI avait beau jeu,
et déjà il assiégeait Arras, Hesdin et Boulogne : « Il
ne leur en chaloit guère, car ils ne pensoient qu'à
leurs divisions et à faire un monde neuf et ne regar-
doient point à plus loin ».

L'illustre historien allemand se flattait, dans les
derniers mois de sa vie, que désormais le cours des
choses avait changé, que la révolution ne se relève-
rait jamais de ses défaites, que les monarchies légitimes, demeurées maîtresses du terrain, n'avaient
plus rien à craindre, qu'il y a des sentences dont
on n'ose pas appeler. Si verte que soit sa vieillesse,
un nonagénaire sent le besoin du repos, et il se persuade facilement que, comme lui, le monde est las
et ne demande qu'à dormir. Il dirait volontiers :
« La pièce est jouée, le spectacle est fini ! » Mais rien
ne finit. A peine tombé, le rideau se relève, et, que
la pièce soit bonne ou mauvaise, la représentation
continue.

M. GEFFCKEN

DE L'EMPEREUR FRÉDÉRIC

M. de Bismarck disait un jour : « Dans ma longue existence politique consacrée au service de mon souverain et de mon pays, j'ai eu l'honneur de me faire beaucoup d'ennemis. Pour commencer par la Gascogne, allez de la Garonne à la Vistule, allez du grand et du petit Belt au Tibre, cherchez sur les bords des fleuves allemands, de l'Oder et du Rhin, vous trouverez que de tous les hommes d'Allemagne je suis le plus cordialement détesté, et j'en fais gloire. » Voilà une fière déclaration, et on pourrait croire qu'heureux d'avoir tant d'ennemis qu'il ne peut les compter, le chancelier de l'empire allemand se donne le plaisir de mépriser leurs brocards et leurs attaques, qu'il les livre pour tout supplice au sentiment amer de leur misérable impuissance, que s'il n'a pas le cœur tendre, il a du moins la générosité de l'orgueil, que ce lion magnanime laisse aboyer la meute et se console de tout en contemplant ses terribles griffes. On sait pourtant qu'il n'en est rien, que le chancelier tient les moindres peccadilles pour des cas pendables, que personne ne l'a bravé ou dénigré impunément, que les imprudents qui jettent un pavé ou un simple caillou dans son jardin doivent s'attendre à payer cher leur audace.

A vrai dire, il n'a jamais l'air de poursuivre le redressement de ses griefs particuliers, ni de venger ses injures personnelles. Ce ne sont pas ses intérêts, c'est le bien public qu'il défend contre ses adversaires. Il a pour principe que quiconque lui cause quelque déplaisir « nourrit des desseins préjudiciables au service de Sa Majesté et à l'honneur du gouvernement », que haïr M. de Bismarck, c'est haïr l'empereur et l'empire. Que de fois n'a-t-il pas répété à MM. Richter et Bamberger qu'ils n'étaient ni de vrais patriotes ni de vrais royalistes ! Les journaux qui reçoivent ses inspirations ne se lassent pas de broder sur ce thème. Jamais ministre ne sut mieux identifier sa fortune avec le salut de l'État. Le conseiller qui rapporta le procès de Cinq-Mars s'appliqua à démontrer qu'en intriguant contre le cardinal de Richelieu et en cherchant à le faire renvoyer, le fils du maréchal d'Effiat s'était rendu coupable du crime de lèse-majesté. « Attenter contre la personne des ministres du prince, disait-il, c'est attenter contre le prince lui-même. Un ministre sert bien son prince et l'État, on l'ôte à tous deux, et l'on prive le premier d'un bras, le second d'une partie de sa puissance. » C'est ainsi que raisonnent tous les jours M. de Bismarck et la *Gazette de Cologne*, sa très humble servante.

Assurément ce n'est pas faire injure au prince de Bismarck que de le comparer à Richelieu. Il ne porte pas la pourpre, mais une université célèbre l'a nommé docteur en théologie; et s'il est vrai que les haines théologiques soient les plus implacables de toutes, on peut dire que, comme le grand cardinal, il a une façon vraiment théologique de haïr ses ennemis, de les condamner au feu de la géhenne. Comme l'a dit M. le vicomte d'Avenel dans son remarquable et savant livre sur *Richelieu et la Monarchie absolue*, ce grand ministre avait un rare talent de procureur royal : « Quand un homme le gêne, qu'il veut faire un exemple, il se met à relever ses fautes les plus légères, accueille toutes les accusations, provoque de tous côtés des mémoires, ne rejette ni ne dédaigne rien, prompt à saisir, à interpréter, comme un chasseur qui guette sa proie, à l'affût, en silence. Il encadre les moindres mots, les coordonne, les rapproche, les commente; tout lui sert, l'art de faire un coupable n'a pour lui aucun secret. » Est-ce le cardinal ou M. de Bismarck qu'a voulu peindre M. d'Avenel?

Ajoutons que le prince-chancelier, pour qui l'art de faire un coupable n'a point de secrets, range parmi ses ennemis tous les amis de ses ennemis, même les amis du dixième degré. Ajoutons encore qu'à son grand et légitime orgueil il joint la prudence du serpent. Il se défie de tout le monde, il estime que les plus petites gens peuvent dans l'occasion devenir un danger, que les moindres choses peuvent avoir de graves conséquences, que toute intrigue est grosse d'une cabale. Richelieu ne s'est pas contenté de faire exiler la reine mère et de frapper les Bouteville, les Chalais, les Marillac, les Cinq-Mars. Il grêla plus d'une fois sur le persil; il fit arrêter un nommé Foncan, auteur d'une brochure de polémique, « pour lui faire expier une partie des crimes qu'il avait commis ». Il lui reproche dans ses Mémoires « de s'être déclaré, plus ouvertement que ne pouvait un homme sage, ennemi du temps présent, d'avoir caressé des espérances imaginaires d'une république qu'il formait selon le dérèglement de ses pensées, de décrier le gouvernement, de rendre la personne du prince contemptible, les conseils odieux, et de chercher de beaux prétextes pour troubler le repos de l'État ». Foncan fut condamné à l'emprisonnement perpétuel. Il n'a pas tenu à M. de Bismarck que M. le professeur Geffcken, qui n'est pas un libelliste comme Foncan, ne mourût en prison; mais la cour de Leipzig, tout en reconnaissant qu'il avait commis le crime dont on l'accusait, n'a pas jugé qu'il eût eu conscience de la culpabilité de ses actes, et, au vif déplaisir du chancelier, elle a rendu un arrêt de non-lieu.

Sans avoir jamais été fort en vue, M. Geffcken a toujours été considéré par ses nombreux amis comme un homme de valeur, d'une grande instruction, d'un mérite sérieux et solide. Ce docteur en droit a passé de longues années dans la diplomatie et dans l'enseignement supérieur. Après avoir séjourné à Berlin comme chargé d'affaires de la ville de Hambourg et comme ministre résident des cités hanséatiques, il exerça les mêmes fonctions à Londres. En 1871, il fut appelé à professer le

droit public à l'université de Strasbourg ; il prit sa
retraite dix ans plus tard et retourna dans sa ville
natale. M. Geffcken est à la fois un universitaire et
un piétiste, et il joint aux opinions doctrinaires le
goût des petites chapelles. Publiciste fécond, il a
écrit de nombreux articles dans les revues, dans les
journaux, et publié plusieurs ouvrages. Il n'y fait pas
mystère de ses préférences ni de ses antipathies ;
mais il a l'esprit posé, le style grave et mesuré. Il
n'appelle jamais un chat un chat ni Rollet un
fripon. Il aime à envelopper ses allusions, ses épigrammes, et sa malice, un peu sournoise, ne mord
pas jusqu'au sang, elle épluche, égratigne et pince.
Je connais deux de ses livres, et je puis certifier que,
ni dans son intéressante histoire diplomatique de
la guerre de Crimée, ni dans ses études sur le *Kulturkampf*, on ne peut trouver un seul passage qui
dénote une imagination déréglée ou le secret dessein de rendre la personne du prince contemptible
et de troubler le repos de l'État.

Dans son acte d'accusation, le procureur impérial
présentait M. Geffcken comme un ambitieux infatué
de son mérite, rêvant de jouer un grand rôle politique, cruellement trompé dans ses espérances et
aigri, exaspéré par ses déceptions. Ceux qui l'ont
connu et pratiqué se persuaderont difficilement que,
quel que soit son mérite, il ait sérieusement aspiré
à remplacer M. de Bismarck, que le chancelier de
l'Empire ait pu voir dans ce politique d'arrière-plan
un rival dangereux, qu'il fallait à tout prix déconsi-
dérer et faire rentrer dans le néant, sous peine
d'être supplanté par lui. Le ministère public était

plus fondé à lui reprocher de n'avoir jamais éprouvé pour la personne du chancelier qu'une médiocre affection. Mais était-il nécessaire de révéler à l'univers qu'un soir, à Barmen, il y a dix ans, dans une réunion privée, M. Geffcken avait accusé M. de Bismarck de n'avoir ni aménité dans l'humeur ni noblesse dans le caractère, d'être un homme sans générosité et sans miséricorde? Étrange grief, en vérité! C'est la première fois, pensons-nous, que de tels commérages figurent dans un acte d'accusation, et, au surplus, qu'est-il permis d'en conclure? M. de Bismarck n'a jamais eu la prétention d'être un homme aimable et indulgent, d'avoir l'âme tendre, chevaleresque et miséricordieuse. Il ne se pique pas de régner sur les cœurs, de les traîner après lui, comme Hippolyte. Il lui suffit qu'on l'admire et qu'on le craigne.

M. Geffcken, dans son livre sur le *Kulturkampf*, a critiqué, censuré la politique religieuse du chancelier. Il a revendiqué pour l'Église évangélique comme pour l'Église romaine le droit de se recruter et de s'administrer librement. Il s'est élevé avec force contre les entreprises de César usurpant sur les justes prérogatives des communions chrétiennes, contre les coups d'autorité, contre les volontés superbes qui tyrannisent les consciences, contre les mains violentes qui les meurtrissent. Il a prédit que cette campagne finirait mal, qu'après s'être trop avancé, il faudrait reculer; qu'après avoir prodigué les provocations et les défis, on en serait réduit à s'accommoder, à négocier en hâte une paix plâtrée.

En revanche, il a toujours admiré la politique extérieure de M. de Bismarck, à laquelle il a rendu de publics hommages. On a constaté, au cours de l'instruction, qu'en 1885, la santé de l'empereur Guillaume ayant subitement décliné, l'héritier de la couronne, voyant son heure approcher, voulut se mettre en mesure et chargea M. Geffcken de rédiger pour lui une proclamation à son peuple et un rescrit au chancelier. On avait eu une fausse alerte, l'empereur Guillaume se rétablit, et ce rescrit, par lequel Frédéric a inauguré son règne de trois mois, était resté trois ans dans un tiroir. Les premières lignes en sont ainsi conçues : « Mon cher prince, au début de mon règne, j'éprouve le besoin de m'adresser à vous qui avez été pendant tant d'années le premier et le plus fidèle serviteur de mon père. C'est vous, conseiller courageux, qui avez donné une forme aux projets de sa politique et en avez assuré l'accomplissement. A vous sont dus mes chaleureux remerciements et ceux de ma maison. » Ce ne sont pas là des injures, et on doit avouer que M. Geffcken s'était exécuté de bonne grâce, qu'il avait fait les choses en conscience.

Il est vrai qu'on a découvert parmi ses papiers le brouillon d'un mémoire qu'il se proposait de mettre sous les yeux du jeune empereur Guillaume II et qui n'a jamais été présenté. Le ministère public affirma que ce mémoire renfermait des propositions malsonnantes, hérétiques et téméraires. Il y est dit « qu'à l'exception des affaires militaires, tous les fils du gouvernement sont concentrés dans la puissante main de M. de Bismarck, qui règle tout et décide de tout, que jamais encore aucun sujet n'avait occupé dans l'État une situation pareille, et qu'à sa mort il faudra s'appliquer à réduire la puissance de son successeur, sous peine de compromettre à la longue l'autorité de la couronne et le caractère fédératif de l'empire. » M. de Bismarck n'est-il pas convenu lui-même que c'était un dur et lourd métier que celui de chancelier, qu'on avait affublé ses épaules « de plusieurs têtes de Janus » et qu'il avait peine à les porter? Quand les forces lui ont manqué, n'a-t-il pas dû recourir à de subtils expédients pour se faire soulager de quelques-unes de ses fonctions en conservant toutes ses dignités? Cherchez dans toute l'Europe, vous ne trouverez aucun ministre qui ait accumulé dans ses mains tant de pouvoirs divers; cherchez dans toute l'Allemagne, vous ne trouverez aucun homme d'État assez fat, assez impertinent pour s'imaginer qu'il pourra succéder à M. de Bismarck sans abandonner une partie considérable de son immense héritage.

M. Geffcken n'a jamais aimé beaucoup M. de Bismarck, et il pensait en avoir le droit; mais il faut être prudent, il ne l'a pas été. On le tenait pourtant pour un homme avisé, très circonspect, qui, ayant été diplomate, avait appris à ménager les grands de la terre, à ne pas les heurter de front, à dire des vérités aux dieux sans attirer la foudre sur sa tête. Il savait combien le chancelier est sensible aux moindres offenses, vindicatif, impitoyable dans ses rancunes, qui survivent à ses colères. Mais quoi! quand les sages s'oublient, ils sont capables de faire les plus grandes folies, et il était écrit que M. Geffcken serait un jour le plus imprudent des hommes. Le prince impérial, qui est devenu l'empereur Fré-

déric, avait écrit son Journal pendant la campagne
de France. Il l'avait communiqué à M. Geffcken, et
M. Geffcken en avait fait des extraits, en avait copié
quelques passages bien choisis; il n'a pu résister à
la tentation de les publier. Il n'a consulté personne,
il n'a point demandé l'autorisation de l'impératrice
Frédéric, qui l'aurait sûrement refusée. Son démon
le poussant, il a risqué le paquet. Le procureur impérial l'accusa de n'avoir point agi par étourderie,
par entraînement, d'avoir prévu les conséquences
de sa témérité, d'avoir été indiscret de propos
délibéré; et, pour que tout fût étrange et répu-
gnant dans ce procès, on n'a pas craint d'invoquer
contre lui le témoignage de son fils, qui déclarait
lui avoir entendu dire : « Voilà une affaire qui
fera beaucoup de bruit, qui causera un grand
scandale ».

Il n'y avait cependant rien de scandaleux dans
ces fragments de journal publiés par la *Rundschau*.
Mais les simples et le gros public, qui s'arrêtent à
la surface et ne creusent pas, pouvaient s'imaginer
en les lisant que le vrai fondateur de l'empire allemand, celui qui avait eu le premier la pensée de le
restaurer, celui qui avait pris l'initiative de cette
grande entreprise, n'était pas M. de Bismarck, mais
le prince Frédéric-Guillaume. Si M. de Bismarck
était plus philosophe, il se serait dit que sa gloire
est hors d'insulte, que personne ne peut la lui ravir,
que toutes les publications du monde n'y feront
rien, et, sûr de son soleil, il aurait laissé courir les
nuages. Malheureusement si M. de Bismarck est un
grand politique, il ne s'est jamais piqué d'être phi-

losophe. Quand sa bile s'émeut, s'échauffe, il se soulage en tonnant, en foudroyant.

Le kronprinz, qui est devenu l'empereur Frédéric, nous apparaît dans son journal comme un homme de cœur, d'un esprit généreux, qui faisait sa part au sentiment dans les choses de ce monde; mais il ne comptait pas assez avec les difficultés, il simplifiait les questions, il était porté à croire qu'il suffit de désirer, que la fortune est complaisante et que tout s'arrange. On l'avait tenu systématiquement à l'écart des affaires, on ne lui parlait jamais politique, on ne le consultait sur rien. Il vivait en solitaire au milieu de la cour et du monde, et, selon les cas, la solitude éteint ou exalte les grands sentiments. Il avait trop de mansuétude naturelle pour protester bruyamment contre la situation qui lui était faite; mais il avait trop de ressort pour se soumettre, pour abdiquer ses droits, pour renoncer à lui-même et aux idées qui lui étaient chères. C'était un exalté aimable et doux. Il avait ses amitiés secrètes, il s'était choisi quelques confidents, avec lesquels il formait des projets, discutait son avenir, et qui se prêtaient à ses illusions. Qui pouvait prévoir sa mélancolique destinée? On lui appliquerait volontiers ce qu'un historien allemand a dit de don Juan d'Autriche : « C'est le propre de certaines âmes que de se complaire dans des désirs et des projets vagues. Quand leurs premiers desseins ont échoué, elles se livrent à des plans plus vastes encore, comme si, sentant doublement leur force, elles voulaient défier la fortune. Le monde est ainsi fait. Il excite l'homme à désirer, à vouloir, il éveille en lui toutes les espérances, lui prodigue les encouragements et les promesses, lui persuade que les destinées l'appellent, après quoi il lui ferme ses barrières et le fait mourir. »

Dès les premiers succès remportés sur les Français, au lendemain de Woerth, dans l'émotion de la victoire, et encore tout chaud de la forge, le prince Frédéric songe aux grandes conséquences que ne peut manquer d'avoir un si glorieux événement. Il voit déjà la Confédération allemande du Nord changée en un empire presque unitaire, qui embrassera toute l'Allemagne. Si les rois de Bavière, de Wurtemberg font des difficultés, s'il leur répugne d'accepter la suzeraineté d'un roi de Prusse, quelques obligations qu'on leur ait, quelque assistance qu'on ait tirée d'eux, on pèsera sur eux pour les décider, et, s'il le faut, on emploiera la menace, la contrainte. Assuré de la parfaite droiture de ses intentions, de la sagesse de ses conseils, et certain de travailler au bien de tous, il ne craindra pas de faire aux hommes et aux choses une douce violence, et il sait d'avance que les peuples applaudiront, car l'empire qu'il entend fonder sera un empire libéral, doté d'un gouvernement à l'anglaise et d'un ministère responsable, qui ne sera jamais en conflit avec le Parlement.

« Nous aurons aussi une Chambre haute, se disait-il, et nous y ferons siéger les rois et les grands-ducs. Pour les consoler des sacrifices que nous leur demandons, nous les ménagerons beaucoup ; on peut tout sauver par de bons procédés. Nous n'aurons garde de nous ingérer dans leurs petites affaires domestiques, dans leurs questions de ménage. En Alle-

magne, ils ne seront que des pairs ; dans leurs États,
ils resteront souverains, et nous nous appliquerons
si bien à transformer notre vieux cœur prussien en
un jeune cœur allemand qu'ils ne verront plus en
nous des étrangers, des intrus et des maîtres ; et
ainsi les rois, les peuples, nous-mêmes, tout le
monde sera content. » Telle était l'Allemagne nouvelle et aussi aimable que glorieuse qu'il apercevait
déjà à travers la fumée des champs de bataille.

On ne lui disait rien ; il prit sur lui de parler,
d'interroger, et il découvrit tout de suite combien
l'omnipotent conseiller de son père était peu disposé
à entrer dans ses vues. Les explications furent vives,
la querelle fut chaude, mais d'avance il avait perdu
son procès. Il tenta vainement de faire goûter au chancelier ses idées et ses projets, de le réconcilier avec
cet empire libéral qui devait rendre tout le monde
heureux. Si son rêve avait pu s'accomplir, il y aurait
eu en Allemagne un homme très malheureux, et cet
homme a toujours regardé ses malheurs personnels
comme des infortunes publiques. On croira sans
peine que le chancelier songeait, lui aussi, à tirer
parti de la victoire pour réunir toute l'Allemagne
sous l'hégémonie prussienne, pour imposer à la
Bavière, au Wurtemberg comme à Bade, les mêmes
conditions qu'avait acceptées la Saxe dès 1866. Mais
il entendait que cet empire allemand ne fût que la
Confédération du Nord agrandie, qu'on ne fît à la
constitution que d'insignifiantes retouches. Cette
constitution autoritaire était son œuvre, et son
œuvre lui était infiniment chère. Il avait dépensé
une prodigieuse activité et autant d'industrie que

d'éloquence pour la faire accepter par le Reichstag constituant. N'avait-on pas dit, dès ce temps, que cette constitution avait été faite par un homme et pour un homme?

Dès ce temps aussi, les libéraux-nationaux avaient prétendu que le seul moyen de concilier l'unité avec la liberté parlementaire était d'instituer une Chambre haute et un ministère responsable. M. de Bismarck avait combattu énergiquement leurs propositions; en vain étaient-ils revenus à la charge, il avait opposé à toutes leurs instances un opiniâtre et inexorable *veto*. Alléguant qu'il n'oserait jamais demander à un roi de Saxe de se réduire à la condition d'un simple pair, il avait substitué à la Chambre haute un Conseil fédéral formé des mandataires des gouvernements confédérés, divisé en commissions présidées par quelque ministre ou quelque haut fonctionnaire prussien, et dont les attributions principales sont de préparer les projets de loi et d'enterrer les projets dangereux émanant de la Chambre élue. Quant au ministère responsable, il avait en toute occasion exprimé l'invincible antipathie que lui inspirait cette institution. Il avait affirmé qu'un ministère avec lequel il serait obligé de se concerter et de s'entendre serait pour lui le pire des embarras; qu'il avait éprouvé souvent dans le cabinet prussien combien est misérable la situation d'un président du conseil condamné à raisonner avec ses collègues, à les persuader, à les convaincre, que c'est le plus dur et le plus ingrat des labeurs, que les forces dépensées en frottements sont des forces sottement gaspillées, que la Prusse se trouverait bien de changer sa constitution et de n'avoir désormais qu'un seul ministre responsable, qu'il fallait profiter de l'expérience pour organiser la Confédération allemande plus raisonnablement que le royaume de Prusse. Il citait le proverbe qui dit « que deux pierres dures moulent mal », et il en concluait que huit pierres dures frottant éternellement les unes contre les autres moulent plus mal encore. Le 16 avril 1869, il déclarait sans détour que le jour même où on lui donnerait un collègue, ce collègue serait son successeur.

Le Reichstag constituant, se rendant moins à ses raisons qu'à son autorité, en avait passé par tout ce qu'il voulait et lui avait attribué toute la responsabilité et du même coup tous les pouvoirs. A la fois président du Conseil fédéral et son représentant auprès du Reichstag, le chancelier est aussi le seul mandataireres ponsable de son souverain. Il y a dans sa situation un mystère qu'il faut renoncer à éclaircir; ce qu'on peut dire de plus net à ce sujet, c'est que le Verbe, qui est la source de la sagesse et qui produit le monde, est engendré par le Père et qu'il unit dans sa personne la nature humaine avec la divine. Ce qu'il y a de plus sûr encore, c'est que M. de Bismarck contrôle tout, dirige tout, et que, sauf le département militaire, qu'il abandonne au roi de Prusse, politique étrangère, politique intérieure, finances, commerce, impôts et le reste, tout est de son ressort. Un jour, il n'a pas craint d'affirmer qu'en ce qui concerne les affaires allemandes, la vraie souveraineté réside dans le Conseil fédéral. Il s'est arrangé ainsi pour avoir deux maîtres, un roi et un conseil, et quand on a deux maîtres, on n'en a point. Un autre jour, il a comparé son roi, en tant que chef d'une confédération, à un stathouder, et il s'est comparé lui-même à un grand pensionnaire de Hollande. Toutes les fois qu'il s'est plaint de la pesanteur de son fardeau, on l'a obligeamment engagé à se donner des collègues, il s'y est toujours refusé. Mais pour ne pas mourir à la peine, il a obtenu du Conseil fédéral et du Reichstag le droit de se faire suppléer par des délégués qui ne sont responsables qu'envers lui, et sur lesquels il se réserve un droit absolu de contrôle et de *veto*. Ce vice-empereur a ses ministres; ce n'est pas lui qui les nomme, mais c'est lui qui les choisit.

Comment le prince Frédéric avait-il pu s'imaginer qu'il convertirait jamais M. de Bismarck à sa Chambre haute et à son ministère impérial responsable? M. de Bismarck avait décidé depuis longtemps que l'empire ne serait pas, ou qu'il serait autoritaire, et que l'autorité y serait concentrée dans les mains du chancelier. On lui demandait son abdication; autant valait lui demander sa tête. Après avoir rêvé, le prince s'indigna, se fâcha, et, après s'être fâché, il se contenta de gémir tout bas, de se plaindre à ses amis que les grands politiques sont des hommes bien personnels, qu'ils ne pensent qu'à eux, qu'ils sacrifient tout à leurs convenances, qu'ils dépouillent les plus grands événements de ce monde de leur poésie et de leur grâce.

Ce noble et intéressant utopiste eut le chagrin d'entendre dire à son père qu'il n'attachait qu'une médiocre importance à la nouvelle dignité qu'on lui décernait, que ce n'était qu'un changement de titre, que sa situation restait là même, qu'il conservait exactement les pouvoirs qu'il avait exercés comme président de la Confédération du Nord : « L'essentiel est que je suis un roi de Prusse comme devant ». Et il disait à son entourage : « Aujourd'hui comme hier, je suis votre roi.... Mon fils, ajoutait-il, s'est donné corps et âme au nouvel ordre de choses, tandis que je ne tiens qu'à ma vieille Prusse, *während ich mir nicht ein Haar breit daraus mache und nur zu Preussen halte.* C'est lui et ses descendants qui feront de l'empire qui vient d'être restauré une vérité. »

C'est aussi ce que pensait le prince. Sa chimère s'était évanouie comme une fumée ; pour se consoler, il se promettait de reprendre un jour ses projets, de tout faire pour réparer les péchés d'omission qu'il imputait à M. de Bismarck : « Je serai, écrivait-il, le premier empereur d'Allemagne vraiment constitutionnel.... S'imagine-t-on avoir suffisamment payé tant de sang versé en créant un empire qui ne convient qu'aux hommes par qui et pour qui il a été fait ? » Parmi tous les fragments du journal publiés dans la *Rundschau,* voilà sans doute le passage qui a le plus vivement offensé M. de Bismarck, et pourtant il a dû se dire : « Ce rêveur avait quelquefois du bon sens et mettait le doigt sur la chose, *den Nagel auf den Kopf* ».

M. Geffcken est un imprudent, et on ne peut nier qu'il ne soit un indiscret. O inconséquences humaines ! il y a quelques années, il m'avait reproché dans un article de Revue d'avoir cité, peu de temps après la mort du baron Nothomb, quelques passages d'une lettre où cet éminent et spirituel diplomate, à qui j'étais fort attaché, caractérisait de la façon la plus heureuse la politique intérieure de M. de Bismarck. M. Geffcken m'accusait d'avoir commis une inexcusable indiscrétion. Cependant le passage que j'avais cité ne compromettait personne, et la lettre d'où je l'avais tiré m'était adressée. Le journal de l'empereur Frédéric n'appartenait point à M. Geffcken. On lui avait permis de le lire, on ne lui avait pas permis de le copier ni d'en faire des extraits. Ajoutons qu'il avait jeté la pierre et caché le bras, qu'il s'était avisé d'un ingénieux artifice pour dérouter les soupçons; ne devait-il pas craindre qu'ils ne se portassent sur des innocents?

Mais il y a des indiscrétions qui sont des péchés et d'autres qui sont des crimes. M. Geffcken n'est qu'un pécheur; il n'est pas un criminel, comme l'a dit le procureur impérial, ni un scélérat, comme l'affirmait la *Gazette de Cologne*. Il est absurde de prétendre qu'il ait divulgué des secrets d'État, trahi les intérêts de son pays, mis l'empire allemand en péril. Si on en croit le ministère public, les souverains confédérés s'étaient vivement émus de ses révélations; ils avaient appris avec douleur qu'en 1870 l'héritier de la couronne de Prusse songeait à les dépouiller de leurs prérogatives pour en faire hommage à l'empereur d'Allemagne. Ils peuvent s'imaginer que ses projets ne sont pas morts avec lui, que les traités qu'on a signés avec eux sont caducs, que la constitution impériale qui les garantit n'est qu'un arrangement provisoire. Rien n'est plus propre à troubler leurs relations avec la Prusse. Peut-être l'idée leur viendra de se mettre à couvert de toute surprise en s'assurant l'appui secret des puissances étrangères, et ces puissances elles-mêmes seront peut-être tentées d'exploiter ces défiances, ces zizanies. Si M. Geffcken n'était pas un scélérat, il se serait gardé d'apprendre au monde que l'empire allemand n'est qu'un simulacre d'empire, que le colosse repose sur des pieds d'argile.

Les craintes du procureur impérial et de la *Gazette de Cologne* me paraissent fort chimériques, et je doute que la publication de M. Geffcken ait rien appris ni aux puissances étrangères ni aux rois et aux grands-ducs allemands. Personne n'avait jamais pensé que, le cas échéant, la constitution de l'empire, amendée déjà en plusieurs de ses articles, ne pût l'être encore. Elle a été souvent discutée par le Reichstag; ses ennemis l'ont définie brutalement « un chaos corrigé par une dictature », et ils sont d'avis que les dictatures n'ont qu'un temps. M. de Bismarck, il est vrai, a déclaré que les traités lui sont sacrés, qu'il s'est fait une loi de n'exiger des petits souverains que les sacrifices de pouvoir et de fierté rigoureusement nécessaires, que si les petites monarchies allemandes venaient à disparaître, la grande s'en trouverait mal, qu'il n'aurait garde de porter atteinte à ce qui leur reste d'indépendance et de crédit. Mais, en d'autres occasions, il s'est permis d'insinuer que les opinions changent avec les circonstances, que le particularisme est tantôt en hausse, tantôt en baisse, que le jour viendra où l'on sera plus disposé à sacrifier au bien général certains intérêts personnels. « Il y a des choses qui ne se font pas en trois ans, disait-il le 10 mars 1877, ni même en dix ans. Vous êtes trop pressés; laissons à nos enfants quelque chose à faire. » Pouvait-on avertir plus clairement les grands-ducs et les rois que leur avenir était incertain, qu'on ne leur garantissait qu'un répit de quelques années? De telles déclarations leur ont paru sans doute plus inquiétantes que toutes les publications que pourrait faire M. le docteur Geffcken. Le chancelier n'a jamais dit : Après moi, le déluge! Mais il a paru dire plus d'une fois : Après moi, la crise!

M. Geffcken a payé cher sa fatale imprudence. On l'a puni aussi d'avoir mal placé ses affections. L'enquête ordonnée contre lui eût été sûrement moins sévère et sa prison préventive moins rigoureuse s'il n'avait eu le tort d'entretenir un commerce d'amitié avec des hommes dont M. de Bismarck se défie et qui lui ont toujours donné de l'ombrage. Le chancelier s'applique à voir clair dans le jeu secret de ceux qu'il regarde comme ses adversaires et ses rivaux. Il aime à fouiller dans leur passé; il a du goût pour les dossiers, pour les mémoires accompagnés de pièces à l'appui. En ordonnant les poursuites contre M. Geffcken, il s'était flatté qu'on ferait peut-être d'intéressantes découvertes dans ses papiers. Il connaissait ses relations avec le général de Stosch, en qui il voit un aspirant à sa succession, et avec le baron de Roggenbach, que l'empereur Frédéric tenait pour le plus raisonnable, le plus réfléchi des hommes d'État allemands et pour le plus digne de sa confiance.

Pendant les trois mois qu'a duré le règne de l'empereur Frédéric, M. de Bismarck a éprouvé de grands dégoûts, de grandes inquiétudes, et il ne pardonne jamais à qui l'inquiète. Le baron de Roggenbach

avait-il intrigué contre lui? Rien n'est moins certain.
Cet homme distingué, qui joint à une intelligence
supérieure de toutes les grandes questions de ce
temps, beaucoup de charme personnel, les grâces
d'un esprit naturel, ingénieux et facile, n'est pas de
la race des grands ambitieux et n'a pas le tempérament d'un homme de combat. Il doute que les
grands emplois vaillent toutes les peines qu'on se
donne pour les conquérir, et son exquise finesse, qui
lui fait voir les diverses faces des choses, le rend
plus propre à la critique qu'à l'action. Il est assurément de tous les politiques de ce temps celui qui
connaît le mieux M. de Bismarck et qui, en rendant
justice à son génie, démêle avec le plus de perspica-
cité ses calculs et ses intérêts secrets, ses arrière-
pensées, le machiavélisme de ses combinaisons et,
pour trancher le mot, toutes ses mystérieuses dia-
bleries. M. de Roggenbach est un juge trop clair-
voyant, et les dieux n'admettent pas qu'on pénètre
dans le fond de leur âme.

Au surplus, en frappant M. Geffcken et en intimi-
dant ses amis, le chancelier a voulu faire un exemple,
donner un salutaire avertissement à tous ceux qu'il
soupçonne de conspirer contre lui, à tous ceux qui
pourraient le discréditer dans l'esprit de son nouveau souverain. « Je rognerai les ongles si courts à
ceux dont j'ai lieu de me garder, écrivait le cardinal
de Richelieu, que leur mauvaise volonté sera inutile.
Il vaut mieux faire trop que trop peu. Par trop peu,
on se met au hasard de se perdre, et quand même
on ferait quelque chose de trop, il n'en peut arriver
aucun inconvénient, n'y ayant rien qui dissipe tant

les cabales que la terreur et la crainte. » M. de Bismarck a toujours mieux aimé faire trop que trop peu.

Mais jusqu'ici il s'était fait une loi d'observer les formes, de sauver les apparences; il s'est affranchi cette fois de tout scrupule, il s'est donné libre carrière. N'ayant pu obtenir de la cour de Leipzig la condamnation de M. Geffcken, il a publié l'acte d'accusation et pris pour arbitre entre le tribunal et lui tous les gouvernements allemands et tous les sujets de l'empire; sans aucun respect de l'autorité des juges, il en a appelé de leur justice à celle du premier venu, il a déféré au suffrage universel, qu'il méprise, l'examen des pièces et le soin de casser la sentence. Il a fait plus encore : il a communiqué à ses journaux une analyse des lettres saisies au cours de l'instruction, et non seulement des lettres de l'accusé, mais de celles de M. de Roggenbach, qui n'était accusé de rien. Un tel mépris de toutes les convenances a étonné tous ceux qui ne sont pas résolus à ne s'étonner de rien, à donner toujours raison à M. le prieur. Ils ont laissé voir qu'ils regrettaient qu'un si grand homme eût de si fâcheuses faiblesses et fût si peu maître de sa passion, qu'un si grand politique eût l'humeur si policière. Mais qu'importe au chancelier? Depuis que l'empereur Guillaume Iᵉʳ n'est plus de ce monde, il ne se contraint plus. Il exige de ses amis un entier abandonnement à ses volontés, et il a avec ses ennemis moins de procédés que jamais. Il dit aux uns et aux autres : Humiliez-vous, *discite humiliari*; vous n'êtes devant moi que grains de sable, cendre et poussière.

M. FRANCESCO CRISPI

ET

SA POLITIQUE

M. Crispi a été longtemps à la peine avant d'être à l'honneur. Il est arrivé bien tard, après avoir connu toutes les vicissitudes de la fortune, traversé plus d'un défilé, acheté le succès par beaucoup d'échecs et de chagrins. Cet avocat sicilien, né le 4 octobre 1819 d'une famille d'origine albanaise établie à Ribera dans la province d'Agrigente, avait le génie des complots, les talents et la trempe d'âme d'un conspirateur et l'on put croire qu'il passerait sa vie à conspirer. En 1848, il avait pris une part considérable à la révolte de la Sicile et, en 1849, il fut du nombre des quarante-trois insurgés que Ferdinand II déclara exclus de toute amnistie. Il se réfugia en Piémont, où il se fit journaliste; il y conspira bientôt et fut expulsé en 1853. Il chercha un asile à Malte; le gouvernement piémontais l'en fit chasser. De Malte il se rendit à Paris, où il gagna péniblement son pain; mais il était jeune, amoureux de son malheur, et l'escalier d'autrui ne lui semblait pas dur à monter. A deux reprises, il eut des difficultés avec la police française, et il fut mis à la porte en 1858. Il se retira à Londres, où il conspira avec le roi et le pontife des conspirateurs, Mazzini. Ses tribulations n'avaient abattu ni son audace ni sa fierté. Il a prouvé plus d'une fois qu'il avait l'âme forte et l'espérance tenace.

La fameuse expédition des Mille et l'amitié de Garibaldi le mirent en lumière. Après l'annexion de la Sicile et de Naples au royaume d'Italie, il fut nommé député au parlement de Turin, et il se signala bientôt par les emportements de son éloquence impétueuse, par ses dures apostrophes, par ses virulentes sorties, par l'insolence de ses ripostes, par ses hautains défis, par ses attitudes et ses colères de coq de combat. Ses ennemis, qui étaient nombreux, et ses amis, qui le redoutaient plus qu'ils ne l'aimaient, s'accordaient à penser qu'il ne serait jamais qu'un tribun, qu'il n'était pas assez maître de lui pour devenir un homme d'État, un homme de gouvernement. L'ambition le rongeait. Plus d'une fois il crut voir la vague approcher, mais elle se retira bien vite. Il essuya de violents dégoûts; il laissait éclater ses dépits. Il fut sur le point de renoncer à la partie, de rentrer dans la vie privée; mais, aussitôt sa démission donnée, il se ravisait. Lorsque, en 1876, la gauche parvint au pouvoir, aucun portefeuille ne lui fut offert; ses amis le condamnaient à leur tenir l'étrier. On sentit cependant que c'était un homme à ménager, et peu après on le porta à la présidence de la Chambre. Il joua quelque temps le rôle de protecteur du cabinet, et il semblait dire à ses protégés : Appliquez-vous à me plaire ou il vous en cuira.

Enfin, en 1878, M. Depretis lui offrit le ministère de l'intérieur. Il l'accepta avec empressement, et ne le conserva que deux mois environ. Il était ministre quand le roi Victor-Emmanuel et le pape Pie IX moururent à quelques semaines d'intervalle, et dans ces deux crises, l'ex-révolutionnaire prouva qu'il s'entendait à administrer, à maintenir l'ordre. Mais en deux mois il s'était attiré de si méchantes affaires et des inimitiés si implacables que, sur les pressantes instances de M. Depretis et pour échapper à des tempêtes, il dut résigner son office avant la rentrée de la Chambre. Que lui reprochait-on? Beaucoup de choses, et surtout sa raideur d'esprit, ses procédés cavaliers, son humeur brusque, impérieuse, cassante. Il semblait qu'après cette catastrophe sa carrière fût définitivement close; on disait de lui : Il est fini, il est mort, il n'en reviendra pas. Dans les élections de 1880 il dut se débattre prodigieusement à Naples, à Tricarico, à Palerme, pour ne pas rester sur le carreau.

Le découragement le prit une fois encore, et une fois encore il donna sa démission, qu'il se décida difficilement à retirer. Sa suprême ressource fut de s'unir à MM. Zanardelli, Nicotera, Cairoli et Baccarini, de former avec eux ce conseil de généraux sans soldats, cette junte de mécontents aigris, ce parti des cinq boudeurs, qu'on appelait la pentarchie. On put croire que c'en était fait, qu'il bouderait jusqu'à sa mort, lorsque, enfin, par un brusque retour de fortune, M. Depretis lui offrit de nouveau un ministère. Peu de temps après, celui qu'on nommait le vieux de Stradella vint à mourir; M. Crispi lui succéda dans la présidence du conseil, et à cette présidence il joignit deux portefeuilles, les affaires étrangères et l'intérieur, lourd fardeau qu'il porte allégrement. On l'eût contrarié beaucoup si on s'était avisé de le soulager en lui ôtant une partie de sa charge.

Il était arrivé et bien arrivé, installé, établi. Ce n'était plus un tribun, c'était le ministre le plus autoritaire qui eût jamais gouverné l'Italie, et désormais on s'accommodait de son humeur cassante. Comme l'a dit un de ses biographes : « Il ne cherche pas à conquérir les sympathies des Chambres, à les séduire par son sourire ou le charme de sa parole; il s'impose à leur respect, à leur obéissance. Les bras repliés sur sa poitrine, il regarde son auditoire comme pour le préparer à entendre les choses mémorables qu'il va dire. Quand le silence règne partout et qu'on est tout oreilles, il lance sa phrase longtemps méditée, dure et quelquefois entortillée, et il courbe le dos, en ouvrant les bras comme pour ouvrir la route à son idée. Puis il se redresse, se raidit dans sa dignité, se tait, et tout à la fois il observe l'effet qu'a produit sa première phrase et il prépare l'effet que produira la seconde [1]. » Choisissez votre moment pour l'interroger, car il ne répond pas toujours. N'espérez pas non plus qu'il examine toujours vos raisons et vous réfute dans toutes les règles. Las d'argumenter, il le prend de haut, il ordonne; il somme la place, et la place se rend. Il a l'air de

1. *Francesco Crispi, profilo ed appunti*, di Vincenzo Riccio. Editori L. Roux et C. Torino-Napoli, 1887. —

dire : Le seul gouvernement possible, c'est moi ! — et peu s'en faut qu'il n'ajoute : L'Italie et moi, c'est la même chose. Il fut longtemps obéi sans contradiction. Quand on commença à le contredire un peu, il en fut quitte pour modifier son cabinet et pour jeter un gâteau de miel à ceux des mécontents qui faisaient le plus de bruit, à ceux qui avaient la voix la plus aigre et la dent la plus dure.

A quoi tient-il que M. Crispi ait dû attendre d'approcher de ses soixante-dix ans pour parvenir au poste auquel il a visé toute sa vie? Ses panégyristes prétendent que cet homme entier, inflexible, profondément convaincu, n'a jamais su plier sous aucun joug, ni se prêter à aucun accommodement, ni sacrifier ses principes à ses intérêts et à son ambition, que sa vertu a retardé son bonheur. Mais quand on considère de près son histoire, on ne voit pas qu'il ait jamais fait preuve d'une farouche intransigeance, d'une intraitable fidélité à ses idées. Il a commencé par être un chaud républicain, un fervent mazzinien. Il a rompu avec Mazzini pour faire acte d'adhésion à la maison de Savoie, et on ne peut le lui reprocher. Il avait compris, selon ses propres expressions, que la monarchie unissait les Italiens, que la république les diviserait, et il disait en 1864 : « Nous voulons une Italie forte, grande, s'étendant des Alpes à l'extrémité de l'Apennin, et, à cet effet, nous serons avec le prince, nous ne faillirons pas à la parole que nous lui avons donnée. »

Mais pour justifier sa conversion à ses propres yeux, il entendait ne se rallier qu'à une royauté populaire, à une monarchie démocratique jusqu'à la moelle des os. Tant qu'il fut dans l'opposition, il se montra l'intrépide partisan de toutes les réformes et l'infatigable avocat de toutes les libertés. Il demandait à cor et à cri qu'on fît des économies, qu'on allégeât les charges publiques, que les taxes sur la consommation fussent remplacées par un impôt progressif sur la rente. Il voulait que le souverain fût tenu en tutelle et que l'emploi de la liste civile fût soumis au contrôle du Parlement. Il voulait l'indépendance de la province et du municipe, et que toute commune élût librement son conseil et son syndic. Il désirait que les grands commandements militaires fussent abolis, et que les armées permanentes se transformassent par degrés en milices nationales. Devenu ministre, M. Crispi ne s'occupe pas de diminuer les impôts, mais de les augmenter ; il a l'humeur magnifique, ne regarde jamais à la dépense. Si quelqu'un s'avisait de demander la transformation de l'armée italienne en milice, il aurait bientôt fait de le frapper de son tonnerre et de le réduire en cendres. Ajouterons-nous que ce tribun, qui plaidait jadis avec une brûlante éloquence la cause des peuples opprimés et maudissait les conquérants, ne s'est fait aucun scrupule de garantir à l'Allemagne la possession de l'Alsace-Lorraine ; que ce conspirateur militant, qui porta la chemise rouge, se glorifie aujourd'hui de figurer parmi les gendarmes de l'Europe ? Il déclare que les regrets sont un crime, et il dit à l'espérance : On ne passe pas.

On lit dans une brochure qu'il publia en 1876, « que les autoritaires parlent volontiers des droits de l'État, que l'État n'a point de droits et ne peut en avoir, que

le peuple seul en a, qu'il est le vrai souverain ».
Aujourd'hui, M. Crispi est si convaincu des droits de
l'État que par sa nouvelle loi provinciale et municipale, il interdit aux communes qui ne sont pas des
chefs-lieux de province ou d'arrondissement de nommer leurs syndics ou maires, et que c'est lui qui se
charge de les choisir à sa convenance. C'est encore
en alléguant la raison d'État qu'il s'est opposé for-
mellement à l'abolition de l'*ammonizione*. En vertu
de cette étrange institution italienne, tout individu
qui a quelque peccadille sur la conscience ou qu'on
soupçonne d'avoir de mauvaises pensées, de mauvais sentiments, est mandé chez le préteur ou juge
de paix, et le préteur l'avertit, l'admoneste. Désormais, cet homme averti est soumis à la surveillance de la police, astreint à une résidence fixe, et
peut être arrêté sans motif. Assurément, cette institution peu libérale ne figurait pas dans cette
fameuse « bible du progrès » où M. Crispi puisait
jadis le texte de ses sermons politiques. Lors de la
visite de l'empereur Guillaume II, des centaines
d'*avertis* ont été mis à l'ombre, parce qu'on leur prêtait le dessein de troubler par quelque manifestation
fâcheuse l'allégresse publique et les joies particulières de M. le président du conseil.

On a dit que M. Crispi s'était fait du tort par les
ardeurs de son tempérament passionné, que c'était
une âme de feu, « qu'il avait des tendresses et des
haines siciliennes ». On lui reprochait de se ruer
sur ses ennemis, de les attaquer avec une fureur de
bête féroce, de s'être montré brutal et souveraine-
ment injuste envers le général Menabrea, qu'il appe-

lait « un gentilhomme sans gentilhommerie », envers
M. Ricasoli, qu'il qualifiait de fausse idole, de tête
creuse et de politique immoral. Piémontais, Tos-
cans, Lombards, il a mordu tout le monde. Il était
sans pitié pour les modérés, pour tout le parti de la
droite, qu'il accusait de gaspillage, de dilapidations
et « d'avoir aggravé outre mesure le fardeau des
dettes de l'État, en laissant l'Italie sans armée, sans
flotte, sans frontières fortifiées ». Aussi criait-il ana-
thème aux députés de la jeune gauche, qui désiraient
transiger, s'accommoder avec la droite. Il les traitait de transfuges, de déserteurs, de traîtres. En
vérité, toutes ces grandes colères étaient un peu
factices ; l'événement l'a prouvé. Depuis qu'il est président du conseil, M. Crispi s'est empressé d'abjurer
ses préventions et ses ressentiments. Il s'appuie
alternativement sur la gauche et sur la droite, sur
la droite et sur la gauche ; sa politique est un système de bascule pratiqué avec autant de persévérance que d'adresse. Il ne contente personne, mais
il ne réduit personne au désespoir.

M. Crispi, en dépit des apparences, est un oppor-
tuniste, et l'à-propos est son Dieu. Il aime à aigrir,
à envenimer les questions et les querelles ; mais,
après ces grands éclats, il consulte son intérêt, et
il lui en coûte peu de se rapprocher de ses ennemis,
et moins encore de se brouiller avec ses amis. Il en
voulait mortellement à M. Cairoli de l'avoir supplanté au ministère de l'intérieur. Il écrivait à ce
sujet : « On me demande si je suis l'adversaire ou
l'ami de l'honorable Cairoli ; je ne suis ni l'un ni
l'autre. Je ne suis pas son adversaire, parce que

je n'aspire point à sa succession, qu'aucun patriote ne pourrait accepter que sous bénéfice d'inventaire. Je ne suis pas son ami, parce que ses procédés de gouvernement ne sont pas les miens. » A quelque temps de là, il envoyait à son journal, *la Riforma*, un télégramme par lequel il exprimait tout crûment son mépris pour le cabinet que présidait l'honorable M. Cairoli. Mais quand M. Cairoli ne fut plus ministre, on se raccommoda, on renoua et on siégea ensemble, côte à côte, dans la junte des mécontents.

M. Crispi ne pouvait pardonner à M. Depretis de s'être séparé si facilement de lui en 1878. Il lui témoigna vivement ses rancunes, lui fit une guerre implacable. Il l'accusait « de ne tenir aucun compte de l'opinion publique, de pressurer les contribuables, de ne songer qu'à ses ambitions particulières, d'être un chef de cabinet sans principes et sans idées, de vivre d'hypocrisie et de mensonges ». — « Nous avons lourdement péché, disait-il à Naples, dans une réunion privée, en mettant à la tête de notre parti un homme capable de forfaire à l'honneur et de violer tous les devoirs. Nous nous imaginions qu'à l'âge où il est parvenu, il songerait à réparer ses erreurs, à mourir en homme de bien et qu'il prendrait soin de sa renommée. L'honorable Depretis ne pense qu'à se maintenir au pouvoir; c'est son unique souci, et ses moyens sont la peur et l'intrigue. Il étend sans cesse sa clientèle par des faveurs et des corruptions. »

Mais deux ans plus tard, il s'était singulièrement radouci. Dégoûté de ses collègues dans la pentarchie, qui ne lui témoignaient pas assez d'égards et de déférence, il n'attendait qu'une occasion favorable de les quitter, et il arrangeait en conséquence ses pièces et ses batteries. « L'honorable Depretis, disait-il à ses électeurs de Palerme, a pour lui son histoire, et je ne crois pas qu'il veuille la démentir. Dans une discussion solennelle où on lui demandait ce qu'il ferait si un vote de la Chambre l'obligeait à remanier son ministère, il donnait à entendre que, rebroussant chemin, il retournerait à ses anciennes amours et formerait un cabinet de gauche. Je suis fermement convaincu qu'un vieux patriote tel que lui n'aura garde de compromettre son avenir en reniant son passé. » Personne ne s'entend mieux que M. Crispi à mêler les douceurs aux menaces et les menaces aux caresses. Les sourcils froncés, il montre le poing, et sa voix gronde, mais l'œil sourit : moitié figue, moitié raisin, c'est sa devise. Dans ce cas-ci, l'insinuation était claire. M. Depretis affecta quelque temps de ne pas comprendre ; enfin, soit magnanimité, soit prudence, il fit à l'homme qui l'avait traité d'intrigant et de menteur des propositions qui furent bien vite acceptées. Les rois, les papes, les empereurs, disait l'Arioste, se liguent aujourd'hui, demain ils seront ennemis mortels, jamais ils ne regardent qu'à leur intérêt :

> Che non mirando al torto più ch'al dritto,
> Attendon solamente al lor profitto.

M. Crispi, bien qu'il ne soit ni roi, ni pape, ni empereur, a passé sa vie dans les brouilles et dans les réconciliations. Il est Sicilien, si l'on veut, mais encore plus avocat que Sicilien.

Ce n'est point par un excès de rigidité dans ses principes, ni par l'âpreté de ses haines siciliennes, que M. Crispi a nui longtemps à ses affaires et compromis sa fortune. Son plus grand ennemi fut son orgueil, et rien ne lui a fait plus de tort que la haute opinion qu'il avait de lui-même. Dès sa jeunesse, dès ses débuts dans la vie parlementaire, il a commis le péché de vaine gloire et de superbe. Il aimait à s'étaler, il faisait à l'univers les honneurs de son moi. Il disait sans cesse : Mes opinions, mon parti, mon programme. Il dit aujourd'hui : Mon gouvernement, ma volonté. En 1861, M. Bonghi écrivait dans l'un des principaux journaux de Milan : « Vous ne pouvez vous imaginer avec quelle arrogance Crispi parle de lui. Il traite d'ignorant quiconque se permet de le contredire ou de l'interrompre. Il a la prétention de dire des choses que personne n'a jamais dites, de répandre sur toutes les questions une lumière éblouissante dont il a seul le secret, de résoudre des problèmes que personne n'a résolus avant lui. Il s'étonne continuellement de son génie, de sa propre grandeur, de l'abondance et de la rapidité de ses pensées ; telle idée qui lui vient d'inspiration, un autre se creuserait cent ans la tête pour la trouver. Cela prouve que l'orgueil est une créature qui naît par une sorte de génération spontanée, sans père ni mère. »

L'orgueil natif de M. Crispi se trahit quelquefois par des épanchements dont la candeur fait sourire. En 1876, dans l'allocution qu'il prononça en s'installant dans son fauteuil de président de la Chambre, il se compara gravement à l'Etna, qui sent bouillonner dans son sein des ruisseaux de lave ardente, et dont le sommet se revêt de frimas et d'une neige qui ne fond jamais. « Comme l'Etna, ajoutait-il, j'unis le froid au chaud, et le repos aux tempêtes. J'ai la fibre irritable, l'âme brûlante, mais j'ai appris à me posséder, et ma ferme et calme volonté réduit mon cœur à l'obéissance. » Quand on se compare à l'Etna, quand on se croit d'aussi haute taille que l'une des plus hautes montagnes de l'Europe et un être aussi extraordinaire qu'un volcan neigeux, on n'est pas disposé à se mettre à la remorque de personne, et on manque de ce liant, de cette modestie, de cette souplesse d'humeur qui rendent les commencements plus faciles. Richelieu lui-même et M. de Bismarck se contentèrent d'abord des seconds rôles. M. Crispi les dédaigna toujours, il les considérait comme indignes de lui; mais les Italiens sont excusables d'avoir hésité longtemps à le tenir sur sa parole pour un de ces gros oiseaux qui ne respirent que sur les cimes. On peut dire sans lui faire injure que, pour qu'il arrivât à la première place, il a fallu que l'axe de la politique se déplaçât, que le pouvoir échappât pour toujours à la droite, que M. Depretis mourût et que la gauche ne fût pas riche en hommes de gouvernement.

S'il a fallu du temps à M. Crispi pour se mettre en crédit et pour vaincre les préventions défavorables du Parlement, il lui en fallut davantage encore pour triompher des préjugés de la cour et du souverain. « Son orgueil et son courage, nous dit son biographe, M. Riccio, qui l'admire beaucoup et le compromet quelquefois, ont inspiré des inquiétudes en haut lieu pendant bien des années. On le regardait comme un danger ou comme une épine. En vain, des écrivains perspicaces avaient indiqué les services que pouvait rendre à la monarchie cet homme né des révolutions et qui en sent dans son cœur tous les frémissements; en vain rappelait-on à la cour que, dans ce siècle, les démocrates ont seuls le pouvoir de sauver les trônes. Les hommes fortement trempés et les âmes vigoureuses font toujours peur, surtout aux princes accoutumés à n'avoir auprès d'eux que des ministres complaisants et empressés. »

Le roi Victor-Emmanuel éprouvait pour le tribun sicilien une invincible défiance mêlée d'une insurmontable antipathie, tandis qu'il s'accommodait fort bien d'un Rattazzi ou même d'un Depretis, à qui les radicaux austères reprochaient d'être trop malléable, trop flexible, de se plier trop facilement aux volontés royales, « d'avoir trop de penchant à recevoir les impressions d'autrui, à moins qu'un fort intérêt personnel ne le portât à réagir ». M. Crispi était ministre de l'intérieur à l'avènement du roi Humbert, et le premier acte du nouveau souverain fut de le mettre à pied, de l'éconduire. Le ministre disgracié put se plaindre qu'il avait succombé à la fois aux jalousies de la Chambre et à une intrigue de cour. Il ressentit vivement cette injure, et, selon son habitude, il donna à ceux qui l'avaient offensé de salutaires avertissements qui ressemblaient à des menaces. « Nous nous sommes ralliés à la monarchie, disait-il en 1884, parce qu'elle pouvait nous garantir l'unité nationale; mais nous sommes les amis du roi et nous ne sommes pas ses serviteurs. Les amis donnent des conseils et sont le véritable appui des dynasties; les serviteurs se font un devoir d'obéir. L'honorable Depretis, ce vieux mazzinien, avait ses raisons particulières et toutes personnelles pour se dire le serviteur de la maison de Savoie. Viennent les jours d'épreuve et de danger, il n'aura ni le courage ni la force de résister au flot populaire. » C'était dire : Choisissez! Selon qu'il vous plaira, je serai pour vous le plus dangereux des ennemis ou l'ami des grands jours, l'ami qui avertit et qui sauve.

On ne peut nier qu'il n'ait été heureusement inspiré dans le choix des temps, des occasions, des moyens, que la méthode qu'il a employée pour parvenir ne fût la bonne. Quand on n'est pas prophète dans son pays, on tâche de le devenir ailleurs, et quand on a de grandes difficultés au dedans, on cherche un point d'appui au dehors. C'est par ses voyages, par les liaisons qu'il forma avec les politiques étrangers, que M. Crispi vint à bout de ses ennemis. On ne le trouvait pas d'assez bonne compagnie à Rome; on fut bien étonné de le voir se faufiler chez les puissants de la terre et en recevoir le meilleur accueil. Il s'appliquait à leur persuader qu'il ne fallait pas le juger sur sa réputation, qu'il ne se souvenait plus d'avoir porté la chemise rouge ni servi sous Garibaldi, que ses antécédents et ses principes ne le gênaient point, qu'on peut être ou se dire jacobin et avoir la souplesse courtisane, que, si jamais il redevenait ministre, on lierait facilement partie avec lui.

Ces voyages, enveloppés d'un savant mystère, frappaient, intriguaient les imaginations italiennes.

On se disait : « Il est plus fort que nous ne pensions, et que sait-on ? les grandes amitiés qu'il a conquises nous seront peut-être utiles ». En 1877, pendant les vacances parlementaires, M. Crispi visita presque toutes les capitales de l'Europe et tous les endroits où l'on rencontre de grands personnages. Il se rendit à Salzbourg, à Gastein, à Londres, à Berlin, à Vienne, à Pesth. Les uns prétendaient qu'il avait reçu une mission du cabinet Depretis-Nicotera, d'autres qu'il se l'était fait donner, d'autres qu'il se l'était donnée à lui-même. Il conféra avec lord Derby, avec le comte Andrassy ; il eut deux longs entretiens avec M. de Bismarck, qu'il avait déjà vu et qu'il s'était promis de revoir aussi souvent que possible. Il avait compris que c'était par le chancelier de l'empire allemand qu'il arriverait au pouvoir et qu'il s'y maintiendrait. A peine devenu président du conseil, il a couru à Friedrichsruhe, peu après il y retournait. Le traité d'alliance avec l'Allemagne n'était pas son œuvre, il a voulu le retoucher pour lui donner sa marque, et il tenait au surplus à resserrer les nœuds d'une amitié précieuse, qui lui procure à la fois de grands avantages et de vifs plaisirs d'amour-propre. M. de Bismarck sait que M. Crispi est entièrement à sa dévotion, et les députés italiens sont certains ou presque certains qu'ils ne pourraient voter contre M. Crispi sans mécontenter M. de Bismarck, sans s'exposer aux attaques de ses journaux, véritable meute aboyante et dévorante qu'il lance aux trousses de quiconque dérange ses combinaisons.

Les Français qui accusent M. Crispi de gallopho-

bie lui font tort. Il n'a pour la France ni amour ni
haine, et il vivra bien ou mal avec nous selon les
occurrences et surtout selon les instructions qu'il
recevra de Berlin. A la vérité, il avait eu, en 1882,
l'idée bizarre d'engager les Italiens du Nord et du
Midi à se joindre à lui pour glorifier « les hauts faits,
les grandes victoires de leurs pères », en célébrant
avec éclat le sixième anniversaire des Vêpres siciliennes. Il aurait dû considérer que, quels que fussent au XIIIᵉ siècle les griefs de la Sicile contre les
Provençaux, qui du reste n'étaient pas encore des
Français, un massacre n'est pas un haut fait, qu'il ne
convient guère à un homme d'État de fêter une bou-
cherie où ne furent épargnés ni les enfants ni les
femmes, que cette façon de se débarrasser de ses
ennemis, quand elle se tourne en habitude, n'est pas
une méthode à encourager, qu'antérieurement déjà,
en 1198, les Siciliens, irrités contre l'empereur
Henri VI et à l'instigation de la reine Constance,
avaient tué tout ce qui se trouvait d'Allemands dans
leur île, que deux fois ils avaient eu la joie de laver
leur injure dans le sang, mais que le profit avait été
maigre, qu'après avoir vécu cinq mois en république, pressés vivement par les armes de Charles
d'Anjou, ils en furent réduits à se donner à Pierre III
d'Aragon. De quoi leur avait-il servi de massacrer
8 000 hommes ? Ils n'avaient fait que changer de
maîtres. Mais qu'importait à M. Crispi ? La France
s'était permis d'envoyer à Tunis un corps d'occupation, et il avait voulu lui donner un avertissement.
Dès ce temps, il avait la prétention d'être le
patriote, l'homme national par excellence. Ce n'était

pas la haine, c'était la politique qui l'inspirait. Il cherchait une occasion de se montrer; il l'avait trouvée, et il se montrait, et aujourd'hui encore il se montre.

Quand on a été jacobin, il en reste toujours quelque chose. M. Crispi a conservé de son passé un goût excessif pour la politique démonstrative. Arrivé tard aux grands honneurs, il a des impatiences de septuagénaire qui compte les jours et à qui il tarde de marquer son passage aux affaires par quelque action d'éclat. Il serait heureux de voir survenir quelque grande crise qui lui fournirait l'occasion de se signaler, de prouver tout ce qu'il est, tout ce qu'il peut et tout ce qu'il vaut. Mais on a beau frapper la terre du pied, il n'en sort pas toujours des événements, et les événements faisant défaut, on les remplace par des manifestations. M. Crispi aime à parler haut et à faire grand : témoin ce palais immense qu'il voudrait construire près du Capitole, pour y loger le Parlement, et qui, dit-on, coûterait 100 millions. Il désire qu'au milieu de tant de monuments qui perpétuent le nom de quelque pontife-roi, il y ait à Rome un édifice magnifique datant de la nouvelle ère, et qu'un jour peut-être on appellera le palais Crispi.

C'est aussi pour manifester ce qu'il a dans l'âme qu'il nous chagrine quelquefois par ses procédés cavaliers, qu'il nous cherche des chicanes, qu'il suscite des embarras, des incidents, qu'il fait beaucoup de bruit pour peu de chose. Il tient à prouver à la France combien il est susceptible sur le point d'honneur, et que, comme M. de Bismarck, il a d'orgueil-

leux sourcils où s'amassent facilement les tempêtes,
que le Jupiter de Berlin lui a appris à tonner. Il
disait l'autre jour « que, depuis vingt-sept ans,
l'Italie avait toujours subi quelque influence étrangère, mais qu'enfin était venu un homme qui faisait
de la politique indépendante et vraiment nationale ».
Les Italiens ont souri, ils savent mieux que personne ce qui en est, et que M. Crispi n'est fier
qu'avec nous. Avec d'autres, il est infiniment souple
et facile. Les Autrichiens eux-mêmes et les Anglais
se sont plaints qu'il y avait de l'excès dans ses complaisances, dans ses doux empressements pour
l'Allemagne. Si intelligent que soit M. Crispi, il y a
des choses qui lui échappent. Il ne comprendra
jamais que, sous peine de prêter à la raillerie, il ne
faut pas se comparer à l'Etna, qu'il est malséant de
fêter les Vêpres siciliennes, et que la mesure en
toute chose est la marque des vrais hommes d'État.

Mais gardons-nous de croire qu'il fût homme à
se contenter longtemps des stériles satisfactions
d'amour-propre que procure une politique de parade qui ne conduit à rien. Quand on examine de
près sa conduite, on voit qu'une idée, à laquelle il
rapporte tout, dirige toutes ses actions, inspire
toutes ses paroles. Il juge avec raison qu'un homme
d'État qui parviendrait à résoudre à jamais la question romaine acquerrait un grand nom et se ferait
une place à côté de Cavour dans le souvenir reconnaissant du peuple italien, et il pense avec non
moins de raison que la question romaine ne sera
résolue que le jour où le souverain pontife, reconnaissant le fait accompli, renoncera à ses revendica-

tions, tiendra le détenteur du Quirinal pour un propriétaire légitime, consentira à traiter, à capituler.

Rien ne lui est plus insupportable que l'entêtement d'un pape qui redemande éternellement son bien, et il a juré d'en faire justice. C'est à cela que doivent lui servir et les lois qu'il fait voter et sa politique démonstrative et la triple alliance. Le saint-père n'en peut ignorer, on lui répète sur tous les tons : « Pliez, cédez, résignez-vous; ne voyez-vous pas que les temps sont changés? Les ministères de droite vous témoignaient beaucoup d'égards et de grands respects; mettez-vous bien en tête que vous n'avez point de ménagements à attendre de nous, que nous sommes résolus à tout faire pour vous mater et pour détruire vos illusions. Grâce à notre loi municipale, il n'y aura plus en Italie de syndics cléricaux. Nous avons fait un code pénal qui assimile au crime de haute trahison tout vœu publiquement exprimé en faveur du rétablissement de votre puissance temporelle. Nous avons les bras longs, les épaules carrées et le verbe haut. D'où pourriez-vous attendre quelque secours? En entrant dans la triple alliance, nous avons mis l'Autriche dans l'impossibilité de rien tenter pour vous, et l'Allemagne, à laquelle nous garantissons ses conquêtes, nous garantit en retour la paisible jouissance de notre usurpation. Son empereur n'est-il pas venu passer en revue nos soldats et notre flotte ? Vous êtes seul, absolument seul. Soyez raisonnable; faites-nous des propositions de paix. Vous verrez que nous sommes de bons princes et de bons enfants quand on nous caresse au bon endroit. Nous vous ferons un pont d'or et nous vous prodiguerons les guirlandes. »

M. Crispi est un gibelin, qui s'appuie sur l'empire d'Allemagne pour avoir raison du pape et des guelfes. Cette politique gibeline produira-t-elle les heureux résultats qu'il en attend? Le pape se laissera-t-il intimider ? Le pape cédera-t-il ? C'est douteux, et, sur la foi d'une espérance éloignée et peut-être trompeuse, on se condamne à des sacrifices d'argent et de fierté, on s'expose à des périls. Il est dangereux de réveiller certains souvenirs, de jouer avec le fantôme du saint-empire romain, de rappeler aux nouveaux césars allemands que, durant des siècles, leurs prédécesseurs ont exercé un droit de suzeraineté sur l'Italie. Assurément, il n'est pas à prévoir que, comme Othon le Grand, l'empereur Guillaume II se rende jamais à Rome pour y faire pendre une partie du sénat et pour promener nu sur un âne le premier magistrat de la ville. Mais n'y a-t-il pas quelque imprudence à renouveler entre ses mains le serment que prêtaient jadis à Frédéric-Barberousse les cités lombardes et à lui dire : « Nous vous serons toujours fidèles; vos amis sont nos amis, vos ennemis, quels qu'ils soient, seront nos ennemis »?

Beaucoup d'Italiens pensent qu'un royaume nouvellement créé ne peut être trop jaloux de son indépendance, trop soigneux de son honneur, qu'il doit s'affranchir de toute sujétion, de tout vasselage, échapper à tout soupçon de complaisance servile, ne permettre à personne de disposer de lui et de ses destinées. Le joug de l'Allemagne n'est pas léger; cette puissance a l'humeur indiscrète, exigeante,

Elle demande des comptes à ses alliés, elle s'ingère dans leurs affaires, elle prétend régler leurs armements et leurs dépenses, elle leur donne de hautaines leçons, elle leur met sans cesse le marché à la main; elle regarde sa pesante amitié comme un bien qu'on ne saurait payer trop cher. Ajoutez qu'elle est ombrageuse, défiante, qu'elle ouvre facilement l'oreille aux dénonciations. N'est-ce pas Machiavel qui a raconté tout ce que souffrit, tout ce qu'endura l'infortuné Belphégor pour avoir imprudemment épousé l'orgueilleuse, acariâtre et revêche Honesta? Cette terrible femme lui rappelait sans cesse l'insigne honneur, la grâce infinie qu'elle lui avait faits, et comme à la morgue elle joignait tous les caprices coûteux, il s'endetta, se ruina sans la satisfaire. C'étaient de constantes récriminations, d'éternels reproches. Il maudissait le jour où avaient été décidés son mariage et son malheur : « Belphégor, Belphégor, s'écriait-il, quelle chaîne vous vous êtes mise au cou! Vous vous trouvez mal d'avoir prétendu à l'honneur d'une grande alliance, et voilà une vanité qui vous coûte cher. Il vous ennuyait donc bien d'être maître chez vous? »

UN

MISSIONNAIRE ÉCOSSAIS

L'Écossais Robert Moffat, né le 21 décembre 1795 à Ormiston, dans l'East-Lothian, mort le 9 août 1883 dans un village du comté de Kent, a passé près de cinquante années en pleine Cafrerie, chez les Betchouanas, à qui il prêchait l'Évangile, et son nom figure avec honneur dans la liste de ces intrépides missionnaires que la Grande-Bretagne envoie par milliers sur tous les points du globe pour convertir les gentils et pour travailler subsidiairement à sa grandeur. La biographie de cet homme de bien, écrite par son fils, est un livre composé sans art, où les grandes choses sont souvent sacrifiées aux petites [1]. On y chercherait vainement des informations précises sur les Betchouanas, sur la façon dont ils comprennent le monde et la vie, des renseignements instructifs touchant la politique du gouverne-

1. *The Lives of Robert and Mary Moffat*, by their son John J. Moffat. Londres, T. Fisher Unwin, 1886.

ment du Cap et les services que lui rendent les missionnaires.

En revanche, l'auteur raconte longuement des incidents d'un médiocre intérêt, il reproduit en entier des billets insignifiants. Il se croit tenu de nous rapporter journée par journée tout ce qu'a fait Robert Moffat depuis son retour en Angleterre jusqu'à sa mort, tous les meetings religieux où il a paru, d'énumérer tous les personnages de marque qui ont accompagné son cercueil au cimetière de Norwood. Était-il bien nécessaire de nous apprendre qu'un soir de l'an 1882, le vénéré vieillard, assistant à une cueillette de pommes qui n'étaient pas encore tout à fait mûres, prononça à ce sujet cette parole mémorable : « Nous ne devons pas oublier d'envoyer quelques-unes de ces pommes à M. Stacey »? Mais il faut pardonner aux Anglais leur amour excessif du détail, il faut excuser un hagiographe de croire que tout est digne de mémoire dans la vie de son saint, et les exagérations de la piété filiale ont quelque chose de touchant qui désarme la critique.

Malgré ses défauts, ses lacunes et ses longueurs, cette biographie mérite d'être lue. Elle nous fait connaître un homme remarquable, qui unissait à la candeur de la foi l'héroïque courage des entreprises, un de ces hommes qui se donnent tout entiers à leur œuvre, et les hommes capables de se donner sont rares. Cet Écossais d'obscure origine, jardinier de son état, avait eu une dure enfance, dont les sévérités le préparaient de loin aux rudes labeurs de son apostolat. Il avait appris le maniement de la binette et les secrets de la greffe sous l'exacte discipline d'un maître qui n'avait pas le cœur tendre. On le nourrissait mal, et, dans les nuits les plus rigoureuses d'un hiver écossais, il était sur pied dès quatre heures; pour rendre quelque sensibilité à ses pauvres doigts perclus, morts de froid, il en était réduit à frapper de grands coups contre le manche de sa bêche. Mais sa santé était aussi robuste que sa volonté était tenace. Taillé en athlète, il excellait dans tous les exercices du corps, et, né curieux, il employait ses loisirs à étudier le latin, l'arpentage et le violon. S'il ne fut jamais un grand latiniste, il devint un excellent menuisier, un habile forgeron, et tout ce qu'il avait appris dans sa jeunesse lui servit chez les Betchouanas.

Parmi nos voisins d'outre-Manche, les uns ont une religion fort tranquille, qui se contente de froides pratiques, exactement, mais froidement observées; les autres n'ont de goût que pour cette dévotion romanesque et orageuse, inventée au siècle dernier par John Wesley, dont l'éloquente prédication arrachait à son auditoire des sanglots convulsifs, excitait des tempêtes de larmes et de soupirs. Pour être un vrai converti selon le cœur de Wesley, qui enseignait à ses disciples la physiologie de la conversion, il faut se sentir perdu, damné, et après avoir savouré en quelque sorte tous les supplices de l'enfer, entendre tout à coup la voix qui appelle, qui console, acquérir la certitude d'un salut inespéré, fruit d'une grâce divine. Robert Moffat, devenu sous-jardinier de M. Leigh dans le comté de Chester, fut mis en rapport avec de pieux méthodistes, et il eut bientôt, lui aussi, sa crise, son drame, son roman : « Une nuit, je m'éveillai d'un rêve affreux, et je me trouvai comme plongé dans une indicible horreur. Je me sentais perdu, absolument perdu, et je ne pouvais prier. Je me laissai tomber sur mes genoux, et il me sembla que mes péchés pesaient sur moi comme une montagne, qu'il n'y avait qu'un pas entre moi et le lieu de l'éternelle douleur. Partagé entre l'espérance et le désespoir, j'essayai de me réformer, non en évitant une conduite grossièrement immorale dont je ne m'étais jamais rendu coupable, mais en m'abstenant des compagnies mondaines, des vaines pensées et des folles imaginations. » Après avoir traîné quelque temps son boulet et sa misère, il entendit un soir le grand appel ; une voix d'en haut lui parla et la paix divine entra dans son âme.

Son père, vieux calviniste qui n'aimait pas les romans, avait peiné à comprendre ce qui se passait dans le cœur de cet aide-jardinier. Il lui représentait « qu'il ne faut pas être arrogant et superbe, que jadis un homme fut transporté dans le troisième ciel et qu'il sentit une épine qui pénétrait dans ses chairs, que le messager de Satan le souffleta pour l'empêcher de concevoir une trop haute opinion de lui-même ». Robert Moffat écoutait avec respect les remontrances paternelles ; mais, à jamais certain de son salut, il ne songeait plus qu'à sauver les âmes perdues. Son Dieu lui ordonna de quitter sa serpe et son râteau pour devenir jardinier et greffeur d'hommes, de partir pour l'Afrique du Sud, d'aller porter aux Betchouanas la parole de vie. Il offrit ses services à la Société des missions de Londres, qui ne les accepta qu'avec quelque défiance ; mais les fortes

volontés triomphent de toutes les objections. A quelque temps de là, il débarquait au Cap et bientôt il
s'acheminait vers le fleuve Orange sur une charrette
traînée par des bœufs. Une vie de privations, de renoncements, de dangers commençait pour lui ; l'infatigable tendresse d'une femme y répandit quelque
douceur. Mary Smith avait quitté l'Angleterre et sa
famille pour venir l'épouser au Cap et s'associer à
sa fortune. Elle lui donna plusieurs fils et plusieurs
filles, dont l'aînée fut mariée au célèbre Living-
stone.

Mary Smith avait la vocation, elle était née pour
être la femme d'un missionnaire ; rien ne l'étonnait,
rien ne l'effrayait. Peu de temps après son mariage,
elle écrivait à sa mère : « Les seuls accidents du
désert que nous avons traversé sont ses montagnes
et ses rivières, dont les bords sont ombragés de mimosas aux longues épines. Par endroits, j'ai vu des
arbres tombés de vieillesse, dans la racine desquels
poussait un jeune arbre florissant. Dans ce désert
imprégné de salpêtre, toute chose, à l'exception des
mimosas, offre au regard une teinte maladive, mêlée
de bleu et de jaune. Pendant plusieurs jours, à peine
avons-nous aperçu quelque gazon.... On nous trouvait imprudents de voyager dans cette saison ; c'est
la meilleure, si chaude qu'elle soit ; les rivières sans
eau sont plus faciles à passer. Nous n'avons point
rencontré d'animaux de proie, quoique nous ayons
parcouru leurs États. On nous apprit dans une ferme,
où j'ai vu deux autruches apprivoisées qui man-
geaient des cailloux comme du pain, qu'en six ans
soixante lions avaient été tués dans le pays envi-

ronnant. Vous voyez que les promesses ont été accomplies en nos personnes ; le soleil et la lune ne nous ont point incommodés, et les bêtes des champs ont fait amitié avec nous. Nous sommes tous de belle humeur, tout va bien. »

Que se passe-t-il dans la tête des Betchouanas qui voient arriver un missionnaire blanc pour s'établir chez eux ? Il ne peut leur dire d'emblée : « Je suis venu ici pour sauver vos âmes ». Il faudrait leur expliquer d'abord qu'ils ont une âme et qu'elle a besoin d'être sauvée, et cette démonstration demanderait beaucoup de paroles. A l'étonnement qu'ils ressentent se joint une défiance dont il n'est pas facile de les guérir. Dans ces plaines et ces plateaux africains, où les faibles sont exposés sans cesse aux violences, aux rapines de quelque conquérant heureux, on cherche à cacher sa vie, à se faire oublier, et chaque tribu a soin de laisser un désert entre elle et ses voisins. A l'apparition d'un missionnaire, elle se sent découverte, trahie ; elle croit voir dans cet homme de paix l'avant-garde d'une armée d'invasion. Mais les noirs sont de grands enfants, la curiosité remplace bientôt la défiance, et le Betchouana se dit : « Peut-être le blanc me servira-t-il à quelque chose ; peut-être sait-il des secrets qu'ignorent mes sorciers ». « Les habitants de villages que nous visitâmes, écrivait Moffat, n'avaient jamais vu de blancs, et notre visite les intéressait beaucoup ; ils nous accueillaient comme des bêtes curieuses ; Mary se recommandait particulièrement à leur attention, ils arrivaient en foule pour examiner sa toilette. Ils ont souvent passé des journées entières à

observer tous nos mouvements, surtout quand nous
dinions dans notre tente ; nos couteaux et nos fourchettes étaient pour eux des objets fort étonnants.
Dans une de mes entrevues avec leur vieux chef, je
lui demandai s'il aimerait à avoir un missionnaire
pour lui enseigner à lui et à son peuple les choses
de Dieu. Cet homme grave et de figure avenante
répondit : « Oui, certes, s'il pouvait m'enseigner
comment je dois m'y prendre pour redevenir un
jeune homme ».

L'art de rajeunir est malheureusement aussi inconnu en Europe que dans le continent noir ; mais
un Européen, comme on l'a dit, peut se rendre
agréable à des Africains par de certaines connaissances qu'il apporte, et Moffat savait beaucoup de
choses. Son premier soin fut de se bâtir une maison,
de la meubler, de l'entourer d'un jardin. Il se fit
charpentier, forgeron, menuisier, boulanger, ton-
nelier, tailleur ; tour à tour il faisait grincer la scie
ou retentir le marteau sur l'enclume, ou courir le
rabot sur la planche. Il rendait des services, il rac-
commodait les fusils endommagés ; il avait aussi
quelques lumières en médecine, il fut heureux dans
ses cures, il s'entendait à enlever sans trop de douleur une dent malade.

Les Betchouanas du Kuruman finirent par se convaincre que l'homme blanc était un précieux voisin
aussi utile qu'obligeant ; ils l'avaient supporté, ils
s'attachèrent à lui. Pendant ce temps, il étudiait
leur langue à la sueur de son front. Un géographe
a dit que la langue hottentote se distingue de toute
autre par ses quatre claquements, dont l'un res-

semble au bruit d'une bouteille de vin mousseux qu'on débouche, une autre au *clac* par lequel on excite un cheval; les deux autres ne ressemblent à rien. Les Betchouanas sont de beaux Cafres au teint cuivré; quoiqu'ils méprisent les Hottentots, ils leur ont emprunté trois de leurs claquements, et leur langue est difficile à apprendre, difficile à parler. Pour en pénétrer tous les secrets, le zélé missionnaire se mêlait à leurs fêtes, à leurs concerts, à leurs bals, à leurs cérémonies étranges, qui révoltaient sa conscience, et il offrait à Dieu ses scandales en sacrifice agréable. Quand il sut le setchwana, il put prêcher, catéchiser. Il n'obtint d'abord que de médiocres succès; mais il était persévérant, saintement obstiné, il avait une patience d'ermite. Il était convaincu que toutes les grandes choses ont de petits commencements, qu'il ne faut jamais se rebuter, que, grain à grain, la poule finit par se nourrir.

La méthode des conversions individuelles est lente et laborieuse; elle n'a de charmes que pour les missionnaires très croyants, très consciencieux. Plus rapide, plus attrayante est la méthode des conversions en bloc, qui consiste à circonvenir adroitement un chef de tribu, à s'emparer de sa confiance, à lui persuader qu'il trouvera son avantage à faire baptiser d'autorité tout son peuple, comme Clovis fit baptiser ses Francs. Le missionnaire devient le conseiller de Clovis et gouverne en son nom. Le consciencieux Moffat préférait la première méthode, et il n'arriva jamais à ces résultats étonnants qu'ont obtenus en d'autres lieux certains de ses confrères. Il n'a jamais eu la joie de rassembler un **peuple** entier dans son bercail, il n'a pas connu les douceurs, les ivresses de la royauté spirituelle.

Il essaya pourtant de convertir un grand chef. Il s'attaqua au terrible Mosilikatsé, souverain des Motabelis, affreux despote qui versait le sang comme de l'eau. Cet homme de proie l'avait pris en goût, lui prodiguait les prévenances, les attentions, les caresses ; ses peuples, étonnés de ce grand attachement, l'attribuaient à l'action mystérieuse d'un charme, d'un philtre ou d'une incantation. Moffat se flatta plus d'une fois de tenir le chef des Motabelis ; mais, au moment décisif, Mosilikatsé se dérobait. La diplomatie est un art cultivé avec passion par les chefs africains ; ils excellent dans la science des subterfuges, des défaites, des habiles échappatoires. Ils s'amusent pendant des années à entretenir dans le cœur d'un missionnaire de savoureuses espérances qu'ils sont résolus à tromper toujours. Ils tournent autour de la nasse, ils n'y entrent jamais, et le pêcheur d'âmes en est pour ses frais d'amorces.

Si Moffat dut renoncer à convertir le chef des Motabelis, l'affection, la confiance que lui témoignait le petit troupeau de Betchouanas qui fréquentait son église et son école le consolèrent amplement de son mécompte. A la vérité, il eut ses jours de doute, de découragement profond. Il avait vu plus d'un converti retourner à ses fétiches, à ses vieux vices héréditaires, à son impur vomissement comme parle l'Écriture. Il arrivait aussi que, dans des temps de sécheresse, ses catéchumènes recouraient comme jadis aux bons offices du sorcier qui appelle la pluie, et, pour surcroît de malheur, quand le sorcier l'ap-

pelait, la pluie venait quelquefois. Mais Robert Moffat
se remettait bien vite de ses abattements. Il ne disait
pas, comme un célèbre voyageur : « En Afrique, il
faut se méfier de tout le monde et de toute chose ».
Il avait ce fonds d'optimisme nécessaire à tout
homme d'action ; le moyen de rien faire quand on
ne croit pas à ce qu'on fait?

Durant un demi-siècle, il savoura, comme il le
disait lui-même, « le bonheur de réciter à des âmes
neuves le vieux conte de l'amour divin ». Ce ne fut
pas sans regrets qu'à l'âge de soixante-quinze ans,
sentant décliner ses forces, il quitta à jamais la
Cafrerie et ses ouailles pour aller mourir en Angleterre. Sa mission avait fait quelque bruit dans le
monde. A Londres comme à Manchester, il fut
accueilli, honoré, fêté. On admirait son mâle visage,
brûlé par le soleil d'Afrique, sa longue barbe grise,
aussi hérissée que touffue, ses grands yeux noirs qui
avaient contemplé de près sans terreur des faces de
rois cafres et la caverne des lions. « Robert Moffat
vient de mourir, écrivait au mois d'août 1883 un
journaliste de Brighton. Ce vieux pionnier dans le
champ des missions était le plus simple, le plus
ingénu des héros. Quiconque l'approchait se sentait
en présence d'un grand homme. » Non, Robert
Moffat n'était pas un grand homme, mais c'était un
homme de cœur, que son idée avait conduit au bout
du monde et qui ne demandait qu'à mourir pour
elle.

On peut admirer l'héroïsme, les vertus, les souffrances volontaires d'un homme de cœur qui, un
demi-siècle durant, évangélise les Betchouanas à

ses risques et périls, et douter en même temps de l'efficacité de sa prédication. Dès les premiers jours de son apostolat, Moffat s'était imposé la tâche de traduire la Bible en setchwana. Il consacra de longues années à ce pénible labeur, et ce fut assurément la plus héroïque de ses entreprises. Il dut inventer un alphabet, une écriture pour rendre tant bien que mal les sons et les claquements d'une langue qu'on n'avait jamais écrite ; il déclarait lui-même que ce dur travail avait fini par lui ébranler le cerveau, par lui brouiller l'esprit. Il ne songea pas un instant à se demander s'il est possible de traduire la Bible en setchwana, si ce genre de traduction n'est pas la pire des trahisons. Il ne mit pas non plus en question si la théologie du docteur John Wesley peut être enseignée à des Cafres, si elle est vraiment un article d'exportation, si le cerveau d'un Betchouana est constitué comme le nôtre, si la lumière divine peut traverser ce singulier cristal trouble sans y subir les réfractions les plus étranges.

« A Calicut, a dit Montesquieu, c'est une maxime d'État que toute religion est bonne. Mais il n'en résulte pas qu'une religion apportée d'un pays très éloigné et totalement différent de climat, de lois, de mœurs et de manières, ait tout le succès que sa sainteté devrait lui promettre. » Nous savons que beaucoup de ces Hovas que les missionnaires anglais se vantent si bruyamment d'avoir convertis se font une idée baroque des sacrements. Tel d'entre eux tient pour démontré que l'homme qui a reçu l'eau du baptême a plus de chances qu'un autre d'être respecté des caïmans. Tel autre éprouve en approchant de la table de la communion des transports de sainte gourmandise : il est heureux de communier sous les deux espèces, il considère le vin consacré comme un élixir de longue vie. Enfoncés dans leur ténébreux fétichisme, les Betchouanas ont moins d'ouverture d'esprit que les Hovas. Il est méritoire à un chrétien de vouloir les convertir à sa foi; mais le plus souvent ce n'est pas le christianisme qui convertit les Cafres, ce sont les Cafres qui convertissent le christianisme en quelque chose qui leur ressemble beaucoup.

Le commandant Aylward, auteur d'un livre intéressant sur le Transwaal, demandait un jour à un prêtre catholique de Durban, qui avait travaillé vingt et un ans sur la côte orientale de l'Afrique du Sud, combien de Zulus il avait convertis. « Pas un seul », répliqua-t-il. M. Aylward avait posé la même question au révérend docteur Allard, qui lui avait répondu : « Je ne connais aucun Zulu que la prédication des missionnaires ait rendu plus honnête; en revanche, j'en connais quelques-uns que le baptême a rendus plus vicieux qu'ils ne l'étaient auparavant ».
— « En ce qui concerne mon expérience personnelle, ajoute M. Aylward, je déclare que les Zulus sont une nation de menteurs et que le peu de convertis qu'on peut trouver chez eux sont des menteurs encore plus déterminés et plus habiles que les autres [1]. »

Les Zulus sont une race guerrière, conquérante et

1. *The Transwaal of to-day*, by Alfred Aylward. Edinburgh and London, 1878.

pillarde, qui ne se fait aucune conscience de s'emparer du bien et du bétail d'autrui. D'autres populations africaines, telles que les Bassoutos ou les Betchouanas, sont plus douces, plus réglées dans leurs mœurs comme dans leurs conseils, plus accessibles aux bonnes impulsions. S'il est permis de douter que Robert Moffat ait initié beaucoup de Betchouanas aux doctrines de John Wesley et aux mystères de la grâce, on doit reconnaître qu'il a beaucoup fait pour améliorer leur sort, pour réformer leurs usages, leur habitudes, pour leur enseigner les industries utiles et les arts de la paix. Il est plus facile d'inspirer l'horreur de la guerre à ceux qui reçoivent les coups qu'à ceux qui les donnent.

Lorsqu'il arriva chez eux, ils étaient encore à demi nomades, et leur ignorance les exposait à de cruelles famines. Il les rendit sédentaires et agricoles. « Avant moi, écrivait-il dans les dernières années de son séjour, il n'y avait pas une charrue dans le pays; il y en a aujourd'hui des milliers; jadis, c'étaient les femmes qui labouraient; aujourd'hui les hommes s'en mêlent. » Tout autour de la station, la terre était peu grasse; rien ne venait à bien sur un sol léger, sablonneux, qui demandait d'abondants arrosages. Les Betchouanas n'avaient aucune idée de l'irrigation artificielle, ils ne tiraient aucun parti de leurs sources et de leurs ruisseaux. Moffat se donna des peines incroyables pour pratiquer des rigoles, pour dériver l'eau de la rivière voisine, pour l'amener dans le jardin potager qui entourait son humble maison. La première pensée de ses ouailles fut de lui voler son eau, de détourner son canal. Ils s'avisèrent, plus tard, que l'exemple du jardinier d'Ormiston était bon à suivre, ils se mirent comme lui à irriguer leurs champs.

Ils s'étaient fort étonnés, au début, en le voyant transporter et répandre sur ses planches d'oignons et de salade tout le fumier de ses étables. Ils supposèrent d'abord que c'était un sortilège inventé par les blancs pour jeter un charme sur la terre, ils préféraient s'en tenir à la méthode de leurs aïeux, qui consiste à mâcher une certaine racine et à cracher sur les feuilles des arbres qu'on désire féconder. Ils découvrirent à la longue que les champs fumés rapportaient beaucoup plus que les autres, que si les blancs ne possédaient pas le secret de rejeunir les vieillards, ils s'entendaient à rajeunir la terre, et on vit bientôt les plus endurcis fétichistes transportant, à dos d'homme ou de bœuf, de l'engrais dans leurs jardins. L'un d'eux dit à Moffat : « Faut-il que nous soyons bêtes pour avoir refusé pendant des années de croire à ce que voyaient nos yeux ! »

Dans la meilleure page de son livre, M. John Moffat a résumé en quelques lignes l'œuvre accompli par son père ; il nous montre les Betchouanas de la vallée du Kuruman transformés par ses soins assidus et par sa foi persévérante. Chaque soir, on se rassemblait sur une éminence qui domine la station. Les pères missionnaires y occupaient chacun sa place accoutumée, de grosses pierres leur servaient de sièges. Sous leurs yeux s'étendait la large vallée, jadis marécage plein de joncs, et maintenant couverte de cultures, distribuée en jardins. De toutes parts couraient des rigoles ombragées de saules gris et de syringas d'un vert sombre. En bas était l'église avec les bâtiments et les écoles de la mission; sur les hauteurs étaient perchés les villages des indigènes, composés pour la plupart de huttes rondes ou coniques, semblables à des meules de blé. A l'est comme à l'ouest, une vaste plaine gazonnée s'en allait rejoindre à l'horizon une chaîne de collines basses. A droite, une cavité buissonneuse marquait l'emplacement du cimetière. « Une demi-heure se passait à voir se coucher le soleil. Des fumées bleues s'élevaient dans l'air calme du soir. Le bétail rentrait à pas lents dans les *kraals*; les petits Betchouanas, montés à cru sur leurs bœufs, s'amusaient à les faire galoper, et les vieillards, en contemplant cette scène tranquille, se rappelaient les jours sombres d'autrefois, le temps où la guerre et les rapines désolaient tout le pays et où la vallée du Kuruman tait le éredoutable repaire de farouches Boschimans, dont on entendait siffler les flèches empoisonnées. »

Les hommes qui s'en vont semer un peu de bon-heur dans un coin perdu de l'Afrique et dans des terres avares méritent bien de l'espèce humaine, et le paisible lecteur de leur histoire, qui médite sur leurs exploits au coin de son feu, les pieds sur les chenets, sans entendre autour de sa maison le cri menaçant du chacal et le grondement famélique de l'hyène, aurait mauvaise grâce de marchander son hommage à ces nobles aventuriers.

Tel grand fabricant de Manchester ou de Bir-mingham, disciple plus ou moins tiède, serviteur plus ou moins fidèle de l'Église officielle d'Angleterre, regarde de haut en bas les obscurs missionnaires wesleyens qui vont prêcher l'Évangile aux nations barbares ou sauvages. Il méprise leur dévotion agitée, l'étroitesse de leurs pensées, leurs pieuses illusions, leur zèle indiscret et souvent tracassier, leurs pratiques parfois ridicules. Mais nos voisins ont une intelligence si vive, si nette de leur intérêt qu'elle triomphe de leurs mépris, et ce même fabricant versera de grand cœur, chaque année, un bon nombre de livres sterling dans la caisse des missions, son expérience et ses calculs l'ayant convaincu des services que peuvent rendre au commerce anglais ces hommes de petite condition, qu'il ne tient pas pour des *gentlemen* et dont il rougirait de serrer la main. Par les routes qu'ils ont ouvertes, arrivent bientôt les colporteurs de marchandises, accompagnés de trafiquants d'ivoire, tels que ce Philipps que Serpa Pinto rencontra chez les Bassoutos et qui lui disait : « Si le ciel pouvait exaucer mes vœux, tout ce qui pousse, tout ce qui existe deviendrait de l'ivoire et serait à moi ».

Les missionnaires sont les pionniers du commerce ; partout où ils s'établissent, ils font naître des besoins nouveaux dans des populations qui n'en ont guère. On assure que nombre de missionnaires anglais, pour stimuler la générosité de leurs riches patrons, entrent avec trop de complaisance dans leurs vues, se transforment en de véritables commis voyageurs, mêlant avec art le sacré au profane, faisant tour à tour l'article pour le Christ, leur divin maître, et pour les manufacturiers d'Angleterre. On en connaît qui représentent aux sauvages que, pour être un bon chrétien, il faut non seulement se bien nourrir, mais se vêtir convenablement, et que les seules cotonnades tout à fait orthodoxes, tout à fait agréables au Seigneur, sont celles qui se fabriquent à Manchester.

Robert Moffat ne fut jamais un voyageur de commerce. On lui reprocha, il est vrai, d'avoir fait ouvrir par sa femme un bazar où il vendait des étoffes anglaises aux indigènes. Il fallait vivre; le traitement que lui allouaient ses directeurs était fort exigu, ne suffisait pas à ses besoins, à la subsistance d'un missionnaire marié, à qui Mary Smith faisait beaucoup d'enfants. On l'accusa aussi d'avoir expédié au Cap toute une cargaison d'ivoire. La meilleure réponse qu'il pût faire aux médisants fut de rester pauvre; à son retour en Angleterre, il fallut ouvrir une souscription pour assurer le repos de ses vieux jours. Toutefois, si occupé qu'il fût de catéchiser ses ouailles, il était fort attentif à leurs intérêts temporels. Il ne se contentait pas d'engager les Betchouanas à s'approvisionner de charrues, il leur remontrait qu'il est fort indélicat de paraître nu dans la maison du Seigneur, que les justes qui se tiennent devant le Trône et devant l'Agneau sont vêtus de robes blanches, et il les exhortait à s'habiller dès ici-bas. « En 1829, nous dit son fils, les chants païens avait fait place aux cantiques de Sion et au murmure des prières, et les indigènes, honteux de l'indécence de leur costume, se procuraient volontiers des vêtements européens, que

leur apportaient des commerçants d'occasion. »
C'est ainsi que dans ce monde tout se tient et que
la piété travaille pour les fabricants de cotonnades.

Le missionnaire, a-t-on dit, arrive le premier, sa
Bible à la main; derrière lui, paraît le marchand
avec sa quincaillerie et ses étoffes; après le marchand, viennent le colon, puis le gouverneur et ses
soldats, et l'Angleterre ajoute à son immense empire
une colonie de plus. Si la colonie du Cap, débor-
dant de toutes parts ses étroites limites, s'étend
aujourd'hui jusqu'au fleuve Orange, les missions
et les sociétés bibliques y sont assurément pour
quelque chose. Les missionnaires vont à la découverte, ils explorent les contrées, ils reconnaissent
les lieux; ce sont de précieux informateurs, leurs
stations sont des bureaux de renseignements. Si
les tribus chez lesquelles ils s'établissent vivent
encore dans l'état sauvage, ils s'appliquent à les
domestiquer, ils adoucissent leur naturel farouche,
ils les accoutument à regarder sans défiance des
faces blanches, ils apprivoisent leurs inquiétudes.
Ce sont eux qui préparent les voies, qui essuient
les plâtres, et, quand arrive le gouverneur, la
maison est presque habitable.

Robert Moffat fut toujours un bon chrétien et un
chaud patriote. La Grande-Bretagne lui était aussi
chère que sa Bible, et il se montra quelquefois plus
royaliste que le roi, plus Anglais que le gouverneur
de la colonie du Cap. C'était le temps où les Boërs
accomplissaient leur pénible exode. Ne pouvant
s'accommoder de la domination britannique, ces

descendants de calvinistes hollandais et de huguenots français émigraient sans cesse au nord avec leurs bœufs et leurs serviteurs hottentots. Le gouvernement de la colonie pratiquait à leur égard une politique artificieuse, médiocrement évangélique. On leur laissait le temps de s'installer, de défricher, de bâtir, après quoi on les tracassait, on les obligeait à quitter la place, à s'en aller plus loin préparer de nouveaux territoires à l'annexion anglaise, et tour à tour on protégeait les indigènes contre les Boërs ou les Boërs contre les indigènes, à qui on reprenait de vive force les armes qu'on leur avait vendues fort cher et qu'on leur restituait gracieusement, quelque temps après ; ils devaient les payer une seconde fois, et c'est ainsi qu'on fait aller le commerce.

Moffat avait pour les indigènes des entrailles de père et il détestait cordialement les Boërs ; il s'indignait des ménagements qu'on avait pour eux. Un Betchouana qui sanglotait en communiant lui semblait plus près de Dieu que ces calvinistes somnolents, qui n'entendaient rien à la physiologie de la conversion. Au surplus, il les considérait comme des rebelles à l'autorité anglaise. Lorsqu'il apprit, peu de temps avant de mourir, que le gouvernement anglais s'arrangeait avec eux, leur abandonnait le Transwaal, il en ressentit un cuisant et inconsolable chagrin. Les saints ne sont pas toujours des justes, les disciples de John Wesley ont souvent la paix à la bouche et la guerre dans le cœur.

Robert Moffat aimait peu les Boërs, il aimait encore

moins la papauté et les papistes, et la pauvre Irlande ne trouva jamais grâce devant lui. Mais par une faveur de la destinée, il n'entra jamais en concurrence avec les missionnaires d'une autre confession. On le laissa tranquille chez les Betchouanas, peuple tout neuf qu'il défrichait, et, de son côté, ou par scrupule ou faute d'occasion, il ne fut jamais tenté d'envahir le champ d'autrui. Un prêtre de l'Église d'Angleterre, établi dans la plus grande des îles Seychelles, écrivait à un libraire de Paris : « Veuillez m'envoyer au plus tôt une histoire critique des reliques des saints, quelque chose sur le purgatoire, en vue de la controverse, l'histoire du domaine temporel des papes et de l'usage qu'ils en ont fait, quelques vies de papes, en choisissant les plus édifiantes, telles que celle d'Alexandre Borgia, une histoire très complète de l'Inquisition, de la croisade des Albigeois, de la Saint-Barthélemy, un livre intitulé : *Taxes des parties casuelles de la boutique des papes*; je tiens beaucoup à cet ouvrage. Je voudrais bien aussi une bonne histoire des capucins. Ce sont les agents du pape aux Seychelles; trouvez-moi quelque chose, je vous prie, et je vous en serai très reconnaissant. » Heureux habitants des îles Seychelles, vous serez initiés avant peu à toutes les controverses d'une théologie contentieuse, à ses aigres discussions, à ses disputes de boutique! Il faudra faire votre choix et vous en serez réduits à jouer votre salut à pile ou face, ou peut-être tirerez-vous au doigt mouillé à qui aura votre âme.

Une autre épreuve fut épargnée à Robert Moffat : il ne devint jamais assez puissant pour avoir le cœur enflé et l'esprit dominateur. Si Mosilikatsé, roi des Motabelis, l'avait pris pour son conseiller ou son premier ministre, il aurait goûté les douceurs du gouvernement, la joie d'être obéi par tout un peuple; mais, pour conserver son influence, il aurait dû s'aider d'un peu de charlatanerie et de beaucoup d'intrigue; il n'a jamais échangé la houlette du bon berger contre la verge des magiciens de Pharaon. Il enviait parfois les triomphants succès obtenus par ses confrères dans la grande île de Madagascar; il avait tort, les siens étaient plus modestes, mais beaucoup plus respectables. Nous avons vu à l'œuvre ces missionnaires de Tananarive pendant nos démêlés avec les Hovas, qu'ils animaient contre nous par de faux rapports, par des promesses mensongères. Leurs lieux de prière étaient des officines de nouvelles controuvées, d'impudentes calomnies, et, s'il n'avait tenu qu'à eux, le gouvernement anglais aurait envoyé des cuirassés à Tamatave pour y venger l'injure imaginaire de ces proconsuls spirituels, à la longue redingote.

Un gouvernement qui épouserait en aveugle toutes les jalousies et les querelles de ses missionnaires s'exposerait à de grands embarras; mais il encourt de graves reproches lorsque, insensible au profit qu'il peut tirer de leurs courageuses entreprises, il leur retire son aide et son patronage. Le devoir d'un homme d'État est de compter avec tout ce qui est fort et agissant, avec toutes les puissances morales, et de s'en servir dans l'intérêt de sa politique. Toutes les nations protègent activement leurs missionnaires; si la France, oublieuse de son passé, renonçait à protéger les siens, elle donnerait beau jeu à ses ennemis. Notre gouvernement a prouvé en Chine et au Tonkin qu'il entendait demeurer fidèle aux vieilles traditions de la politique française, dont les fanatiques de la libre pensée l'engagent à s'affranchir. Sa résistance lui fait honneur. On a dit qu'il faut avoir quelque indulgence pour les sottises paisibles; mais les sottises guerroyantes et funestes n'en méritent point, et un ministre des affaires étrangères ne saurait leur faire la moindre concession sans trahir son pays et les intérêts commis à sa garde.

LE POÈTE

DON SERAFIN ESTEBANEZ

Les adversaires politiques de M. Canovas del Castillo conviennent comme ses amis qu'il n'est pas seulement l'un des premiers orateurs de l'Espagne, qu'il joint à l'éloquence les plus précieuses qualités de l'homme d'État et à l'autorité du talent celle du caractère. Ils conviennent aussi que cet homme d'État, qui excelle en bien dire, est un lettré dans toute la force du terme et que ses savantes études sur l'histoire de son pays auraient suffi pour lui faire un nom. Quand il quitte le pouvoir, il n'est pas embarrassé de bien employer son temps ; il se plaint même qu'on l'arrache trop souvent à ses laborieux loisirs : « Le démon de la politique, nous dit-il, m'a séduit dès mon jeune âge et a contrarié les goûts les plus décidés de ma vie ». Mais quoi ! on ne résiste pas à son démon, et il ne faut pas dire qu'on lui sacrifie son bonheur. Nous ne pouvons être heureux quand il n'est pas content.

Que le ciel et le roi Alphonse XII en soient loués!
M. Canovas n'était pas redevenu président du conseil avant d'avoir mis la dernière main à la biographie du poète et romancier don Serafin Estebanez, surnommé le Solitaire, né à la fin de 1799, mort en février 1867 [1]. Il y a de tout dans cette piquante biographie, dont l'auteur a su réunir, dans un agréable mélange, la plus fine critique littéraire et la politique, les pensées graves et les touches légères, l'émotion et un vif sentiment de cette ironie des choses humaines qui fait dire avec Calderon que la vie est un songe. M. Canovas a eu plusieurs raisons d'écrire ce charmant livre. C'était d'abord un tribut de reconnaissance qu'il payait à un de ses parents, « la seule personne de ce monde, nous dit-il, à qui j'ai été redevable d'un peu d'aide et de protection, car tout le reste je l'ai obtenu ou conquis par moi-même ». Il se faisait aussi un devoir de remettre en lumière un écrivain d'un talent exquis, fort admiré de Mérimée, mais qui n'a jamais été très populaire dans son pays et qu'il considère comme ayant été victime d'une injustice de l'opinion. Puissent toutes les victimes des préjugés ou de l'indifférence publique trouver quelque jour un pareil avocat!

Né d'une famille de petit avoir, mais qui se flattait d'être de fort bon lieu, Estebanez était un Andalous de Malaga. Je me souviens qu'un jour, à Madrid, M. Canovas me parla de la ressemblance de certains Andalous avec le Grec des temps héroïques : « Pleins

---

1. *El Solitario y su tiempo*, biografia de D. Serafin Estebanez Calderon, por don A. Canovas del Castillo. Madrid, 1883.

de ressources et d'industrie, aventureux, bâbleurs, jetant le gant à la destinée, me disait-il, au nord comme au sud de la Sierra Nevada, les Ulysse abondent ». On y trouve aussi beaucoup d'hommes qui s'attachent à la fortune d'Ulysse, qui s'associent volontiers aux hasards de ses entreprises. Il ne faut pas confondre le *caudillage*, cette institution tout espagnole, avec le condottiérisme italien. Le condottière payait en espèces ses mércenaires; le *caudillo* achète les siens avec des promesses et du vent. Si légère que soit cette monnaie, on en remplit ses caisses et on ne troquerait pas facilement son trésor contre de l'argent comptant. L'Andalousie est pleine de ces millionnaires de l'espérance, qui bâtissent en idée comme Crassus et tiennent table comme Lucullus. Mais ils ne prêchent pas comme Caton; cette terre bénie produit peu d'hypocrites, les cœurs y sont transparents.

S'il y a du Grec dans l'Andalous, il tient aussi du Maure, dont le sang coule encore dans ses veines. Il a hérité de lui l'ardeur dévorante de l'imagination, les passions de feu, la fureur du désir unie aux délicieuses nonchalances, le goût de faire de sa vie une fête continuelle, sans avoir d'autre peine que celle de varier ses plaisirs. Une femme d'esprit me disait qu'après avoir trouvé un remède à la rage, M. Pasteur mériterait bien de l'humanité en inventant une vaccine contre l'ennui. L'Andalous, qui tient du Maure, naît tout vacciné; il ne s'ennuie jamais, il ne connaît pas la satiété, les mélancolies de la lassitude, c'est un éternel recommenceur.

Tel fut don Serafin Estebanez, que la nature avait

doué de bonne grâce, de belle humeur, d'un esprit étincelant et d'une âme toujours épanouie. Ardent à entreprendre, trop paresseux pour mener à bonne fin un travail de longue haleine, chaud dans ses affections, excessif dans ses haines, sensuel avec délices et avec candeur; bon catholique, mais dévot à gros grain, inexorable à l'hérésie, qui est le péché de l'esprit, plein d'indulgence pour les péchés de la chair, adonné aux plaisirs de la table comme à la gourmandise des yeux et aux amours faciles, passionné de frairies, de galas, de combats de taureaux, de musique, de danse et de danseuses, cet homme robuste, frais et corpulent, de figure agréable, sympathique, sut pratiquer comme personne l'art de jouir de soi-même et de la vie. S'il est vrai qu'il y ait deux espèces d'Espagnols, les Maures et les Goths, Estebanez était un Maure, et beaucoup de gens croiront qu'il avait choisi la bonne part. Mais son biographe, quoique Andalous de Malaga comme lui, a toujours pensé que la perfection est dans l'entredeux, dans un juste équilibre. M. Canovas est un sage; Estebanez appartenait à la grande famille des impondérés.

De plus, il était poète, un de ces poètes qui prennent la peine d'écrire leurs vers, et il faut lui en savoir gré, car cette espèce est rare à Malaga. Si fière qu'elle soit de ses vignes, de ses figuiers, de ses caroubiers toujours verts, des lauriers-roses qui bordent ses ruisseaux poudreux, de ses plages enchantées, de son atmosphère si pure qu'à de certains jours, les Africains d'Europe croient voir blanchir à l'horizon les rivages de l'Afrique des Africains,

cette terre divine a produit peu de poètes pour célébrer ses grâces, et M. Canovas en donne une raison
qui nous semble bonne. C'est le pays des gaspilleurs
d'esprit, qui à chaque heure dépensent follement
leur génie en raisonnements subtils, en saillies
bouffonnes ou en propos galants, *ahora discreteando,
ahora galanteando*. Cette poésie parlée leur suffit. Au
surplus, ces génies sensuels pensent qu'une belle
femme vaut mille fois le plus beau des poèmes. A
quoi bon la chanter? Il est plus sage d'employer son
temps à la regarder et à l'aimer. Bavards et paresseux, ne leur demandez pas l'effort du recueillement,
et il faut se recueillir pour composer le plus méchant
sonnet. La mortification des sens et les longs silences
de l'âme sont nécessaires à tout enfantement de
l'esprit; mais une âme andalouse ne sait pas plus
se taire qu'une âme d'oiseau chanteur. A Malaga, on
coquette avec la Muse, on ne lui fait pas d'enfants.

Estebanez aimait le plaisir avec fureur, il aimait
aussi le travail, du moins par intervalles. Il lui fallut
beaucoup de vertu pour devenir un maître écrivain
au milieu des dissipations de sa jeunesse. Malheureusement ses vers furent peu goûtés de ceux qu'il
appelait avec dédain « les hommes d'argent de la
promenade de l'Alameda », race très prosaïque, qui
n'avait pas d'autre littérature que les lettres de
change. Il ne connut les joies de l'amour-propre
qu'à Madrid, où il s'établit vers l'âge de trente ans.
Il ne laissa pas de regretter toujours Malaga, ses
fêtes populaires, ses quartiers riches et ses faubourgs
qu'il avait battus dans tous les sens, où il avait
découvert bien des merveilles, car beautés de salons

ou de rues, tout lui était bon. Il regrettait aussi son
humble héritage, son jardin, ses peupliers blancs,
ses saules et ses amandiers, le mûrier où il avait
grimpé si souvent et le jus de ses fruits dont il aimait
à se barbouiller le visage : « Va-t-il encore murmu-
rant parmi les glaïeuls et les joncs, demandait-il
aux hirondelles, le ruisseau où ma Muse en extase
but ses premières inspirations ? »

Sa ville natale lui fut toujours chère ; mais plus
chère encore lui était l'Espagne, sa grande patrie.
Il l'aimait d'un amour passionné, exclusif et jaloux.
Cet Espagnol espagnolisant affirmait que tout ce qui
est grand est espagnol. Qui donc a osé prétendre
qu'il n'y a plus de Pyrénées ? Il les voyait si hautes
qu'elles lui cachaient le reste du monde. Conservateur ou plutôt réactionnaire dans l'âme, son patrio-
tisme intransigeant fit plus d'une fois violence à ses
opinions. Par haine de l'invasion française, il prit
le parti des conjurés de Cadix contre le roi Ferdinand VII, qui lui plaisait beaucoup ; par haine de la
loi salique, cette invention franque, il épousa la
cause d'Isabelle II contre don Carlos, dont les principes ne lui répugnaient point. Toute vérité qui
n'était pas née en Espagne lui était suspecte ; il
était tenté de se plaindre qu'il n'y eût pas une arith-
métique péninsulaire, à l'usage spécial des Castillans
et des Andalous. Il est vrai que la sienne ne ressemblait pas à celle de tout le monde, que dans ses
comptes de ménage deux et deux ne faisaient pas
toujours quatre. L'Espagne et là-bas, il n'avait pas
d'autre géographie, et tout ce qui se passait là-bas
lui semblait médiocre ou déplaisant.

En littérature aussi, il était l'esclave des formules, des traditions nationales, et, après l'an de grâce 1830, il composait encore des églogues, des poèmes bucoliques. L'avènement subit du romantisme le consterna ; rien ne pouvait être plus contraire à son tempérament. Il considérait la vie comme une belle invention ; le byronien, qui se regarde comme la fin et le centre de l'univers, a souvent maille à partir avec lui. Il avait l'âme à fleur de peau, et même dans l'élégie, la gaieté était sa Muse ; le byronien approfondit tout, raffine tout, mêle du mysticisme aux voluptés. Il n'avait jamais cherché de querelle ni au monde, ni à Dieu ; le byronien dirait volontiers comme cet Allemand : « En Dieu lui-même je découvre des défauts ». Quoique Espronceda et Zorilla fussent des byroniens tempérés, il leur reprochait leur scepticisme, l'amertume de leurs désenchantements. Il leur en voulait surtout d'être les disciples de l'étranger, de cultiver dans leur jardin des plantes exotiques, dont le parfum ne lui revenait pas. Malheureusement, ils avaient la vogue ; ses Cythères, ses Philis semblaient un peu démodées, et, si bon musicien qu'il fût, on n'écoutait pas sa flûte. Dans son dépit, il quitta les vers pour la prose. Il composa ses charmantes *Scènes andalouses*, où il répandit toute la grâce de ses souvenirs de jeunesse en les assaisonnant d'une malice sans fiel. Mais, comme ses vers, sa prose sentait l'antique. Puriste implacable, il avait juré de ne parler que l'espagnol de l'âge d'or, et ses archaïsmes nuisaient à sa popularité. Ses pastorales faisaient penser à Melendez et à Gongora ; les *Scènes andalouses* rappelaient Cervantès, Quevedo, les chefs-d'œuvre de l'ancienne littérature picaresque. On peut aimer plus ou moins son temps, il faut en être, et alors même qu'on lui dit des injures, il faut lui parler la langue qu'il parle.

Si Estebanez avait pour principe qu'il n'y a de grand que ce qui est espagnol, il pensait aussi qu'il n'y a de vraiment beau que ce qui est vieux. Il voulut toujours s'habiller à l'ancienne mode, et jusque dans le fort de l'été, on l'eût plutôt décidé à sortir de sa peau qu'à dépouiller sa grande cape bleue, dont il s'enveloppait avec une grâce incomparable. Il a écrit une dissertation intitulée : *Gracias y Donaires de la capa*, dans laquelle il expose tous les secrets de l'art de se draper. Il a écrit aussi un traité de la parfaite danseuse espagnole, code rigoureux de toutes les règles, de tous les entrechats orthodoxes autorisés par la tradition ; même en matière de danse, il détestait l'hérésie. Cet homme excellent et distingué, mais un peu maniaque, tenait toute innovation pour un malheur public ; il était fermement persuadé que déroger à un usage quelconque, c'est risquer de tout perdre, que l'antique façon de battre la caisse inspirait aux soldats ce courage qui ne compte pas avec le danger, mais qu'une batterie de tambour qui n'a pas d'histoire conduit sûrement à la défaite.

Ce fut par dévotion au glorieux passé de son pays que ce paresseux prit le goût de l'étude et qu'il devint érudit. Il adorait les vieux livres, les vieux contes, les vieilles chroniques. Il eût fait cent lieues pour se procurer une vieille chanson inédite et il se plaisait à la chanter : « J'ai recueilli de la bouche

des chanteurs du pays quatre romances inconnues,
écrivait-il de Malaga à son ami, le célèbre arabisant
Gayangos. Ma musique mauresque les ravit, ils disent
que mon style est le plus irréprochable du monde,
que ma liqueur a un goût de noyau. » Il apprit également l'arabe « pour pouvoir acquérir la clé d'or
qui donne accès à la science du Maure », et il pénétra
très avant dans l'intimité des Zaïdes et des Zulemas,
des Abencerrages et des Zegris. Il se trouvait bien
dans la société des revenants, et il l'était un peu lui-
même. Mais les originaux sont rarement aimables,
et si les manies d'Estebanez provoquaient le sourire,
on ne pouvait s'empêcher de l'aimer.

Qu'ils soient poètes ou ne le soient pas, les Espagnols espagnolisants ne conçoivent pas la vie sans
aventures. Quand j'arrivai à Madrid, un Espagnol de
beaucoup d'esprit me donna le conseil de n'y jamais
parler de l'immortel chef-d'œuvre de Cervantès :
« L'étranger, me dit-il, qui parle de don Quichotte
à un Espagnol, se met toujours dans une situation
fausse. S'il le dénigre, il passe pour un sot; s'il
l'admire, son interlocuteur le regarde de travers en
se disant : « Est-ce à moi qu'il en a? » Cependant
les vrais don Quichotte sont rares; l'héroïsme chevaleresque et l'absolu désintéressement seront toujours des vertus peu communes. Plus nombreux
parmi les coureurs d'aventures sont les Sancho
Pança. Nous en connaissons plus d'un dans la péninsule; ils ont causé plus d'une révolution.

Les Sancho ont cette gaieté abondante et facile qui
résiste à toutes les déceptions, ils ont le secret de ce
bonheur économique qui est propre à la Péninsule

et se compose de soleil, d'oisiveté, de babil, de rares
et courtes bombances, de plaisirs cueillis à la hâte,
de beaucoup de paroles inutiles, de beaucoup d'espérances et de quelques airs de mandoline. Les temps
deviennent-ils durs, ils supportent toutes les privations, ils étonnent par leur facilité à s'accommoder
de leur sort, ils ont l'art de vivre dans des conditions
où la vie nous serait insupportable. Comme Sancho,
l'homme à la cape bleue a prouvé plus d'une fois
qu'il pouvait tout endurer. Il le prouva surtout
lorsqu'il fut nommé, en 1834, auditeur général de
l'armée du Nord, qui tenait la campagne contre les
carlistes. Dans cette affreuse guerre d'embuscades et
de surprises, où la victoire était sans merci, où, de
part et d'autre, l'on fusillait ses prisonniers, il conserva sa gaieté jusqu'au bout. Pendant les nuits qu'il
passait au bivouac, ses bons mots, ses chansons, ses
contes gras faisaient couler les heures comme des
minutes. Hâtons-nous d'ajouter qu'il avait une grande
supériorité sur Sancho. Celui-ci craignait naturellement les coups qui font mal, Estebanez ne les craignait pas et les cherchait quelquefois.

Sancho servit fidèlement le héros de la Manche ; il
partageait avec lui, sans se plaindre, la mauvaise
comme la bonne fortune, mais il ne se piquait pas
de désintéressement. S'il prenait son parti des privations, s'il consentait à oublier les coups de bâton
qui avaient meurtri ses épaules et la fatale couver-
ture où des muletiers l'avaient berné, il entendait
toucher quelque jour la récompense de ses peines,
car il ne doutait pas qu'ici-bas la vertu ne fût toujours récompensée. Il avait conclu un marché avec

la destinée et avec la folie de son maître, et comme à sa manière il avait autant d'imagination que lui, cette folie lui semblait par intervalles pleine de raison. Elle lui avait promis une île, et il croyait à son île.

Estébanez rêva, lui aussi, d'avoir la sienne. Le 12 décembre 1837, il fut envoyé à Séville comme chef politique par le ministère modéré qui venait de remplacer un cabinet progressiste. Il partit avec joie pour cette merveilleuse cité, qu'il avait surnommée « la reine du Guadalquivir, l'œil noir de la terre, où viennent au monde les bons garçons, les bien plantés, les jolis chanteurs, les joueurs de guitare, les grands artistes en joyeux devis, les dresseurs de chevaux, les tueurs de taureaux, les hommes au bras de fer et à la main subtile ». Son biographe me paraît avoir jugé son administration avec beaucoup d'indulgence. Il entrait en charge dans de graves conjonctures. La guerre carliste se prolongeait, don Carlos avait poussé une reconnaissance jusqu'aux portes de Madrid; des mouvements révolutionnaires se préparaient dans les provinces du Sud, il n'y avait plus d'autorité reconnue, chaque ville n'en faisait qu'à sa tête; l'Espagne, comme il lui arrive dans les moments critiques, semblait près de se désagréger, de se dissoudre. Quoiqu'il prétendît se livrer « à un travail d'enfer qui ne manquerait pas de produire les meilleurs fruits », le nouveau gouverneur s'accordait beaucoup de distractions. Il avait trouvé sa Capoue. Il s'occupait un peu trop peut-être de Maria de las Nieves, de la Perla et d'autres notabilités du chant ou de la danse.

Il furetait, fouillait partout pour découvrir des manuscrits et de vieux livres. Il s'était mis en tête de créer un musée de peinture, une bibliothèque, un lycée bétique. C'était prendre mal son temps.

Tout en s'occupant de beaucoup de choses, qui n'étaient pas la seule chose nécessaire, son ambition caressait des rêves. Les généraux Cordova et Narvaez, brouillés avec Espartero, venaient de quitter Madrid, avec la pensée secrète de recruter quelque part une armée pour tenir tête à l'ennemi commun. Ils n'étaient alors ni progressistes ni modérés; comme le dit M. Canovas, c'étaient les hommes « du voir venir ». Le bon Estebanez aimait beaucoup le général Cordova; il avait fait campagne sous ses ordres en Biscaye, il se flattait de posséder toute sa confiance, toute son amitié et lui offrait naïvement de lui tenir l'échelle, à charge de revanche. « Si les élections de Malaga sont annulées, lui écrivait-il, je m'y présenterai comme candidat, j'ai de bonnes cartes dans mon jeu, je gagnerai la partie. Je crois qu'en réunissant nos efforts, vous et moi, nous ferions quelque chose, vous par vos grandes ressources, moi avec ma grande épée de combat. » C'était de sa plume qu'il entendait parler.

Telles étaient ses candides espérances; mais il ne tarda pas à découvrir que ce cher confident, dont il comptait faire l'instrument de sa fortune politique, avait lié partie avec ses ennemis, qu'il allait devenir le président d'un *ayuntamiento* révolutionnaire, et une belle nuit le gouverneur de Séville dut s'enfuir précipitamment, avec mystère, à la dérobée, sans pouvoir rien emporter, pas même la moitié d'un écu. Ainsi s'était éclipsé jadis, anéanti, dissipé en fumée le gouvernement de Sancho Pança. Il s'était consolé en baisant son âne sur le front, en lui disant, les yeux pleins de larmes : « Viens çà, mon fidèle ami ; depuis que je t'ai quitté pour me laisser emporter sur les tours de l'ambition et de l'orgueil, tout a été pour moi souffrances, inquiétudes et misères ». En vain le pressait-on de reprendre sa couronne et son sceptre, il répondait : « Grand merci ! ce n'est pas moi qu'on attrape deux fois. Je suis de la famille des Pança ; ils sont tous entêtés comme des mules. » Estebanez fut peut-être moins philosophe que Sancho dans son malheur ; il faut une grande dose de philosophie pour ne pas regretter son île, et on peut croire qu'il la regretta plus d'une fois.

Mais s'il était moins philosophe que Sancho, il avait dans l'âme une générosité de sentiments qui a toujours manqué à la famille des Pança. Ce fut l'amour qui le consola. Cet homme des liaisons faciles avait le cœur tendre, il a connu la grande passion, celle qui accomplit des miracles. Comme don Quichotte, il s'est piqué de prouver qu'on peut aimer une femme durant de longues années sans la revoir un seul jour. Il avait placé ses affections en plus haut lieu que le chevalier de la Triste Figure. Sa Dulcinée était gracieuse et belle ; on vantait la finesse de son teint, la douceur de ses yeux, le charme enchanteur de sa voix. C'était la fille d'un de ces négociants de l'Alameda, qu'il tenait en médiocre estime. Elle répondait à ses transports par une froide bienveillance ; la famille ne voulait pas de lui ; on avait décidé que cet apôtre du gai savoir ne pouvait être un mari sérieux. Il passa neuf ans loin de cette maitresse adorée, il lui adressait de Madrid des sonnets où il lui disait : « Dans tes bras un désert me suffirait ; il ne me faut qu'un lit, une source et un palmier ».

Elle finit par se rendre à une constance si obstinée, les parents cédèrent ; on se maria peu de temps après que le poète eut perdu son gouvernement de Séville. A peine fut-elle à lui que ce grand amour, qui avait jeté des flammes si vives, s'éteignit subitement et fut remplacé par une paisible et fidèle amitié. Estebanez vécut après son mariage comme avant. C'était un mari vieux garçon. Il avait obtenu une place dans l'administration du sel. Il partageait son temps entre son bureau, ses livres dont il encombrait jusqu'aux coussins de son lit, ses manuscrits arabes, les combats de taureaux, les fêtes populaires et les danseuses. De son côté, sa femme en prenait à son aise ; elle ne se croyait pas tenue de lire ses vers et d'admirer sa prose, et il n'avait gardé de l'exiger. On ne s'en aimait pas moins. Elle avait apporté en dot la tolérance, il apportait la bonne humeur. En faut-il beaucoup plus pour faire un heureux ménage ?

Mais cet épicurien andalous, ce don Quichotte gras avait une autre dulcinée qui lui donnait bien des chagrins et à laquelle il fut fidèle en dépit de tout. Jusqu'à son dernier soupir, sans que sa passion se refroidît un seul jour, il aima l'Espagne avec idolâtrie. Quand ils sont Espagnols, les bons vivants eux-mêmes ont leur coin d'imagination romanesque, leur chimère, leur folie dont ils se font une maîtresse, et ils seraient capables de brûler leur maison pour

embrasser leur dame. Don Quichotte voulait remettre
en honneur la sainte institution de la chevalerie
errante. Comme lui, Estebanez espérait l'impossible :
il rêvait de ressusciter une morte, de voir renaître
avec toutes ses gloires et tous ses prestiges l'Espagne
d'autrefois, celle qui domina le monde et dont
l'empire était si vaste que le soleil ne s'y couchait
pas. En vain les événements donnaient de cruels
démentis à son attente; rien ne pouvait le dégoûter
de son utopie, qui lui était aussi chère que sa cape
bleue. Il avait le génie de l'anachronisme. Au milieu
des confusions de la guerre civile, quand on démo-
lissait les couvents et qu'on massacrait les moines,
il enseignait avec une intrépide éloquence que les
rois doivent prendre exemple sur Philippe II, qu'ils
ne peuvent trouver leur salut que dans l'accord du
trône et de l'autel. Plus tard, lorsqu'après tant de
secousses, le gouvernement de son pays s'occupait
de réparer tant bien que mal le désordre de finances
très dérangées, il l'exhortait à chercher dans de
glorieuses conquêtes une diversion aux troubles
intestins.

Dans l'hiver de 1860, il crut toucher à l'accomplissement de ses vœux. On avait déclaré la guerre
aux Marocains; le général O'Donnell, alors président du conseil, remporta les brillantes victoires de
Castillejos, du cap Negro; Tetuan s'était rendu; on
marchait sur Tanger. Estebanez fut saisi d'enthousiasme; c'était un délire, une ivresse. Il lui sembla
que les vainqueurs de Lépante, s'arrachant à leur
long sommeil, avaient tressailli de joie, qu'après
tant d'abaissements, ils se reconnaissaient dans leur

descendance, et que, du fond de son tombeau, la vieille Espagne remerciait ses fils de la fête inespérée qu'ils donnaient à son orgueil. Il adressa un sonnet à la grande ombre du cardinal Ximenès, de celui qui écrasait les infidèles sous sa sandale ; il lui disait : « Réveille-toi pour voir ton étendard triomphant arboré pour toujours à Tanger ». Hélas ! son illusion fut courte. Ne s'inspirant que des vrais intérêts de son pays, O'Donnell, qui n'était pas un rêveur, se hâta de conclure la paix, d'évacuer sa conquête ; et Estebanez désespéré s'écria : « Tout n'est qu'ignominie, il n'y a plus d'Espagnols ».

Quelque affection qu'il témoigne à sa mémoire, le biographe de don Serafin Estebanez ressemble bien peu à son héros. Il a, comme lui, la fierté du souvenir et le culte des gloires nationales ; comme lui, il est très conservateur et bon catholique. Mais il est de son temps, il se déclare un des fils de la Révolution, et il n'admet pas qu'on puisse bâtir une société avec les ossements des morts et la poussière des tombeaux. Au risque de froisser l'orgueil castillan, il a prouvé jadis son souverain bon sens en démontrant dans des études historiques justement admirées que l'hégémonie de l'Espagne au temps de ses Charles-Quint et de ses Philippe II fut une œuvre artificielle et sans consistance, un coup d'audace, un défi jeté à la raison et à la nature même des choses ; que, pour gagner cette gageure, il a fallu des miracles d'habileté dans les souverains, des prodiges de discipline et de valeur dans les soldats, mais qu'il a suffi de Rocroi pour ruiner à jamais une entreprise démesurée qui n'avait pas d'avenir.

M. Canovas a remarqué aussi que les héroïques bataillons qu'emmena le grand capitaine à la conquête de Naples s'embarquèrent sans biscuit et sans chaussures, que cela honore leur courage, mais que cela condamne toute une politique. « C'est ainsi qu'on court de glorieuses aventures, ce n'est pas ainsi qu'on fonde des empires durables. » L'Espagne a des provinces merveilleusement riches, mais une partie de son territoire est très aride. Si le Guadarrama avait 1 000 mètres de plus, s'il gardait plus longtemps ses neiges, il y aurait plus d'eau dans les rivières, et l'on ne pourrait pas dire au Manzanarès : « Hier un âne t'a bu ». A ce malheur, ajoutez l'expulsion des Maures, les juifs dépouillés et traqués, l'Inquisition, ses fatales rigueurs, ses funestes préjugés contre tous les progrès utiles, la découverte de l'Amérique, l'émigration incessante des chercheurs d'or, tout ce que l'Espagne a pu inventer pour s'appauvrir et se dépeupler. Pauvreté n'est pas vice ; mais il faut proportionner ses ambitions à ses ressources, et, tôt ou tard, l'impuissance économique conduit à l'impuissance politique.

Dans une des pages les plus remarquables de son dernier livre, M. Canovas nous confesse qu'il ne peut relire sans faire un retour sur son pays le discours de don Quichotte dans la fameuse auberge où Maritorne se gourma avec Sancho : « Il faut que vous m'excusiez pour le moment de rester votre débiteur, dit-il à l'aubergiste. Il m'est interdit de contrevenir à la règle des chevaliers errants, desquels je sais de science certaine qu'ils n'ont jamais rien payé dans les hôtelleries. La raison, d'accord avec la coutume,

veut qu'on les reçoive partout gratuitement, en com-
pensation des fatigues inouïes qu'ils endurent, exposés à toutes les inclémences du ciel, à toutes les
incommodités de la terre. » A quoi l'hôtelier répondit : « Sornettes que tout cela ! Je n'ai que voir dans
vos raisons, et laissons là votre chevalerie errante.
Qu'on me paye bien vite ce qu'on me doit ! Je n'ai
cure que de rentrer dans mon bien. » — « Voilà,
ajoute M. Canovas, ce que plus d'une fois dans l'histoire on aurait pu nous répondre. La vie, pour un
homme ou pour un peuple raisonnable, consiste
avant tout dans cette chose très humble, très vulgaire : compter avec sa fortune et ne dépenser que
ce qu'on peut payer. »

Aussi conseille-t-il à ses compatriotes de renoncer
provisoirement à toute conquête, de s'abstenir des
entreprises coûteuses, de s'appliquer à sauver les
débris de l'héritage qu'ils ont reçu de leurs ancêtres.
Il les exhorte à travailler, à épargner sans repos ni
trêve, à ne plus contracter de dettes, à s'occuper
moins d'acquérir que de conserver, à ne se fier qu'à
eux-mêmes, à se défier de la fortune, à ne plus
prendre les noms et les apparences pour des réalités, à ne pas demander sans cesse des miracles à
ceux qui les gouvernent, à ne pas rejeter sur les
institutions ou sur les hommes, si puissants qu'ils
soient, les fautes de tous. Il souhaite que leur pa-
triotisme soit silencieux, mélancolique et patient.
Il ne leur promet pas qu'à ce prix ils pourront recouvrer leur antique domination, qui fut un accident
heureux, mais il les assure qu'ils trouveront de quoi
s'occuper dans ce monde et qu'il ne tient qu'à eux

de porter avec honneur le nom glorieux d'Espagnols.

L'Espagne aura-t-elle la sagesse de se conformer
à ses conseils? Apprendra-t-elle à calculer, à compter? Cela n'est pas impossible. Dans une des prome-
nades que je fis avec lui et dont j'aime à me souvenir,
l'entretien tomba sur les fatalités de race, et M. Canovas soutint qu'elles se modifient souvent par les
situations, par les circonstances, surtout par l'éducation : — « Cela s'est vu dans notre histoire, me
disait-il. Plusieurs de nos qualités bonnes ou mauvaises ne sont pas nées avec nous, elles nous ont été
données par les événements. Sobre, grand marcheur,
capable de se battre sans avoir mangé, mais aimant
à ne prendre conseil que de lui-même, le soldat
espagnol est fait essentiellement pour la guerre
d'embuscades et de partisans, et, dès l'antiquité,
notre force résidait surtout dans nos troupes légères,
qui donnèrent tant de mal aux Romains comme aux
Carthaginois. Cependant, par l'effet de l'éducation,
l'Espagne a possédé quelque temps la première in-
fanterie du monde, d'une solidité sans pareille en
rase campagne, celle que Bossuet comparait à des
tours qui réparent leurs brèches. C'est aussi un effet
de l'éducation que la gravité proverbiale du Castillan. Comme tous les méridionaux, il a naturellement
l'esprit gai, ouvert et le caractère sociable. Mais ces
poignées de conquérants qui gouvernaient Naples
ou les Flandres devaient tenir à distance leurs sujets, et, pour leur imposer, ils représentaient sans
cesse; ils nous ont inoculé leur gravité, qui se dément quelquefois. De même encore, l'intolérance

religieuse qu'on nous reproche ne nous est pas innée. Nos écrivains du xvᵉ siècle avaient une grande liberté d'humeur, une grande hardiesse de langage, et les théologiens qui accompagnèrent Charles-Quint en Allemagne en revinrent quasi protestants. Mais la lutte contre les Maures et les Juifs avait comme soudé ensemble les idées de religion et de patrie, et, plus tard, les révoltes de l'Empire et des Pays-Bas furent cause que le protestantisme prit dans l'imagination espagnole le caractère d'une doctrine antinationale ; c'est pour cela que l'Espagne se plia si facilement au dur régime de l'Inquisition. Il est permis d'en conclure que le génie de la race est plus modifiable qu'on ne croit et que cinquante ans de monarchie constitutionnelle sans *pronunciamientos* pourraient bien faire de nous un peuple raisonnable. »

Ainsi devisions-nous en approchant de la *Fuente castellana*. C'est un lieu où s'est nouée plus d'une intrigue politique. On s'y rencontre, on s'y concerte sans se parler. D'après le degré de chaleur du regard ou du sourire, d'après le degré d'intimité que révèlent le signe des doigts ou le mouvement de la tête, on juge de ce qu'on peut espérer et oser. Puisse l'Espagne se dégoûter des stériles aventures et cette fontaine célèbre, qui aurait bien des conspirations à raconter, ne plus être témoin que de complots amoureux !

La vieillesse des épicuriens romanesques est toujours triste. L'esprit baisse, les sens s'émoussent, les passions s'épuisent, les plaisirs s'en vont, l'utopie reste, elle tourne à l'aigre et au morose. Adieu les taureaux ! adieu les danseuses ! La lassitude est

venue ; on se persuade qu'autrefois les danseuses
étaient plus légères, que les taureaux étaient plus
vaillants. Estebanez s'irritait contre la politique du
jour, qui répondait si peu à ses rêves. Il avait beau
frapper la terre du pied, il n'en voyait sortir ni
Ximenès, ni les héros de Lépante. Il s'était donné
dans son beau temps le surnom de Solitaire. Il se
sentait toujours plus seul ; c'est une morne solitude
qu'une utopie à laquelle personne ne veut croire.
Après la mort de sa femme, il découvrit qu'il s'entendait bien mal à tenir une maison et qu'il était
pauvre, et sa pauvreté l'effraya. Il lui vint tout à
coup l'envie de s'enrichir ; il était bien tard pour
cela. En 1865, il retourna pour la dernière fois à
Malaga ; il y composa son dernier sonnet : « Enfant,
je dormis près de cette source ; adolescent, j'y rêvai
des îles, des Alhambras orientales, et je m'y crus un
petit roi. Plus tard je connus dans ma folie les plaisirs et les troubles célestes de l'amour, plus tard
encore, la soif ardente de l'or et des grandeurs. Me
voici revenu, vieux pèlerin ; je retrouve l'endroit que
j'aimais, le ruisseau, la grotte ombreuse, cette pierre
rude au toucher où s'assied ma fatigue. Tout ce qui
est ici se repose comme dans mon enfance, il n'y
manque que moi. »

Cependant, jusque dans ses derniers jours, il eut
de fugitifs retours de gaieté ; il se retrouvait par instants. Recevant une des dernières visites de son
vieil ami Gayangos, il lui dit avec un demi-sourire :
« Tu te dépêches trop, ce n'est pas encore le moment
de venir t'approprier les plus précieux de mes livres ». Il dit aussi à son voisin, le général Fernandez

de San Romano : « Tu jetteras sur moi quelques feuilles de mauves odorantes quand mon cercueil passera sous ton balcon ». Le 5 février 1867, après avoir accompli ses devoirs religieux, comme la mort se faisait attendre, il demanda qu'on lui lût quelques pages de *Don Quichotte*, et il expira en les écoutant. S'endormir pour toujours aux sons de cette musique divine, c'est une belle façon de s'en aller; une mort bien douce et bien espagnole.

L'ESPRIT CHINOIS

L'empire du Milieu, le royaume fleuri, a tenu pendant quelque temps une grande place dans nos pensées. Nous avions commencé par décider que les enfants de Han n'étaient pas des adversaires sérieux, ils nous ont prouvé qu'on a toujours tort de mépriser ses ennemis. Après une série de brillantes victoires, qui ont fait le plus grand honneur à l'infatigable courage de nos soldats et à l'habileté des chefs qui les conduisaient, nous avons commis une imprudence qui a failli tout compromettre.

Si nos renseignements sont exacts, dès le lendemain de notre arrivée à Lang-Son, les sages insistèrent pour qu'on ne poussât pas plus loin, pour qu'on se renfermât dans les limites marquées par le traité de Tien-Tsin; ils déclaraient qu'il fallait s'abstenir de toute provocation inutile, se garder d'inquiéter la Chine par une entrée intempestive sur son territoire, que notre infériorité numérique nous obligeait à demeurer sur la défensive dans des positions où nous étions inexpugnables. Les sages n'ont

pas eu gain de cause. Resté seul à Lang-Son avec la
deuxième brigade, le général de Négrier court à la
porte de Chine, la fait sauter, bat l'armée chinoise.
Sans doute ce vaillant eut ses raisons; mais après
s'être installé à Dong-Dang pour couvrir Lang-Son,
il dut pousser plus loin encore et établir un autre
poste avancé pour couvrir Dong-Dang. Le 23 mars, il
veut se donner de l'air et il attaque de nouveau. On
se heurte contre des positions très fortes. Le combat
continue le 24; un ordre du général n'est pas exécuté, et un régiment doit battre en retraite, en abandonnant ses blessés, à qui les Chinois coupent la tête
devant nos hommes. Enhardis par leur succès,
ils attaquent Lang-Son quatre jours plus tard; ils
sont repoussés et abattus, sans que la brigade soit
obligée de donner tout entière.

A quatre heures et demie, une balle met le général de Négrier hors de combat, et le colonel Her-
binger, qui prend le commandement, ordonne la
retraite immédiate sur le Delta. En vain, le commandant Servières lui représente que deux esca-
drons de spahis et une batterie sont en route pour
le rejoindre, qu'une partie de la première brigade
va être envoyée à son secours, qu'il y a des muni-
tions à Fo-Vi et à Dong-Song, c'est-à-dire à un
et à deux jours de marche. Le commandant offre
même de rester seul à Lang-Son avec son bataillon.
Le colonel ne veut rien écouter, il donne le signal
du départ, tandis que, de leur côté, les Chinois
rentraient en Chine.

Après tout, cette fâcheuse mésaventure n'était
qu'un incident de guerre. Y a-t-il jamais eu des

guerres sans incidents? S'est-on jamais battu sans faire des fautes, sans les payer et sans être tenu de les réparer? Cependant Paris s'émeut, Paris s'inquiète et s'agite; un ministère est renversé. Quelques heures plus tard, on apprend que la Chine offre la paix, et nous en sommes réduits à admirer la sagesse chinoise, qui a décidé qu'il valait mieux traiter à des conditions honorables que de s'obstiner à tenter la fortune. Sans se laisser griser par un succès éphémère et fortuit, elle s'est souvenue des défaites, elle a tenu compte des dangers, elle a considéré que l'amiral Courbet était un adversaire fort incommode, et que, grâce aux mesures qu'il avait prises, le riz n'arrivait plus. Mais il faut convenir qu'il y a eu dans cette histoire un jour au moins où Pékin a été beaucoup plus raisonnable que Paris.

Tant que les Chinois nous ont fait la guerre, nous nous sommes beaucoup occupés d'eux. Nous aurions tort de croire que désormais ils n'auront plus rien à démêler avec nous, qu'il nous est permis de les oublier. Par nos récentes conquêtes, nous sommes devenus leurs voisins, et il est d'une sagesse élémentaire d'apprendre à connaître ses voisins, de ne pas s'en tenir à leur sujet aux idées de convention, aux à-peu-près.

Les Chinois nous ont donné l'exemple. Depuis que la fatalité des circonstances et des événements les ont fait entrer en rapport avec les nations chrétiennes, ils ont senti le besoin d'étudier de plus près ceux qu'ils appellent les *fankwei* ou les diables étrangers, de se familiariser avec nos méthodes. Ils ont établi à Chang-Haï un office de traductions, dirigé par M. John Fryers, et cet office a déjà traduit en chinois nombre d'ouvrages techniques et de livres de science français, allemands ou anglais. Le ministre des États-Unis à Pékin écrivait, il y a quatre ans, à son gouvernement : « Je savais qu'une école de sciences et un département des traductions faisaient partie du plan général de cette institution, mais j'étais loin de penser que les travaux de ces traducteurs fussent poussés aussi activement. Il résulte des notes de M. Fryers que le zèle des Chinois employés à ces travaux donne de grandes espérances pour l'avenir [1]. »

La Chine a ses boursiers, qu'elle envoie courir le monde, compléter leurs études en Amérique, à Londres, à Paris ou à Berlin. L'un de ces boursiers, le colonel Tcheng-Ki-Tong a été un élève fort brillant de notre École des sciences politiques, et il a prouvé, par un livre qui a fait du bruit, qu'on peut être à la fois un très bon Chinois et un Parisien très raffiné. Pourquoi n'aurions-nous pas, nous aussi, nos boursiers chargés de nous enseigner la Chine? C'est un vœu qu'exprimait un de nos jeunes écrivains, revenu tout récemment des bords de la rivière Rouge. Il demandait « qu'on installât à Pékin une école dans le genre de nos écoles de Rome et d'Athènes, que l'État entretînt dans la cour du Nord sept ou huit savants dont l'unique emploi serait d'étudier la civilisation du Céleste-Empire et de nous en faire connaître les résultats et les monuments [2] ». Les renseignements

1. *Le Monde chinois*, par Philippe Daryl.
2. *De Paris au Tonkin*, par M. Paul Bourde, 1885.

qu'ils pourraient nous fournir seraient également
profitables et à nos politiques et à nos philosophes.
La civilisation qui fleurit sur les bords du fleuve
Jaune et du fleuve Bleu n'est pas seulement la plus
ancienne du monde, elle est aussi l'une des plus
compliquées. Un Chinois disait à un Européen :
« Quoi que vous disiez de mon pays, je vous soutien-
drai le contraire, et nous aurons tous les deux raison ».

« — Connaissez-vous la patrie du dragon volant
et des théières de porcelaine? Tout le pays est
un cabinet de raretés, environné d'une immense et
interminable muraille gardée par 100 000 sentinelles tartares. C'est une curieuse contrée et un
curieux peuple. La nature, avec ses apparitions grê-
les et contournées, ses fleurs gigantesquement fan-
tasques, ses arbres nains, ses montagnes découpées,
ses fruits voluptueusement baroques, ses oiseaux
parés et bariolés, est là-bas une caricature aussi
fabuleuse que l'homme avec sa tête pointue et cou-
ronnée d'une flamme chevelue, ses révérences, ses
ongles démesurés, sa vieille et intelligente gravité
et sa langue enfantine composée de monosyllabes.
Dans cette étrange contrée, la nature et l'homme ne
peuvent se regarder sans rire; mais ils ne rient pas
tout haut, ils sont tous deux trop civilisés pour cela
et trop polis, et en cherchant à contenir les éclats de
leur gaieté, ils font les grimaces les plus bizarres. »
Ainsi parlait Henri Heine, qui ne connaissait, à
vrai dire, que la Chine des paravents et des poti-
ches. Mais un Anglais, M. Hunter, qui a passé la
meilleure partie de sa vie à Canton, convient que

le royaume fleuri est pour l'Européen qui l'habite le pays des étonnements et des surprises, que les fils de Han semblent s'être appliqués à prendre en toute chose le contre-pied de nos idées, de nos opinions et de nos mœurs [1].

La Chine a décidé depuis des siècles, dans sa profonde sagesse, que le blanc était la couleur du deuil et le bleu celle du demi-deuil, que la chauve-souris était l'emblème du bonheur et le canard le symbole des félicités domestiques, que les pantalons ne conviennent qu'aux femmes, que les hommes doivent porter des jupes et ne jamais quitter leur éventail, que les habits n'auraient pas de poches, qu'on serrerait ses papiers dans ses bas et dans ses bottes, qu'il faut laisser les fourchettes aux barbares et se servir de bâtonnets pour pousser adroitement le morceau dans la bouche, qu'il convient d'écrire au pinceau dans des colonnes perpendiculaires et qu'un cavalier qui se respecte monte toujours à cheval du côté droit; que ce ne sont pas les ancêtres qui anoblissent leurs descendants, que ce sont les descendants qui anoblissent leurs ancêtres, que le secret de la médecine est le *yin* et le *yang* ou le principe mâle et femelle, et qu'au surplus on doit payer son médecin tant qu'on se porte bien et ne plus le payer dès qu'on tombe malade.

Comment ne pas s'étonner dans un pays où l'on voit partout des fleurs, sauf dans les jardins, et dont les habitants, qui semblent tenir beaucoup à la vie, n'ont pas de plus cher souci que de se munir long-

1. *Bits of old China*, by William C. Hunter. Londres, 1885.

temps d'avance d'un beau cercueil, dans un pays où il n'y a ni avocats, ni avoués, ni notaires et où personne ne sent le besoin d'en avoir, où les actions et les paroles sont gouvernées par une étiquette aussi rigide que compliquée, qui vous interdit sévèrement de demander à votre voisin des nouvelles de sa femme, de ses filles ou de ses sœurs, mais vous autorise à demander au premier venu quel est son âge et son nom très honorable, à quoi il répond : « Mon nom sans importance est Chung ». Il ne faudrait pourtant pas croire que ces règles et ces usages aient été inventés dans le dessein avoué de chagriner nos goûts, de contrarier nos habitudes. Ceux qui les ont institués il y a quelque quatre mille ans ne songeaient guère à nous. Il est bon de savoir s'étonner; mais ce n'est que le commencement de la sagesse.

Il est à remarquer que les voyageurs qui n'ont fait que toucher barres en Chine professent d'ordinaire un suprême mépris pour l'empire du Milieu, qu'ils s'écrieraient volontiers : « Est-il bien possible d'être Chinois? » — Ils ont découvert qu'en Chine l'homme et la femme sont jaunes, que le jeune chien, le rat musqué et les nids d'hirondelles y passent pour les mets les plus délicats, pour un souverain régal, que tous les aliments y sont frits à l'huile ou bouillis à l'eau, que la cuisine y est exécrable, quoique le divin maître-queux, Low-Man-Ke, y ait écrit un Manuel du parfait cuisinier en trois cent vingt volumes.

Ces mêmes voyageurs, aussi prompts que décisifs dans leurs jugements, nous ont appris que les Chinois ont la fâcheuse habitude de se débarrasser de leurs enfants, surtout de leurs filles, par des procédés qui manquent de douceur, bien qu'à la vérité on ait quelque peine à concilier cet usage avec le prodigieux pullulement de la race, avec l'habitude qu'ont les Célestes de se marier très jeunes et de prendre des concubines pour être plus certains de laisser après eux des enfants qui honoreront leur mémoire. « Il m'est arrivé, écrivait spirituellement le colonel Tcheng-Ki-Tong, d'entendre à Paris derrière moi une vieille femme qui disait en me désignant : « Voilà un Chinois; qui sait si ce ne sont pas mes sous qui l'ont racheté? » Elle n'avait pas, fort heureusement pour moi, son titre de propriété très en règle, sans quoi j'eusse été sans doute exposé à lui payer l'intérêt de ses sous. Toute bonne action ne doit-elle pas rapporter? » — On a tenté aussi de nous faire croire que toute Chinoise de conduite légère était livrée à la discrétion d'un éléphant, lequel, après l'avoir fait servir à ses plaisirs, l'écrasait sous son genou. Le colonel Tcheng-Ki-Tong a remarqué à ce propos que, somme toute, il y a peut-être moins d'éléphants en Chine qu'en France, qu'à peine en trouve-t-on deux ou trois dans les ménageries de Pékin. Ce serait à ce compte des éléphants fort occupés.

En revanche, les voyageurs qui ont séjourné long-temps en Chine s'accordent presque tous à reconnaître que, si étrange qu'elle puisse nous sembler, la civilisation chinoise n'est point méprisable, qu'une fois l'étonnement passé, elle mérite d'être étudiée de près et jugée de sang-froid; que les fils de Han

sont nos maîtres en agriculture, que leurs maraî-
chers sont incomparables, que leurs négociants sont
peut-être les plus avisés du monde, que telle tête
de mandarin qui nous fait rire cache des trésors
d'ironique sagesse, que si le Chinois a une façon
toute particulière d'entendre la vie, il allie d'habitude avec ses superstitions un bon sens très aiguisé,
que, dans cet immense pays où les règlements
abondent, l'art de s'appartenir et de se gouverner
soi-même est pratiqué souvent avec plus de succès que dans beaucoup d'autres. « Après tout, dit
M. Hunter, le Chinois est un peuple heureux et
content, d'une industrie exemplaire, sobre, frugal,
simple dans ses goûts, aussi sensé que nous et aussi
riche en ressources pour faire face aux diverses
épreuves de l'existence. Si nous avions eu parmi
nous à Canton quelques hommes de science, ils
auraient pris plaisir à observer comment ce fluide
mystérieux qui est répandu à travers tous les êtres
vivants assortit ingénieusement leurs façons d'agir
et de penser à l'organisation de chacun. »
Il y a presque toujours de la prévention dans les
jugements que nous portons sur les Chinois : dis-
moi ce que tu penses de la Chine, et je te dirai qui
tu es. Un radical anglais ou français ne peut tenir
en grande estime une nation soumise à la monarchie
la plus absolue, et dont le souverain, qui se nourrit
de mets particuliers, réservés à son auguste estomac, exige que quiconque l'approche se prosterne
sur les genoux et sur les mains en frappant la terre
du front. Les amateurs de révolutions et de nouveautés ressentent une invincible antipathie pour un

peuple qui, à travers les guerres civiles et la double invasion des Mongols et des Mandchoux, est toujours resté le même, a imposé à ses conquérants ses traditions et ses mœurs, et semble insulter les peuples changeants par sa désespérante immobilité. D'autre part, les positivistes, ayant appris de certains sinologues qu'il n'y a aucun mot en chinois pour nommer Dieu, veulent beaucoup de bien à une race ennemie des chimères, des vaines spéculations, et disposée à croire que la métaphysique est beaucoup moins nécessaire au bonheur que le riz.

Ce n'est pas d'aujourd'hui que la Chine fournit matière à des controverses passionnées, que tour à tour on l'exalte ou on la ravale. Les jésuites, qui y furent vraiment fort bien reçus, ne craignaient pas d'attester « que ce peuple avait conservé pendant deux mille ans la connaissance du vrai Dieu, qu'il avait sacrifié au Créateur dans le plus ancien temple de l'univers et pratiqué les plus pures leçons de la morale, tandis que l'Europe était plongée dans l'erreur et dans la corruption ». Les dominicains, qui n'aimaient pas la Société de Jésus ni les gens qui la recevaient bien, déférèrent les usages de la Chine à l'inquisition de Rome et soutinrent, sous la foi du serment, que les lettrés étaient à la fois des idolâtres et des athées. La Sorbonne, en 1700, traita de fausses, de scandaleuses, de téméraires, d'impies et d'hérétiques toutes les louanges qu'on pouvait donner aux Chinois, et Thomas Maillard, de Tournon, envoyé à Pékin comme légat par le pape Clément XI, entreprit de démontrer à l'empereur Cambi que les mots écrits par ce souverain sur ses tablettes ne signifiaient pas : Adorez le Seigneur du ciel! — que, comme son peuple, Cam-hi n'adorait que le ciel matériel.

En revanche, Voltaire et les philosophes du XVIIIe siècle professaient un vif enthousiasme pour une société où les guerres de religion étaient inconnues; ils la considéraient comme le berceau et la patrie du déisme, qui l'avait comblée de ses plus précieuses bénédictions. Le Fils du ciel, le Seigneur des dix mille armées, l'homme unique, l'homme solitaire et le frère du Dragon, celui qui habite dans la salle rose, dans le palais cramoisi et dont le trône est un meuble divin, leur apparaissait comme le monarque de la terre le plus raisonnable, le plus sage et le plus poli, qui rendait l'agriculture respectable à ses sujets en labourant de ses mains impériales un petit champ, sans compter qu'il avait fondé le premier des prix de vertu. Croirons-nous qu'à la fois déistes, idolâtres et athées, les Chinois sont, selon les cas, les plus mécréants et les plus superstitieux des hommes, qu'un de ces reproches ne détruit pas l'autre ou qu'ils admettent la contradiction ainsi qu'il arrive quelquefois parmi nous? Mais, comme le disait Voltaire, il faut être bien au fait de la langue d'un peuple et de ses mœurs pour démêler ses secrètes contradictions.

Si jamais les vœux de M. Bourde sont exaucés et que notre gouvernement envoie des jeunes gens étudier la Chine à Pékin, il faudra leur recommander de n'y porter aucune idée préconçue, d'oublier pendant quelques années notre langage, nos classifications, nos rubriques et de se faire Chinois pour comprendre les Chinois. Ils perdraient leurs peines à vouloir s'assurer si les Célestes sont matérialistes ou spiritualistes. Les Asiatiques n'ont jamais bien démêlé où finit la matière et où commence l'esprit, et nous-mêmes qui nous piquions jadis de le savoir, nous ne le savons plus depuis quelque temps.

Une question plus digne d'être approfondie est d'expliquer comment il a pu se faire qu'une nation comme la Chine soit parvenue à un état de civilisation avancée, en restant fidèle aux idées religieuses et sociales des peuples primitifs. Le régime patriarcal se montre à nous à l'origine des sociétés comme appartenant en propre à des tribus voyageuses, à des peuples pasteurs vivant sous la tente, qui n'étaient que de grandes familles. Les dieux qu'ils adoraient n'avaient pas visage d'homme et ne cherchaient point à s'humaniser; c'étaient les astres qui éclairaient leur nuit, dont ils suivaient la marche réglée et fatale à travers l'espace et dont le silence les effrayait. Ces dieux taciturnes, nomades comme eux et comme eux sans histoire, refaisant chaque jour ce qu'ils avaient fait la veille, leur commandaient de ne jamais se reposer, de considérer la vie comme un pèlerinage et de parcourir la terre sans la posséder, et ils auraient cru violer la loi de l'univers le jour où ils se seraient assis. Ils étaient les plus polythéistes des hommes; mais lorsqu'ils considéraient que ces astres qui les gouvernaient et qu'ils ne pouvaient compter habitaient le même ciel et semblaient tous obéir à la même loi, ils étaient tentés de leur donner un maître, et leurs yeux cher-

chaient au ciel l'invisible berger qui poussait devant
lui son troupeau d'étoiles.

Quand l'homme se fut assis, quand la maison
remplaça la tente, quand des mains audacieuses, au
risque de paraître criminelles, eurent ensemencé la
terre et bâti les premières cités, les dieux changèrent comme les mœurs, et le système patriarcal disparut avec la vie nomade. La Chine seule l'a conservé, en prouvant qu'il était compatible avec une
civilisation très raffinée. Son architecture, comme
on l'a remarqué, témoigne de ses origines et procède
de la tente de peaux sous laquelle s'abritait le Tou-
ranien voyageur : « Les maisons chinoises, a dit
Hope, semblent attachées à des piquets qui, plantés
en terre, auraient fini par y prendre racine et par
s'immobiliser ». Les hommes qui habitent ces maisons ressemblent bien peu aux pasteurs dont ils
descendent, mais ils ont gardé le culte du ciel, la
religion des nomades, à cela près qu'ils l'ont sécu-
larisée et que le ciel s'est incarné dans la personne
de leur souverain, qui leur sert de médiateur avec
les puissances surnaturelles. Il couvre toute la terre,
il contrôle l'univers entier, il a la clairvoyance des
cinq grands génies. Il dispose de la pluie, du vent
et des tempêtes, il dompte les éléments, il est en
son pouvoir d'anéantir tout ce qu'il touche. Les
ambassadeurs étrangers qui l'approchent sentent
leurs genoux s'entre-choquer et fléchir sous eux ; il
ne tiendrait qu'à lui de les anéantir de son regard,
d'un éclair de sa prunelle. Heureusement sa bienveillance est plus large que les quatre grandes mers, sa
clémence est plus haute que la voûte étoilée ; joignez

le fleuve Jaune et le fleuve Bleu, et leurs longueurs
réunies ne vous donneront qu'une faible idée de ses
compassions. Si des inondations ou des sécheresses
viennent compromettre la félicité de ses sujets, il se
tâte le pouls, il interroge sa conscience, il recherche
avec une attention sévère par quel péché ignoré de
lui il a troublé l'ordre des saisons et de la nature.

La famille chinoise, comme l'a si bien dit le colonel
Tcheng-Ki-Tong, est une sorte de société civile en
participation, où les biens sont d'habitude possédés
en commun et dont tous les membres, solidaires les
uns des autres, sont tenus de se prêter assistance.
L'autorité appartient au plus âgé, qui a les fonctions d'un chef du gouvernement ; tout le monde fait
ses apports, les ressources sont rassemblées dans
une même caisse, et des statuts définissent les droits
et les devoirs de chacun. L'enteetien des vieillards,
l'éducation des enfants, les secours aux nécessiteux,
les primes accordées aux jeunes gens après leurs
examens, les donations aux filles qui se marient,
tout est prévu, tout est réglé d'avance. L'rmpire chinois est une société politique sans institutions ; il
n'en a pas d'autres que l'organisation patriarcale
de la famille et les observances qui s'y rattachent,
les hommages religieux rendus à la mémoire des
ancêtres, les cérémonies et les pratiques destinées
à perpétuer leur souvenir. Les dix-huit provinces
dont se compose l'empire sont autant de royaumes
séparés ; mais, de l'est à l'ouest, du nord au midi,
on a les mêmes mœurs, on observe les mêmes rites,
et la Chine est moins un peuple qu'une immense
famille de 300 millions d'hommes, dont le chef su-

prême est le patriarche des patriarches, en même temps qu'il est le Fils du ciel.

Le royaume fleuri diffère à ce point de tout ce que nous connaissons qu'avec des lunettes troubles et un peu d'imagination on peut y voir tout ce qu'on veut. Le père Jouvency le louait d'avoir reconnu l'unité de Dieu et conservé, dans tous les temps, l'adoration de l'Être suprême, et il est certain que de toutes les religions du monde celle des Chinois est la moins mythologique. Les dominicains les accusaient d'athéisme, et il est également certain que, dans l'empire du Milieu, le dieu visible cache l'autre, éternel absent à qui on n'a jamais affaire. D'autres missionnaires les traitaient d'idolâtres, mais l'idolâtrie n'est, en Chine, qu'une branche gourmande du culte des ancêtres. On y a beaucoup d'égards pour certaines divinités subalternes, qui ne sont que des grands hommes canonisés, dont on invoque les bons offices comme nous recourons à l'intercession des saints. Avant de se purger, on brûle des herbes odorantes sur l'autel du très illustre médecin Hwa-To, qui vécut au IIe siècle de notre ère. On tient aussi en grande considération un dieu de la guerre, nommé Kwan-Foo-Tse, célèbre guerrier du temps de la dynastie des Han d'Orient, qui, blessé d'une flèche empoisonnée, s'amusait tranquillement à jouer aux échecs pendant que son chirurgien l'opérait. Hwa-To et Kwan-Foo-Tse sont assurément des saints fort recommandables et des ancêtres très étonnants; mais la seule majesté qu'on soit tenu d'adorer est celle qui réside à Pékin dans la salle rose, « l'Homme unique et solitaire », en qui se sont incarnés l'ordre du monde, la sagesse des cieux et qui connaît les secrets des vivants et des morts.

Quant aux philosophes du XVIIIe siècle, qui vantaient la tolérance des Chinois et leur savaient gré d'avoir compris que tous les cultes se valent et qu'ils doivent tous être soufferts, pourvu que la morale soit la même, ils avaient tort d'attribuer à l'indifférence une conduite inspirée par la politique. On fait en Chine la distinction des croyances nécessaires et de celles qui ne le sont pas; on y respecte les droits de l'imagination, on y souffre que chacun résolve à sa façon les questions qui n'intéressent ni l'ordre public, ni la police et la sûreté de l'empire. Toutes les religions y ont pénétré et ont été l'objet d'une curiosité bienveillante, jusqu'au jour où on les soupçonnait de conspirer contre l'État. Soyez disciple de Fo ou sectateur du taoïsme, vous serez un bon Chinois si vous êtes un bon fils, en voie de devenir un bon ancêtre, et si vous croyez fermement que l'empereur a dans les yeux quelque chose qui tue ou qui fait vivre. Sur tout autre point, le doute est permis. La Chine a ses bonzes, elle a ses sceptiques; elle a même ses spéculatifs, qui disent avec un de ses poètes : « Nous avions épuisé ce que la parole peut rendre, nous demeurions silencieux. Je regardais les fleurs immobiles comme nous, j'écoutais les oiseaux suspendus dans l'espace, et je comprenais la grande vérité ».

L'auteur du *Monde chinois*, M. Daryl, pense que les meilleurs missionnaires qu'on pût envoyer en Chine seraient des positivistes, qui prêcheraient aux Célestes les doctrines d'Auguste Comte et de M. Herbert Spencer. Sans doute plus d'un mandarin leur ferait bon visage ; mais, en retour, ils ne pourraient se dispenser de faire quelques concessions à leurs catéchumènes. Ils devraient s'engager à élever dans leur maison un autel aux ancêtres, avec les accessoires voulus, et chaque jour, après s'être lavé les mains, ils brûleraient de l'encens et s'agenouilleraient quatre fois. Avant de partir pour un voyage, ils seraient tenus d'en avertir leurs morts, en disant : Je pars pour tel endroit. A peine revenus, ils s'empresseraient de s'informer de leur santé, et ils s'agenouilleraient encore. Le Chinois le plus sceptique a les genoux flexibles, et nous doutons que M. Spencer, qui a peu de goût pour les génuflexions, se sentît jamais chez lui sur les bords du fleuve Jaune.

Parmi les philosophes de tous les pays et de tous les temps, Confucius est le plus agréable aux positivistes. Il faisait peu de cas de la métaphysique, il posait en principe qu'il ne faut pas scruter l'origine des choses. Il ne s'occupait, pour sa part, que des causes secondes, et il réduisait la philosophie à la morale, et la morale à la science de rendre les Chinois heureux, pacifiques et faciles à gouverner. Admirateur passionné des temps antiques, il s'appliquait à faire revivre le passé ; en toute chose il préférait le vieux au neuf, et toute tradition lui était sacrée. On a dit de lui que c'était un Socrate qui n'avait pas trouvé son Platon ; il aurait eu de la peine à le trouver. Socrate, ce divin ergoteur, a revendiqué le premier les franchises de l'esprit humain, le droit de libre examen et d'universelle discussion. S'il obéissait aux lois de son pays, il ne respectait que celles de sa conscience, et il jugeait ses jugés. Confucius, au contraire, faisait consister la vraie philosophie dans la soumission, l'abstinence et la discipline silencieuse de l'esprit, dans l'habitude de ne rien discuter, de croire que les choses sont plus raisonnables que nous, que nous passons et qu'elles ne passent point. Il enseignait que le vrai sage respecte tout, même l'absurde, et il est certain que l'absurde a rendu plus d'un service à l'humanité, qu'il a joué dans ses affaires un si grand rôle qu'on se demande comment il faudra s'y prendre pour se passer de lui et pour gouverner les hommes quand ils seront tous raisonnables. Mais le sort en est jeté, nous sommes résolus à tout comprendre et à n'être dupes de rien. Bien différent de nous, Confucius fondait la morale sur la modération des désirs et sur le respect, qui était selon lui la seule vertu dont l'excès ne soit jamais à craindre et qu'on puisse pratiquer sans inconvénient jusqu'à la débauche.

Grâce à Confucius, la Chine est un grand empire qui n'a jamais changé et où fleurit le respect. Ce peuple respectueux est-il un peuple heureux? Beaucoup de voyageurs l'affirment. Ce qui nous paraît le plus probable, c'est que le bonheur chinois ne ressemble à aucun autre et qu'il consiste dans une sorte de félicité familiale et domestique, tempérée par le mandarin, qui d'ordinaire est un animal pervers et malfaisant. Mais on est ingénieux, on s'arrange pour le fuir, pour l'éviter, pour n'avoir presque rien à démêler avec lui. Le régime patriarcal est une sauvegarde, une garantie pour la liberté; le mandarin n'a pas à s'occuper de vos petites affaires intimes; vous

les réglez entre vous, sous le regard de vos ancêtres.
La Chine est le pays des formes, ce n'est pas le pays
des formalités; on s'y dérobe facilement au contrôle
de l'autorité publique, et le mariage, par exemple,
y est considéré comme un acte purement privé, où
n'interviennent ni l'officier d'état civil ni le prêtre.
L'animal pervers n'a rien à voir dans vos arrange-
ments domestiques, dans vos combinaisons commer-
ciales, dans vos transactions, dans vos contrats. Au
surplus, les fils de Han ont l'esprit d'association;
quand le mandarin devient indiscret et tracassier,
ils ont bientôt fait de se liguer pour le tenir en respect. Bref, le mandarin, c'est l'ennemi; mais on
trouve moyen d'être heureux en dépit du mandarin.

Ajoutez que les vertus de Confucius ont passé dans
le sang des Chinois. Accommodants, modérés dans
leurs désirs, ils ont la consolation, le contentement
et l'oubli faciles, et la légèreté naturelle de leur
humeur vient en aide à leur philosophie. Ils ont eu
des penseurs sombres et chagrins, et l'un deux a
dit : « Nous sommes les déclassés de l'univers. Avons-
nous besoin de nous connaître avant de nous rencontrer? » Mais la plupart de leurs poètes et quelques-uns des plus exquis sont d'aimables épicuriens,
qui gazouillent comme des oiseaux. Ce qui prouve
combien la mélancolie raisonnée s'accorde mal avec
leur tempérament, c'est que jadis un pessimiste chinois résolut d'en finir avec la vie et que ce tragique
événement a donné lieu à la fête la plus brillante et
la plus joyeuse qui se célèbre dans l'empire céleste.
Au milieu du IIIe siècle avant l'ère chrétienne, nous
raconte M. Hunter, vivait dans la province de Tsou

un fonctionnaire nommé Keuh-Yuen-Ping, homme de grand talent, mais affligé de cette funeste maladie que les Anglais appellent les diables bleus. L'ennui le consumait, il avait la vie en dégoût. Il composa une ode pour prendre congé de l'univers, s'attacha une pierre au cou et se jeta dans le fleuve Meih-lo.

Ce fut dès lors une coutume de la population riveraine de visiter à des époques réglées l'endroit où cet hypocondre s'était noyé ; on s'y transportait dans des barques en forme de dragon, décorées de drapeaux et de lanternes de toutes couleurs, et on adressait de douces paroles à l'âme inconsolée du défunt. L'usage de cette fête nautique s'est répandu de proche en proche parmi trois cent millions d'hommes, et chaque année, le cinquième jour de la cinquième lune, les fleuves et les canaux du grand empire sont sillonnés par d'innombrables bateaux-dragons, qui promènent le long de leurs rives des banderoles, des flammes flottant au vent, des rires, des chants, de bavardes gaietés, qu'accompagnent le bruit cadencé des rames, des roulements de tambour et la voix frémissante du gong. C'est ainsi qu'on célèbre l'anniversaire du jour où un pessimiste régla ses comptes avec la vie et qui en Chine se trouve être le jour fatal des échéances. Un débiteur insolvable saurait-il mieux faire que d'étourdir par des plaisirs sa confusion et sa détresse? Il y a dans le bonheur du parti pris, une part considérable de volonté; il faut s'aider, pousser à la roue. Mais les Chinois seuls sont assez philosophes pour donner des fêtes à leurs chagrins.

La Chine a toujours méprisé les *fankwei*, ces barbares de l'Occident qui ne connaissent pas la vraie
vie de famille et dont la politessse lui semble grossière, la cuisine ridicule, à qui elle reproche leur
humeur changeante, leurs perpétuelles tracasseries,
l'éternelle inquiétude de leur esprit. Elle leur en veut
surtout de l'avoir troublée dans son bonheur en lui
causant beaucoup d'ennuis et, ce qui est pire que
tout, en l'obligeant à pourvoir à sa défense, à se procurer des canons, à construire des arsenaux et des
bâtiments de guerre. Les dépenses improductives
répugnent profondément à cette nation utilitaire,
amoureuse des arts de la paix. On s'est représenté
quelquefois les Chinois comme un peuple qui n'avait
pas le goût des entreprises et ne demandait qu'à
rester chez lui. Leur histoire prouve le contraire;
mais ce n'est point par les armes qu'ils agrandissent
leur empire. Ils ont le génie des conquêtes pacifiques, des invasions sourdes, lentes et clandestines.
Les Mandchoux leur ont donné des maîtres; avant
peu, toute la Mandchourie leur appartiendra. Quand
les Européens, comme le remarque M. Hunter, firent
leur première apparition dans l'extrême Orient, ils
trouvèrent tout l'archipel malais, de Malacca au
groupe d'Amboine, peuplé de colons chinois. Planteurs ou négociants, les terres, les mines leur appartenaient, leurs factoreries étaient prospères, leurs
jonques allaient partout, et ils n'oubliaient pas Confucius. Le voyageur français Pyrard, qui visita l'Inde
dans les premières années du XVIIe siècle, les vit à
Goa comme à Bantam, où abordaient chaque année
leurs vaisseaux chargés de cotonnades, de soieries,

de porcelaines. Leurs maisons témoignaient de leur opulence ; mais, alors comme aujourd'hui, ils ne souffraient pas qu'on enterrât leurs morts en pays étranger, ils les renvoyaient pieusement dans le royaume fleuri, le seul qui connaisse le repos.

Dès ce temps ils avaient pris contact avec les Européens. On se rencontrait sur terre neutre et c'était tout profit. Les Espagnols apportaient à Manille l'or du Pérou et du Mexique, les Chinois le recevaient de leurs mains et l'emportaient en Chine. Tout a changé depuis que nous sommes venus les trouver chez eux et que nous avons forcé leur porte en leur disant : « Ouvrez-nous votre maison, la nôtre vous est ouverte : la libre concurrence est la loi de ce monde ». Ils finiront par le croire, et il n'est pas sûr que cette affaire tourne aussi bien que nous le pensions ; il pourrait arriver que la Chine en fût le bon marchand. Les vertus prêchées par Yao et par Choun, par Wan et par Wu ne sont pas les plus brillantes et les plus fières des vertus ; elles ne feront ni des Pierre l'Ermite, ni des missionnaires et des martyrs, ni des paladins et des héros de roman ; mais elles sont les plus utiles dans la grande lutte pour l'existence. Un homme d'État disait que l'avenir appartient à ceux qui ont le moins de besoins, et Dieu sait que nous ne sommes pas des Chinois, que nous n'avons pas le contentement facile. Il n'est pas à craindre que la Chine devienne bientôt une nation militaire ; elle ne serait plus la Chine. Mais les États-Unis ont déjà reconnu que leurs ouvriers ne pouvaient lutter avec les siens.

Tout porte à croire que la race jaune jouera un

rôle considérable dans l'histoire économique du xxᵉ siècle. Si avant peu les fils de Han affluaient chez nous et y devenaient incommodes, nous n'aurions pas le droit de nous en plaindre; quelque descendant de Confucius nous dirait : « Tu es allé chercher l'abeille, ne te fâche pas si elle te pique ».

LA

FAMILLE BUCHHOLZ

ET LA

PETITE BOURGEOISIE BERLINOISE

La famille Buchholz, qui se compose de Mme Wilhelmine Buchholz, de son mari M. Carl Buchholz, de ses deux filles Mlles Emmi et Betti Buchholz, et de son frère cadet, connu sous le nom de l'oncle Fritz, habité dans un quartier nord-est de Berlin, ou, pour parler plus exactement, dans une maison de la rue Landsberger, laquelle conduit de la place Alexandre au Friedrichshain. La façade de cette maison est décorée de deux grands pilastres, dont on ne peut expliquer l'existence que par une fantaisie ou une distraction d'architecte, mais qui la distinguent avantageusement et des petites maisons basses du vieux Berlin, qui s'en va, et des casernes du Berlin nouveau, capitale de l'empire allemand. Une porte bâtarde en plein cintre et à deux battants, presque toujours ouverte ou entr'ouverte, permet aux passants d'apercevoir un vestibule et une petite porte vitrée, qui donne accès dans une cour. A travers le vitrage on entrevoit un petit jardin, où des lilas et un pommier se disputent péniblement le jour et l'air. Des fumées de fabriques, apportées par le vent, font quelque tort à ce jardin. Les fleurs du pommier sont plus noires que roses, et les lilas exhalent une vague odeur de suie. Chaque année, on tâche d'avoir du gazon, on en sème abondamment; vaine entreprise : ce que laissent les moineaux, les poules ont bientôt fait de l'arracher. Toutefois au mois de mai, après de tièdes ondées, il y a quelque verdure dans le jardin de la maison aux pilastres, et on peut s'imaginer en passant devant cette porte entr'ouverte qu'on vient d'apercevoir le printemps au fond d'une cour de Berlin. C'est une surprise qui a du charme.

Il était naturel de croire que père, mère, oncle et filles, les Buchholz mèneraient à jamais une vie paisible et très obscure, en compagnie de leur pommier, que jamais ils n'auraient rien à démêler avec la célébrité. Il faut convenir, en effet, que leur intelligence est assez bornée, qu'ils n'ont rien fait de remarquable, rien inventé, qu'ils n'ont joué aucun rôle dans les événements de l'histoire contemporaine ni dans la restauration de l'empire d'Allemagne. Leur existence se compose d'une infinité de petits riens, et quand du premier jusqu'au dernier ils viendraient tous à disparaître, la terre n'en tournerait ni plus vite ni plus lentement. Il n'est qu'heur et malheur; ces braves gens ne cherchaient pas la renommée, la renommée est venue les chercher, et les voilà presque aussi célèbres en Allemagne que le maréchal de Moltke et le chancelier de l'empire.

Un écrivain d'un talent fort inégal, mais souvent
heureux et parfois exquis, M. Julius Stinde, qui, sans
être né à Berlin, a su pénétrer les secrets du caractère et du dialecte berlinois, s'est chargé de révéler
les Buchholz à l'univers. Les trois volumes où il a
raconté tout ce qui se passait dans la maison et
dans le cœur de Mme Buchholz ont été lus avec avi-
dité. Ce fut un grand succès de librairie; vingt mille
exemplaires furent enlevés en quelques semaines,
les éditions succédaient aux éditions. Les critiques
s'accordèrent à reconnaître que cette petite bourgeoise de la rue Landsberger était une figure aussi
vraie, aussi vivante que le fameux inspecteur Bräsig,
peint jadis avec autant d'amour que de franchise de
touche par Fritz Reuter, le grand maître du roman
plattdeutsch. Il ne se trouvait personne à Berlin qui
ne l'eût rencontrée une fois ou l'autre, et qui une fois
aussi n'eût cherché à l'éviter, car elle n'est pas toujours commode. Mais de tous les suffrages qu'a pu
recueillir M. Stinde, le plus précieux assurément fut
celui de M. de Bismarck, qui lui écrivait, le 9 juillet
1884, pour le remercier du plaisir dont il lui était
redevable et des agréables moments qu'il venait de
passer dans la société de Mme Buchholz. Il espérait,
ajoutait-il, que cette digne personne vivrait assez
longtemps pour fournir à son biographe la matière
d'un nouveau volume. Le vœu du chancelier a été
exaucé, et le nouveau volume a paru. Les écrivains
allemands comme ceux des autres pays aiment à
tirer deux moutures du même sac, et la seconde ne
vaut pas toujours la première.

Il y a quelques années, les Buchholz firent un

voyage en Italie. M. Carl Buchholz avait des rhumatismes, et le docteur Wrenzchen, qui depuis est devenu son gendre, lui ordonna une cure de soleil. Mme Buchholz avait entendu dire que l'Italie est un pays où les femmes ont de très beaux yeux et où les hommes portent toujours un stylet dans leur poche. Elle résolut d'acompagner son mari pour le défendre contre les coquetteries des Italiennes et contre les sauvages rancunes des Italiens. En vain, son Carl, désireux de se dérober à son incommode surveillance, essaya-t-il de lui représenter qu'elle était un ange et que le devoir des anges est de rester paisiblement à Berlin, pendant que leurs maris voyagent en garçons. Elle avait son idée, et, quelle que soit son idée, elle n'en démord jamais ; elle voulait aller, elle alla. L'oncle Fritz, qui était de la partie, eut soin d'emporter de Berlin un jeu de cartes tout neuf, et de Milan jusqu'à Naples, en wagon, en voiture, à l'hôtel, la principale occupation des deux beaux-frères était de jouer à l'écarté, en buvant du cognac. Mme Buchholz seule observait, s'instruisait, admirait.

Elle s'était promis de profiter de cette occasion unique pour cultiver son esprit et son cœur berlinois, pour s'initier à la connaissance des chefs-d'œuvre et aux principes du grand art. Elle ne voulait pas être de ces gens « qui regardent une statue ou une madone avec l'air d'indifférence méprisante que peut avoir un carlin en contemplant un poêle qu'on a oublié de chauffer, *wie der Mops den kalten Ofen* ». Elle arriva très vite à se convaincre que les tableaux des maîtres se divisent en deux genres,

le *molto bello* et le *molto interessante*. Le genre
molto bello comprend toutes les peintures assez
bien conservées pour qu'on puisse à peu près deviner
ce que le peintre a voulu dire; quant aux vieilles
fresques aux trois quarts effacées, où l'on ne distingue plus rien, tout ce qu'il est permis d'en penser,
c'est qu'elles sont *molto interessanti*. Mme Buchholz
consignait ses observations dans un journal que
M. Julius Stinde a publié, et que nous nous refusons
à tenir pour authentique [1]. Il n'était pas encore
maître de son sujet, il n'avait pas suffisamment
étudié Mme Buchholz. Il lui fait dire des platitudes,
elle n'est jamais plate; il lui prête d'assez lourdes
plaisanteries, Mme Buchholz ne plaisante jamais.
Qui peut le savoir mieux que nous? Nous l'avons vue
à Berlin en 1869. Nous doutons, quoique M. Stinde
l'affirme, qu'elle se soit attendrie à Naples sur le
sort de Conradin, méchamment mis à mort par
Charles d'Anjou, et qu'elle ait juré de venger sur
les Français le supplice du dernier des Hohenstaufen.
Mme Buchholz s'occupe très peu des Hohenstaufen,
et la politique, comme l'histoire, ne lui dit rien. Elle
ne s'intéresse qu'à ses petites affaires, à ce qui bout
dans sa marmite; elle laisse les empereurs et les
rois écumer la leur comme ils l'entendent.

La vraie Mme Buchholz, la seule authentique, est
celle que M. Stinde nous représente dans sa rue
Landsberger, dans la maison aux deux pilastres,
s'occupant de gouverner son ménage, de surveiller

---

1. *Buchholzens in Italien, Reise-Abenteuer von Wilhelmine
Buchholz*, herausgegeben von Julius Stinde.

son mari et de marier ses deux filles [1]. Il a de bons yeux; descriptions et récits, tout est pris sur le fait et sur le vif. Mme Buchholz se plaindra peut-être que son portrait n'est pas flatté; mais la ressemblance n'en est pas cruelle. Personne n'ignore à Berlin qu'elle joint à d'excellentes qualités et aux meilleures intentions une foule de petits travers qui, quelquefois, la rendent insupportable.

Bonne ménagère, cuisinière expérimentée, elle a des principes, des vertus, et sa conduite fut toujours irréprochable. Si jamais elle a ressenti des curiosités dangereuses ou malsaines, elle s'est contentée de tourner autour du fruit défendu; elle a regardé la pomme, elle n'y a pas touché. Elle sait ce qu'une petite bourgeoise se doit à elle-même et que la considération est un élément essentiel du bonheur. Mais, sévère pour Mme Buchholz, elle l'est encore plus pour ses amies et ses voisines, et c'est ainsi qu'elle se console de ses vertus. Bavarde, médisante, tracassière, sujette au péché d'envie, implacable pour les prétentions des autres, toujours prête à remettre les gens à leur place, malheur aux imprudents qui irritent cette guêpe ou inquiètent son nid! En vraie Berlinoise, elle a une langue pointue, l'humeur rêche, le propos sec, le talent de la riposte et de l'épigramme. Jamais l'idée ni le mot ne lui manque, et, selon l'usage de son pays, elle donne du piquant à son éloquence en l'assaisonnant de quelques adjectifs français : *scharmant, nett, pompos, indezent, mise-*

---

1. *Die Familie Buchholz, aus dem Leben der Hauptstadt,* von Julius Stinde; traduit en français dans la collection des *meilleurs romans étrangers,* Hachette et Cie, éditeurs.

rabel, solid, fidel, tout étonnés d'avoir perdu à la fois leur orthographe et leur sens.

Deux défauts surtout la rendent vraiment redoutable. Elle a une confiance absolue dans l'infaillibilité de son jugement, elle se croit en possession de la souveraine sagesse. Il n'y a qu'une façon raisonnable de faire les choses : c'est la sienne, et elle prétend imposer à l'univers ses oracles, ses méthodes, ses recettes. A l'amour de l'autorité elle ajoute un penchant malheureux au pathétique. Attendrissements ou colères, elle a le goût des scènes; elle en fait pour des vétilles. Si l'on ne s'attendrissait, si l'on ne se fâchait, la vie ne serait « qu'un air de vieille guitare ». Ce qui l'irrite surtout, ce qui lui échauffe la bile et le sang, c'est qu'elle soupçonne son mari d'avoir des pensées de derrière la tête et de ne lui dire que la moitié de ses secrets. Lui cacher quoi que ce soit, c'est le crime irrémissible, le péché contre le Saint-Esprit. Elle se plaint aussi de la dissimulation de ses filles : « Quand les filles sont devenues grandes, dit-elle, et commencent à aimer autre chose que leur Seigneur Dieu et leurs parents, elles sont renfermées en elles-mêmes comme la montagne où est assis le prince enchanté. Pour savoir quel visage a le prince, pour connaître ses noms de baptême et de famille, les mères en sont réduites aux expédients et doivent suivre la piste comme un juge d'instruction criminelle. »

Quoique Mme Buchholz se pique d'être une femme sans préjugés, elle est attachée aux traditions, elle regrette et vante le bon vieux temps, elle se défie des nouveautés. Elle prétend qu'autrefois la toile,

le drap, les meubles, les affections et les cœurs,
tout était plus solide. Elle se plaint aussi que, désormais, tout se fait au galop, même l'amour, et qu'on
ne sait plus savourer son bonheur. Elle regrette
que certains usages se perdent. C'était jadis une
coutume à Berlin de faire coudre une robe de noces
par les amies de la mariée; on se rassemblait à cet
effet, et les aiguilles, les yeux, les langues, tout
allait. On emploie aujourd'hui la machine à coudre,
qui travaille bien, mais qui n'a pas de cœur; dans
le bon vieux temps, on mettait un peu de son cœur
dans tout ce qu'on faisait et jusque dans ses our-
lets. C'était également la coutume qu'en entrant
en ménage, le premier soin fût de se réserver « une
bonne chambre, *die gute Stube* », qu'on décorait de
son mieux, dans laquelle on entassait ses plus beaux
meubles, ses plus précieux bibelots et dont on ne
se servait que dans les grands jours. Les médecins
ont décidé que, les petits jours étant beaucoup plus
fréquents que les grands et l'air pur étant un objet
de première nécessité, la bonne chambre devait, par
des raisons d'hygiène, servir de chambre à coucher,
sur quoi Mme Buchholz fait cette remarque profonde : « Encore un changement déraisonnable!
Autrefois on se portait bien sans hygiène. » Elle a
raison; si le microbe est un fléau, la peur du
microbe en est un autre, et il est triste de passer
sa vie à la défendre contre un danger qui n'est
visible qu'au microscope.

Personne n'a plus que Mme Buchholz la religion
de la famille et le fanatisme de la propriété. Elle
entend qu'on la respecte, elle et les siens, et le

pardon des injures n'est pas au nombre de ses
vertus. Elle s'est brouillée avec les Heimreich, et
en vérité il y avait de quoi. On avait donné à ses
filles, Emmi et Betti, un joli théâtre de marion-
nettes. Ces demoiselles y jouèrent un soir, devant
une nombreuse assistance, une pièce intitulée :
« Une personne légère, farce en trois actes, rema-
niée pour les théâtres d'enfants par le docteur
Sperzius ». Il n'était question là dedans que
d'amants, de maîtresses et de filles mises à mal.
Dès les premiers mots, Mme Heimreich s'émut. —
« Voilà qui commence bien, dit-elle, et je vous
félicite, ma chère, de la jolie éducation que vous
donnez à vos filles. » Mme Buchholz sentait bien
que Mme Heimreich avait raison ; elle maudissait
la pièce du docteur Sperzius, elle eût étranglé de
grand cœur celui qui l'avait faite, le libraire qui
l'avait vendue et ses filles qui l'avaient choisie
sans consulter leur mère. Mais elle n'admet pas
qu'il puisse rien se passer d'inconvenant dans sa
maison, et elle a pour principe qu'une femme se
diminue en avouant ses torts. — « Vraiment, cette
pièce me plaît beaucoup, dit-elle à Mme Heimreich ;
c'est une image assez fidèle de ce qui se passe
tous les jours dans le monde. — J'étais à mille
lieues de m'en douter, ma chère, répondit aigre-
ment Mme Heimreich. — Quand on fait semblant
d'être sourde et aveugle, riposta Mme Buchholz,
on n'entend et on ne voit que ce qu'on veut. »
Mme Heimreich se leva, emmena précipitamment
ses filles, en déclarant que sa chère petite Agnès
et son innocente Paula ne remettraient plus les

pieds dans une maison qui était une Gomorrhe. On a rompu à jamais; quand on se rencontre dans la rue, on n'a pas l'air de se reconnaître.

Mme Buchholz s'est brouillée aussi avec les Bergfeldt; mais on s'est raccommodé. Elle leur reprochait de ne se rien refuser, de manger quelquefois des primeurs. Elle leur en voulait surtout d'attirer des étudiants chez eux et d'avoir trouvé un mari pour leur fille, dont les mouvements sont anguleux et les coudes très pointus. Elle laissa échapper à ce sujet quelques paroles mordantes, qui furent répétées. Mme Bergfeldt lui écrivit une lettre par laquelle elle lui donnait à entendre que telle femme qui se permet de dauber sur son prochain ferait mieux d'avoir l'œil à ses propres affaires, et que tel mari dont on se croit sûr n'est pas toujours très délicat dans le choix de ses plaisirs. Le premier mouvement de Mme Buchholz fut de courir chez le commissaire de police. Elle eut d'orageuses explications avec son mari; mais M. Carl Buchholz est un homme de belle humeur, qui s'entend à arranger, à colorer les choses et qui se tire aisément d'un mauvais pas. Il a cherché à réconcilier sa femme avec Mme Bergfeldt. Ce n'est qu'une paix plâtrée. Aussi bien, Mme Buchholz héritera prochainement d'une tante, et du haut de son héritage, elle regardera les Bergfeldt en pitié. « Ce ne sont pas des gens à voir, disait-elle; en vérité, ces Bergfeldt étaient une erreur. »

Ce qui la travaillait, la consumait et la rongeait, c'était l'éternel et dévorant souci de marier ses deux filles. A la campagne comme à la ville, elle faisait la chasse aux gendres. Peu s'en fallait qu'elle ne happât les gens au collet en leur disant : « Avez-vous des yeux ? Ne sont-elles pas charmantes ? Prenez l'une, prenez l'autre. Les grâces et les principes, rien ne leur manque ; c'est de la marchandise toute fraîche et de premier choix. » Elle était trop pressante, et sa façon de recommander sa marchandise en dégoûtait l'acheteur ; c'était un sauve-qui-peut. Emmi, qui est une sournoise, a fait elle-même ses petites affaires. Elle a filé le parfait amour avec le docteur Wrenzchen. On se rencontrait en tramway et peut-être aussi chez le confiseur du coin, car les confiseries de Berlin sont des endroits où l'on se rencontre. Le docteur a dit enfin : « Voulez-vous ? » Elle a répondu « oui », et M. Buchholz a dit « amen ».

On se promettait de faire une surprise à Mme Buchholz ; on comptait lui dire, le soir de Noël : « Mère adorée, le plus beau présent qu'on puisse t'offrir est un gendre ; le voici, et il est docteur ». Mais l'avisée Mme Buchholz n'est pas une femme à qui on fasse des surprises ; elle a tout deviné : « Je pénétrai sans que personne s'en doutât dans la chambre où étaient déposés les présents de Noël et où l'oncle Fritz avait clandestinement introduit le docteur. Alors il se dressa devant moi comme un voleur dans la nuit. Je le saluai, il me souhaita le bonsoir, mais il semblait ne pas trop savoir comment s'excuser. — Aidez-moi, lui dis-je, à allumer l'arbre. — Il s'y prit si bien que j'ajoutai d'un ton badin : Vous me semblez fait pour être père de famille. — Puis, je le forçai à s'asseoir dans un fauteuil couronné de fleurs, devant la table où était l'arbre, et il avait l'air aussi majestueux, aussi digne qu'un conseiller ecclésiastique. Cela fait, j'ouvris la porte, et tous contemplèrent avec étonnement le sapin allumé et le docteur qu'éclairait la flamme de cent bougies. » Mme Buchholz a le génie de la mise en scène, elle ferait peu de cas du bonheur si le bonheur n'était un spectacle.

Il n'est pas de joies sans mélange. Elle est ravie d'avoir un gendre, mais ce n'est pas elle qui l'a trouvé ; on s'est fiancé derrière son dos, on a méconnu son autorité. Son gendre est docteur, elle l'adore ; son gendre est un sournois, elle l'exècre. Un des traits distinctifs de son caractère est l'impudeur des contradictions. Toutefois dans ce cœur partagé la vanité l'emporte. La noce sera brillante et bruyante : on ne regardera pas à la dépense, on dînera à la Maison anglaise, et le banquet sera suivi d'un grand bal, où l'on verra danser onze docteurs. Mme Bergfeldt le saura, elle en crèvera de dépit. Mais pourquoi Mme Buchholz s'est-elle avisée de faire à son tour une surprise aux mariés ? A leur insu, elle a décoré de plantes vertes et transformé en serre l'appartement fort modeste qui les attend. Les plantes vertes sentaient le moisi ; elle y a remédié en les inondant d'eau de fleur d'oranger. C'est, de tous les parfums, le plus antipathique à son gendre, qui est sujet aux migraines. Quand il rentre chez lui après le bal : « Qui m'a joué ce tour ? » s'écrie-t-il en frappant du pied, et il emploie la meilleure partie de la nuit à transporter dans le corridor l'une après l'autre ces maudites plantes vertes ; sur quoi on vient le chercher en hâte pour un cas très pressant. Le lendemain matin, dès neuf heures, Mme Buchholz se présentait à la porte des jeunes mariés; il lui tardait de savoir comment cela s'était passé. Elle trouve sa fille dans sa robe de bal et pleurant à chaudes larmes, à demi couchée sur un sofa. Pour prévenir le retour de pareils accidents et de si tristes mécomptes, elle coupe secrètement le fil de la sonnette de nuit; mais de ce jour, elle a décidé que son gendre n'était pas seulement un sournois, qu'il était un vilain homme, un affreux égoïste, un tyran, un Moloch, et désormais elle emploiera tous ses soins à faire l'éducation de ce monstre.

Mme Buchholz est une petite bourgeoise au sang aduste, au regard toujours flambant, à l'âme ardente et tragique, qui dépense pour satisfaire ses petites ambitions et pour humilier les Bergfeldt plus de volonté, de passion et de ruse qu'il n'en faut à un conquérant pour ajouter une province à ses États. Son biographe lui-même, quelque bienveillance qu'il ait pour elle, s'égaye quelquefois à ses dépens et semble lui reprocher l'âpreté de ses efforts et la vanité de ses entreprises. Elle peut s'en consoler en pensant qu'aux yeux de tel philosophe épicurien, les conquérants et les grands politiques sont des hommes qui souvent se remuent et se tracassent beaucoup pour arriver à peu de chose. Un de ces épicuriens me disait, quelques jours après la mort de lord Beaconsfield : « C'était une grande figure que cet homme. Quelle destinée que la sienne ! Que d'intrigue, que de génie, quelle âpre persévérance il lui a fallu pour faire oublier à l'Angleterre ses

origines suspectes, l'humilité de ses commence-
-ments, et pour s'imposer à la plus fière des aristo-
craties, qui l'avait accablé de ses mépris et de ses
lardons! » Il ajouta, un instant après : « Reste à
savoir si le jeu en valait la chandelle. Cache ta vie,
a dit Épicure, qui se connaissait en vrai bonheur. »

On trouverait facilement dans le roman anglais et
français plus d'une petite bourgeoise de la même
famille, de la même espèce que Mme Wilhelmine
Buchholz, et il en est dans le nombre de plus intéressantes. Mais Mme Buchholz ne peut être confondue avec personne; elle est de son pays; son esprit
et sa sottise sont des vins surs, mais francs, qui sentent le terroir. Comme beaucoup de ses compatriotes,
elle a du talent pour l'ironie aigre. Elle n'est ni
bonne ni méchante. Si jamais elle devenait bonne,
elle serait fade, et c'est malheureusement ce qui lui
arrive dans la seconde partie de son histoire, telle
que M. Stinde la raconte, rien n'étant plus rare
dans les romans de nos voisins que la netteté rigoureuse du parti pris et qu'un caractère sans défail-
lances. Mais dans ses beaux jours et avant sa
fâcheuse et invraisemblable réforme, elle attendait
pour être aimable d'avoir découvert à quoi cela
peut servir. Elle avait aussi la prétention de ne
s'étonner de rien. Le vrai Berlinois se pique de
tout savoir; il a tout vu, tout connu, tout appro-
fondi, il a fait le tour du monde sans sortir de sa
coquille ou de sa *Kneipe*; bien habile qui réussirait
à lui apprendre quelque chose. Mme Buchholz
s'étonne quelquefois malgré elle, mais elle s'en
cache avec soin. Elle considère l'étonnement comme

une marque certaine d'infériorité, et elle entend ne
jamais perdre un pouce de sa petite taille.

Si coriace qu'elle soit, elle a des accès courts, mais
fréquents de sensibilité romantique et larmoyante.
Elle s'extasie devant les beautés de la nature, devant
les grâces du printemps; elle estime que, s'il est
agréable de vivre à la ville, ce doit être un vrai bonheur que d'être enterré à la campagne. Elle soutient
avec chaleur que l'amour est un sentiment beaucoup trop élevé, trop éthéré, trop sublime pour qu'il
soit permis d'en plaisanter, que le véritable amour
est toute autre chose « que ce que disent les hommes
quand les dames n'y sont pas ». Elle tient la musique
pour une invention céleste; elle prétend que, lorsqu'elle entend une symphonie, il faudrait lui jeter
un grand seau d'eau sur la tête pour la faire revenir
à elle. Aussi fait-elle un crime à Mme Bergfeldt de
tricoter dans les concerts; est-il convenable de partager son attention « entre un bas et les divines inspirations de Beethoven »?

Elle a eu grand soin de l'éducation de ses filles;
elle leur a fait apprendre et les arts utiles et les arts
d'agrément; il est bon de mêler à la science du fricot
comme aux travaux d'aiguille un peu d'idéalité. La
blonde Emmi, qui s'entend comme personne à con-
fectionner des boulettes de viande hachée, a appris
à chanter dans le célèbre, mais compromettant con-
servatoire de musique que dirige Mme Grün-Reiffer-
stein. Elle a suivi des cours où on lui enseignait que
Richard III d'Angleterre serait devenu un homme
de bien s'il avait eu d'autres parents. Elle a fréquenté
le Holbeinklub, où elle s'appliquait à broder des

torchons d'après des modèles empruntés au vieil art allemand. Le samedi, elle s'exerçait avec des amies à la conversation anglaise ; d'autres jours, on se réunissait pour lire à haute voix *Cabale und Liebe*, en se distribuant les rôles à l'amiable, et parmi les cadeaux qui lui sont offerts à l'occasion de son mariage, figure un joli buste de Schiller, monté sur un petit socle noir où se trouve encastré un petit thermomètre, car il faut bien que l'idéal serve à quelque chose.

Mme Buchholz elle-même fait grand cas de Schiller, qu'elle admire de confiance, sans l'avoir beaucoup lu. Elle affirme également que *le Roi des aunes* est un ouvrage immortel et que *Faust* sera peut-être immortel aussi ; mais elle reproche à Goethe de n'avoir pas composé un plus grand nombre de ces jolies poésies qu'on peut faire déclamer par des jeunes filles. M. Stinde nous apprend que, dans un discours prononcé en 1882, M. Dubois-Reymond, recteur de l'université de Berlin, déplorait le regrettable usage que Faust avait fait de ses puissantes facultés et de sa vie, et le funeste exemple qu'il avait donné. Qui donc l'empêchait d'épouser Gretchen, de légitimer leur enfant et de s'employer au bonheur de l'humanité en inventant la machine pneumatique ou en découvrant la variation négative des muscles ? Si Mme Buchholz avait eu le plaisir d'entendre M. Dubois-Reymond, elle aurait sûrement approuvé les conclusions de l'éminent professeur.

Mme Buchholz est fière de vivre à Berlin, dans la ville de l'intelligence et de la bière blanche. Elle professe un grand respect pour la science. Elle a des égards pour les instituteurs qui ont gagné la bataille de Sedan. Elle se promet chaque été de lire le *Cosmos* de Humboldt l'hiver suivant. Elle a entendu dire que les savants modernes expliquent tout par des causes naturelles, et elle se souvient d'avoir lu, dans la *Gazette des ménagères*, que ce n'est pas le printemps qui ramène la chaleur, que c'est la chaleur qui ramène le printemps, sur quoi elle s'écrie : « Quel autre air a la nature quand on la contemple à travers les lunettes de la science! » Elle n'en est pas moins la plus superstitieuse des femmes; elle a peur des esprits et des revenants. On lui a dit aussi que les savants ne croient plus à l'enfer ni au diable; elle y croit de tout son cœur. Ne craignez pas qu'elle lise jamais Schopenhauer, ni qu'elle se convertisse au *nirvana*; elle est trop attachée à la conservation de son bien-aimé petit moi, qu'elle entend protéger et contre les accidents d'ici-bas et contre toutes les surprises de la résurrection. La seule vie future dont elle se soucie est celle où Mme Buchholz aura le bonheur de se retrouver tout entière, corps et âme, os et cuir. Donnez-lui, si vous voulez, des ailes et faites lui entendre des symphonies de Beethoven exécutées par un orchestre de séraphins; mais elle ne conçoit point de paradis sans une rue Landsberger, sans une maison à pilastres, sans commérages ni tracasseries, sans un mari à suivre de l'œil, sans un gendre qu'on chapitre et à qui on dispute sa femme.

Il a paru à Stockholm un volume d'études sociales[1],

---

1. *Études sociales : les Mariés, douze caractères conjugaux*, par Auguste Strindberg; traduction française. Lausanne, 1885.

intitulé *Giftas, ou les Mariés*. L'auteur, M. Auguste Strindberg, qui possède également l'art d'observer et celui de conter, a eu des difficultés avec la magistrature de son pays, qui a jugé son livre licencieux et révolutionnaire. M. Strindberg est à la fois un radical et un pessimiste convaincu. Cette cruelle maladie que les Allemands appellent le *Weltschmerz* n'exerce tous ses ravages que dans les contrées du Nord. Nous ne connaissons guère dans notre cher pays de France qu'un pessimisme bien mangeant, bien buvant et bien disant, un pessimisme littéraire et mondain, lequel a fait sa rhétorique et trouve tant de plaisir à arrondir sa phrase que la beauté de ses adjectifs l'a bientôt consolé de ses chagrins, qui se tournent en félicités. Il n'y a pas de chagrins qui tiennent quand l'amour-propre est content.

Les tristesses et les colères de M. Strindberg sont beaucoup plus sérieuses. Son seul tort, comme conteur, est de prêter à tous les petits bourgeois scandinaves qu'il met en scène sa philosophie morose et dure, qui suppose en eux un effort de réflexion soutenue dont la plupart sont incapables. Ils sont convaincus comme lui que le mariage est une déplorable institution, un attentat à la liberté « et le meilleur moyen de manquer sa vie ». Ils tiennent pour constant que le genre humain est gouverné « par une grande congrégation jésuitique, qui a rédigé dans l'intérêt de sa tyrannie les catéchismes comme les manuels scolaires », et qui, sous le nom de classe dominante, prêche aux petits l'humilité et le respect des bonheurs injustes. Ils se plaignent « que des montagnes de sottises séculaires pèsent sur eux »,

que la doctrine chrétienne n'est « qu'un système
d'émasculation morale », et ils se comparent « à une
plante de salade que l'on attache et que l'on empri-
sonne sous un pot à fleurs pour la rendre aussi
blanche, aussi tendre que possible et l'empêcher de
pousser des feuilles vertes, de fleurir et de fructi-
fier ». Ils dénoncent les cruautés de la nature, qui
ne respecte que les forts et ourdit de criminels complots contre les faibles. Ils s'indignent « de la bêtise
du monde » ; ils s'écrient que l'univers n'est qu'une
immense imposture.

Mme Buchholz raisonne peu et ne déclame guère ;
elle n'a pas de temps à donner à de mélancoliques
et stériles contemplations ; elle ne s'est jamais dis-
putée ni avec le bon Dieu, ni avec le diable. On lui
persuaderait difficilement que l'univers est une immense imposture ; elle croit de toutes ses forces à
l'entière réalité de la rue Landsberger et de ses
habitants, et elle estime que le monde a sa raison
d'être puisque Mme Buchholz existe. Assurément,
elle ne s'endort pas dans un béat optimisme. Elle
considère le mariage comme un train de guerre et
de combats. Les maris demandent à être surveillés
de très près ; l'esprit est prompt, la chair est faible,
et Berlin est « un nid de péchés », Berlin est une
Babylone où les tentations abondent ; le jour et la
nuit, elles y battent le pavé ; salles de bal ou petits
théâtres, elles guettent partout leur proie ; elles s'em-
busquent dans l'épaisseur des fumées bleuâtres qui
remplissent de leur brouillard les brasseries-concerts
et leurs cavernes dorées et, si l'on n'y prenait garde,
la petite dame plâtrée que vous voyez là-bas aurait

bientôt fait de ravir à Mme Buchholz l'homme qui
lui a juré fidélité devant les autels, son Carl adoré,
quoique toujours soupçonné, qui est son bien, sa
propriété et sa chose. Mais Mme Buchholz a bec et
ongles, et elle aime à se battre. Elle a les joies inquiètes, hérissées, mais glorieuses d'une poule qui
défend victorieusement ses poussins contre tous les
larrons au museau pointu.

Quant aux classes dominantes, Mme Buchholz ne
leur veut ni bien ni mal ; elle les laisse vivre à leur
guise et gouverner l'État comme il leur convient ;
elle leur interdit seulement de gouverner son ménage
et de mettre le nez dans ses affaires domestiques et
particulières. Elle fut priée un soir à un raout dans
le grand monde, chez des gens qui se glorifiaient de
compter une excellence parmi leurs plus proches
parents. Ce raout l'a fort ennuyée, et elle a cru
s'apercevoir « que les excellences occasionnaient de
grandes dépenses dans les familles et produisaient
un maigre effet, *mageren Effekt* ». Au surplus, elle
s'est laissé dire qu'il y avait déjà des Buchholz au
xvᵉ siècle, que le plus ancien s'appelait Claus, qu'il
habitait la rue Stralauer et qu'il avait des armoiries
représentant un chevalier de fer, qui tenait un hêtre
dans sa main droite : « Cela prouve que nous ne
sommes pas d'hier », s'écrie-t-elle en faisant la roue.
Un illustre voyageur disait : « J'ai parcouru les deux
hémisphères ; je n'ai vu que des fripons qui trom-
pent des sots, des charlatans qui escamotent l'argent
des autres pour avoir de l'autorité ou qui escamotent
de l'autorité pour avoir de l'argent, qui vous vendent
des toiles d'araignées pour manger vos perdrix, qui

vous promettent richesses et plaisirs quand il n'y aura plus personne, afin que vous tourniez la broche pendant qu'ils existent ». Mme Buchholz n'a jamais tourné la broche, ni mouché les chandelles pour personne, et elle n'attend pas d'être morte pour être heureuse.

Elle a fait sans doute de fâcheuses expériences. Elle a découvert que les grandes joies sont presque toujours gâtées par de méchants incidents, que les parties de campagne sont rarement des parties de plaisir, que les héritages se font attendre et sont moins considérables qu'on ne le pensait, que les oncles d'Amérique n'existent que sur le papier et qu'on ne saurait trop se défier des grandes espérances, qui n'accouchent le plus souvent que de grandes déconvenues. Elle en a conclu que, dans la vie comme à la bourse, il y a une perpétuelle alternative de hausse et de baisse; mais il n'est que de savoir s'y prendre, on réussit toujours à se rattraper aux branches. C'est son idée, elle n'en changera pas. Argumentez, discutez, vous ne lui ferez jamais croire que la nature soit cruelle ni qu'elle ait manqué sa vie. Elle vous répondra que le premier degré de bonheur est d'être Mme Buchholz; le second, de vivre à Berlin, quoique Berlin soit une Babylone; le troisième, d'habiter une maison qui a des pilastres et d'avoir des seringats dans son jardin.

Il est bon qu'il y ait des mécontents, des esprits inquiets, des chercheurs, des poètes, des philosophes chagrins et même des pessimistes; mais Mme Buchholz la mère, M. Buchholz le père et les petites Buchholz ont aussi leur rôle à jouer et sont des termes importants de la grande équation, des rouages de première nécessité dans le mystérieux agencement de notre univers. Que deviendrait ce pauvre monde si on en supprimait tous les optimistes qui ne raisonnent pas, tous les petits bourgeois à qui le bonheur suprême d'exister et de contempler leur ombre au soleil fait oublier les grandes et les petites misères, les criantes injustices, les lourdes servitudes dont s'indignent les délicats et les superbes ?

FIN

TABLE DES MATIÈRES

980-03. — Coulommiers. Imp. PAUL BRODARD. — 8-03.

www.ingramcontent.com/pod-product-compliance
Ingram Content Group UK Ltd.
Pitfield, Milton Keynes, MK11 3LW, UK
UKHW022323090726
13658UKWH00001B/47